JN222060

サステナビリティ情報開示の
実践ガイドブック

株式会社大和総研 金融調査部 **藤野大輝** 著

中央経済社

はしがき

　ESG投資の拡大とその手法の多様化に伴い，企業のサステナビリティ情報へのニーズは一段と高まっています。これに伴い，サステナビリティ情報開示に関する様々な基準や規制についての検討が，従来以上に活発に進められています。「TCFD」，「TNFD」，「GRI」，「ISSB」，「SSBJ」等，様々なワードが飛び交っていますが，それぞれの意味や関係性，企業に求められる対応などを，十分に把握することが困難な状況となっています。

　サステナビリティ情報の開示に関する国際的な基準が策定され，わが国でもこれを踏まえた国内基準の策定が進められています。国内基準に基づく開示の義務化も見込まれており，対応を検討していく必要があります。また，海外でも新たなサステナビリティ情報開示に関する規制の策定が進み，グローバルに事業活動を行っている企業にとっては，活動する国・地域における規制の域外適用などにも注意しなければなりません。

　こうしたサステナビリティ情報の開示に対応する上では，単に基準や規則の内容を認識するだけでは不十分です。何のためにサステナビリティに関する取り組みを行い，それを開示するのか，開示に向けてどのようなプロセスで対応を進めていくべきなのか，他社の開示状況がどのようになっているのか，開示に対応する上でどのような課題があるのか，などのポイントを理解することが必要です。

　本書は，拡充が進むサステナビリティ情報開示に関して，企業が足元で，もしくは将来的に対応しなければならないことについて，様々な観点からまとめてお答えするための一冊です。これからサステナビリティ情報の開示を本格的に行う企業から，既に積極的にサステナビリティ情報の開示に取り組んでいる企業まで，多くの皆様のご参考になるような内容を解説しています。

　わが国において導入が予定されている，新たなサステナビリティ情報の開示基準への対応も検討していくことが求められます。今後に備え，サステナビリティに取り組む根本的な意義から開示基準の概要，実務的な対応のプロセス，課題などを把握しておくことは非常に重要です。

2　はしがき

　サステナビリティ情報の開示に向けた対応のために，皆様に本書をご利用いただければ幸いです。

2024年9月

株式会社大和総研

金融調査部

制度調査課 兼 ESG調査課

藤野大輝

目　　次

第Ⅰ部　サステナビリティ情報開示の意義と求められる対応

第1章　何のためにサステナビリティ情報を開示するのか

**第3章　2023年の開示状況を踏まえた，対応の
プロセスとポイント**

第Ⅱ部　さらなる開示の拡充に向けて

第4章　国際的な開示基準の統一に伴う わが国における開示拡充

第1節　サステナビリティ情報開示基準の乱立から統一への動き

第5章 ▎他国でのサステナビリティ情報の開示規制

第6章　開示の拡充に対応する上での論点や課題

（※）本書に記載されている製品名，サービス名等は各社の登録商標または商標です。

サステナビリティ情報

		2021年以前			
	ISSB	2020/ 9 IFRS財団，サステナビリティ報告に関する協議文書を公表			2021/11 ISSB設立
	その他の独立組織	2020/ 6 TNFDに関するイニシアチブの公表	2021/ 6 IIRC，SASBが合併し，VRFを設立	**2021/ 6** **TNFDが発足**	2021/10 GRIが共通スタンダードを改訂
国外	EU	2018/ 〜 NFRDが適用開始	2020/ 6 EUタクソノミーに係る官報公表	2021/ 3 SFDRが段階的に適用開始	2021/12 EUタクソノミー（気候関連）の細則について官報公表
各国地域	米	2010/ 2 SECが気候変動の開示に関するガイダンスを公表	**2020/ 8** **SECがRegulation S-Kを改訂し，上場会社に人的資本に関する開示を義務付け**		
	その他	2019/ 7 英国，グリーンファイナンス戦略を公表	2020/ 7 香港証券取引所，ESGに関する情報開示規制を適用開始	2021/ 1 英国，一部の上場会社に対してTCFDに沿った開示を義務化	
国内	法令諸規則	2020/ 3 日本版SSコードの改訂	2021/ 6 東京証券取引所CGコードの改訂	2021/ 9 〜 金融庁金融審議会ディスクロージャーワーキング・グループ（DWG）（2021年度）の開催	
	SSBJ			2021/12 FASFがサステナビリティ基準委員会（SSBJ）の設立を決議	

開示に関する年表

2022年

2022/ 1
CDSBがISSBに
統合される

2022/ 3
IFRS S 1，IFRS S 2の
公開草案の公表

2022/ 3
TNFDがベータフ
レームワークv0.1
を公表

2022/ 8
VRFがISSBに
統合される

2022/10
CDPがIFRS S 2
と質問書の整合性
をとることを公表 ──

2022/ 1
EUタクソノミー
に沿った情報開示が
段階的に適用開始

2022/12
CSRDに係る
官報公表

2022/ 3
SECが気候関連情報の
開示に関する規制案を
公表

2022/ 1
シンガポール取引所，気
候変動に関する情報開示
を段階的に義務化

2022/ 4
英国，上場会社・大企業に
TCFDに沿った開示を義務化

2022/ 6
ディスクロージャー
ワーキング・グルーブ
報告（DWG報告）の
公表

2022/10 〜
DWG（2022年度）
の開催

2022/11
開示府令の
改正案の公表

2022/12
DWG報告
の公表

2022/ 1
SSBJ設立準備委員会
の設置

2022/ 7
サステナビリティ基準委
員会（SSBJ）の設立

			2023年		
国外		ISSB	**2023/ 5** 今後2年間の アジェンダの優先度に 関する意見募集の公表	**2023/ 6** IFRS S 1, IFRS S 2 の最終化	**2023/12** 修正したSASB スタンダードの 公表
		その他の 独立組織	**2023/ 8** IAASBが ISSA5000の案 を公表	**2023/ 9** TNFDがTNFD提言 と複数のガイダン スを公表	**2023/10** TCFDが解散
		EU	**2023/ 1** CSRDが発効 **2023/ 1** SFDRの細則の適用開始		**2023/12** ESRSに係る官報 公表
	各国 地域	米			
		その他	**2023/ 3** 英国, 新たなグ リーンファイナン ス戦略を公表	**2023/ 4** 香港証券取引所, IFRS S 2に沿った気候 変動に関する情報開示 規制の導入を提案	**2023/ 8** 英国がサステナビリ ティ報告に関する基 準を策定することを 公表
国内		法令諸規則	**2023/ 1** 開示府令の改正	**2023/ 3 /31 ～** 改正開示府令が 2023年3月期以降 の有価証券報告書 から適用	
		SSBJ			

2024年以降

2024/ 1
IFRS S 1，IFRS S 2 が適用可能

2024 ～
CDPが質問書でIFRS S 2と整合性をとる

2024/ 1
IESBAが二つの公開草案を公表

2024/ 2
IFRS S 1，IFRS S 2 の日本語訳の公表

2024 ～
CDPがTNFD提言との整合性をとる予定

2024/ 4
生物多様性，生態系及び生態系サービス，人的資本に関するプロジェクトを開始することを決定

～ 2024/ 9
ISSA5000の最終化予定

～ 2024/12
IESBAの基準の最終化予定

2024/ 1
CSRDが段階的に適用開始

?
ESRSのセクター別基準や中小企業向け基準などの策定

2028/ 1
CSRDがEU域外企業に適用

2024/ 3
SECが気候関連開示規制を採択

2024/11
米国大統領選挙

2025 ～
気候関連開示規制が企業の規模ごとに順に適用予定

2024 ～
オーストラリア，気候変動に関する情報開示を段階的に義務化予定

2025 ～
香港証券取引所，気候変動に関する情報開示規制を適用予定

2025 ～
シンガポールの全ての上場会社に対して気候変動に関する情報開示を義務化予定

2024/ 3
サステナビリティ情報の開示と保証のあり方に関するワーキング・グループ（WG）での検討がスタート

2027/ 3
SSBJ基準の適用義務化？（早くとも2027年3月期から，プライム市場上場企業のうち，時価総額の大きい企業から適用することがWGで提案されている）

2024/ 3
SSBJが日本版サステナビリティ開示基準案を公表

2025/ 3
SSBJ基準の最終化予定，公表日以後終了する年次報告期間に係る開示から適用可能予定

何のために サステナビリティ情報 を開示するのか

POINT !

⚘ ESG投資の拡大に伴い，企業のサステナビリティ情報の開示に対する投資家からのニーズが高まっています。

⚘ サステナビリティ情報を開示する際には，比較可能性の高い情報を利用者に提供するために，開示基準を活用することができます。どのような情報を，誰に向けて，どのような目的で開示するのかということを整理し，適切な開示基準を選択することが推奨されます。

⚘ 企業がサステナビリティに取り組むのは，本来は投資家に情報開示をするためではなく，自社の企業価値を高め，持続的な成長を実現していくためです。開示自体を目的化し，表面的な開示を行うのではなく，サステナビリティに関する経営戦略の策定，実施，開示などのステップを一つ一つ丁寧に検討した上で，本質的な開示を行っていくことが求められます。

第1節　投資家によるサステナビリティ情報の活用

1 ┃ ESG投資の拡大，多様な投資手法

(1) 社会に浸透しつつある「サステナビリティ」

「サステナビリティ（持続可能性）」の重要性は社会に深く浸透しています。企業は従来以上にサステナビリティへの取り組みを進めており，例えばサステナビリティへの配慮を商品や広告で示していることも多く見られるようになっています。また，政府は官民連携によるサステナビリティの推進に取り組んでいます。学校教育においてもサステナビリティが扱われており，子どもたちの間でもよく知られた概念となっています（詳しくは次ページ「TOPIC」を参照）。

　サステナビリティは近年特に注目されていますが，新しい考え方ではなく，従来その重要性が指摘されてきた考え方です。社会全体で，資源の有限性や人間の活動に伴う外部への影響を考慮し，環境や社会，経済を将来も持続していくことができるのかを考え，行動していくことが求められます。サステナビリティの考え方が広まっている背景には，後述するSDGsが採択され，その実現のための政策や企業活動が積極的に行われていることや，近年特に身をもって感じることが多くなった地球温暖化や異常気象などにより環境に係る懸念が高まっていることなどが挙げられます。

　サステナブルな社会を実現するために設定された目標が「SDGs（Sustainable Development Goals）」です。2015年に国連サミットで採択されたものであり，日本語では「持続可能な開発目標」と訳されます。17のゴールと169のターゲットで構成されており，これらを2030年までに達成することが目指されています。わが国においてもSDGsを達成するために，政府，企業，投資家，消費者，自治体など，あらゆる立場の者が様々な取り組みを進めています。

TOPIC　学校教育におけるサステナビリティ

　近年は子どもたちもサステナビリティやSDGsについて学校教育を通じて学び，理解を深めています。文部科学省は，学校で教育課程（カリキュラム）を編成する際の基準として，学習指導要領（幼稚園においては幼稚園教育要領）を公表しています。これを見てみると，幼稚園〜高等学校の全てにおいて，一人一人が「持続可能な社会の創り手」となることができるように指導をしていくという考えが盛り込まれています（2024年4月時点）。

　各教科においては，例えば小学校では主に「家庭」での金銭の使い方や環境に配慮した生活についての指導で持続可能性の視点が関連しています。また「特別の教科　道徳」でも持続可能性に言及があります。中学校では，「技術・家庭」や「特別の教科　道徳」に加え，「社会」では地理（地域の持続可能な社会づくり）や公民（国際社会），「理科」では自然環境の保全と科学技術の利用に係る事項を通して，持続可能性について指導するものと捉えられます。

　こうした教育が学校での授業等によって行われることで，今後長期的にサステナビリティの考え方はより社会に浸透していくでしょう。

(2)　ESG投資の拡大

　企業がサステナビリティに関する取り組みを進めていく必要がある大きな理由の一つとして，投資家がESGを重視するようになったことが挙げられます。ESGとは「Environmental（環境）」，「Social（社会）」，「Governance（ガバナンス）」の頭文字をとったものであり，2006年にUNEP FI（国連環境計画・金融イニシアティブ）とUNGC（国連グローバル・コンパクト）が策定したPRI（責任投資原則）の中で，投資においてESG要素を考慮することが求められました。このPRIに賛同する機関投資家等の拡大とともに，ESGを考慮した投資である「ESG投資」が普及してきました。多くの投資家がESG投資を行う世界では，企業がサステナビリティやESGに配慮しなければ，資金調達が難しくなったり，株価や企業価値が毀損したりする可能性があります。

　実際に投資家がどの程度ESGを重視しているのか，ESG投資の状況を見てみましょう。例えばPRIに賛同した機関投資家等の数は近年加速的に増えており，2023年3月末には5,000超となっています（**図表1−1**）。わが国でも2023年3月末時点で123の機関が署名しています。

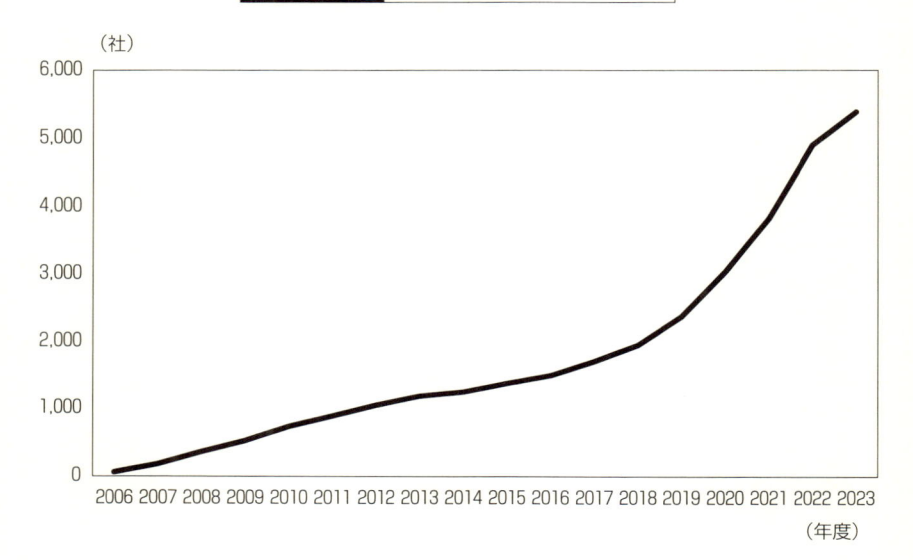

図表 1 － 1　PRIの署名機関数の推移

（出所）PRIウェブサイト，資料等より大和総研作成

　また，GSIA（世界持続可能投資連合）が公表している“GLOBAL SUSTAI NABLE INVESTMENT REVIEW 2022”（2023年11月）によると，**図表 1 － 2**の通り，日本を含む多くの地域で ESG 投資が拡大しています。なお，米国では2020年から2022年にかけて ESG 投資残高が大きく減少しています。これは集計に係るメソドロジーの修正があったことが影響しています。こうした事情がある米国を除けば，ESG 資産残高は2020年から2022年にかけて20％拡大しています。

　さらに，一般社団法人投資信託協会「投資信託の ESG に関する意見交換会アンケート結果」（2022年 5 月）によると，公募 ESG 関連投資信託の本数と純資産総額は2016年12月時点では59本，約1,260億円であったものが，2022年 2 月時点では152本，約 3 兆円にまで増えています（アンケート対象は「投資信託の ESG に関する意見交換会」の参加メンバーである投資信託委託会社14社）。SDGs 債についても，**図表 1 － 3**のように件数，総額ともに増えています。わ

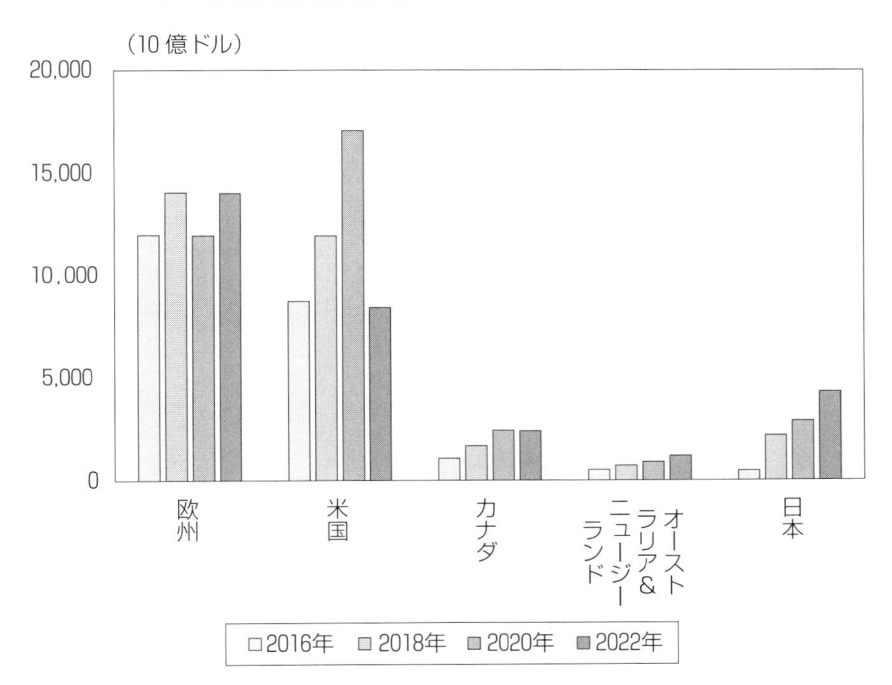

図表1−2 各国・地域のESG投資残高の推移

（10億ドル）

凡例：□2016年　□2018年　■2020年　■2022年

（注）表中の年は報告書の公表年であり，数値は前年末時点（日本のみ年度末時点）のもの。
（出所）GSIA "GLOBAL SUSTAINABLE INVESTMENT REVIEW 2022"（2023年11月）より大和総研作成

が国では「脱炭素成長型経済構造への円滑な移行の推進に関する法律」（GX推進法）が成立しており，グリーン・トランスフォーメーション（GX）に関して，GX経済移行債の発行やGX推進機構の設立によって，GXへの投資がさらに促されると考えられます。今後もESG投資は拡大を続けていくことが予想されます。

(3) ESG投資の種類

ESG投資には様々な種類があります。種類ごとに目的も異なるため，それぞれを理解することが重要となります。大きく分けて，スクリーニング，ESG

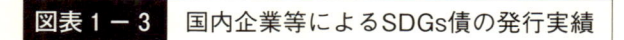

図表1－3　国内企業等によるSDGs債の発行実績

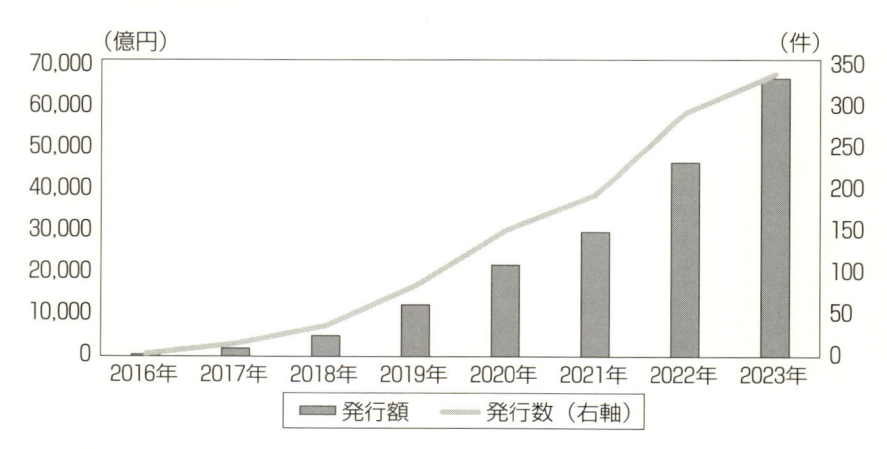

（注）SDGs債の種類は「グリーンボンド，ソーシャルボンド，サステナビリティボンド，サステナビリティ・リンク・ボンド，トランジションボンド，グリーン&サステナビリティ・リンク・ボンド」。
（出所）日本証券業協会ウェブサイト（https://www.jsda.or.jp/sdgs/hakkou.html，2024年2月2日アクセス）より大和総研作成

　インテグレーション，エンゲージメント，テーマ投資，インパクト投資などがありますが，例えばスクリーニングにもネガティブスクリーニングやポジティブスクリーニングなど，細かく見るとさらに多くの種類があります。ここでは，GSIA が示す定義に従います（**図表1－4**）。

　例えば，ネガティブスクリーニングでは，製品カテゴリ（武器など），企業慣行（人権侵害，汚職など）をはじめとした基準に沿って，投資を行わない判断をします。一方，ポジティブスクリーニングでは，一定の基準以上の ESG に関する評価を得た企業などを選択して投資します。また，ESG インテグレーションはリターン向上のために ESG 要素を考慮して将来キャッシュフローを予想するといった投資分析などを行います。一方，インパクト投資はリターンだけではなく，環境や社会にプラスの影響を与えるために投資を行います。

　各種の投資手法の利用状況を見てみると，世界と日本の間に大きな傾向の違いはなく，いずれもエンゲージメントや ESG インテグレーションによる ESG 投資が活発であることが分かります（**図表1－5**）。一方で，社会的，環境的

| 図表 1 － 4 | ESG投資の種類 |

ネガティブスクリーニング Negative/exclusionary screening	投資することができないとみなされる活動に応じた，特定のセクター，企業，国，その他の発行体のファンドまたはポートフォリオからの除外
ポジティブスクリーニング Positive/best-in-class screening	同業他社と比較してプラスのESGパフォーマンスを発揮し，定義された閾値を超える評価を獲得したセクター，企業，プロジェクトへの投資
国際規範スクリーニング Norms-based screening	国連，ILO，OECD，NGOが発行する国際規範などに基づく，ビジネス・発行者の慣行の最低基準によるスクリーニング
ESGインテグレーション ESG integration	リスク調整後のリターンを向上させることを目的とした，投資分析および意思決定プロセスにおけるESG要素の継続的な検討
エンゲージメント Corporate engagement and shareholder action	顧客と受益者の全体的な長期的価値（顧客・受益者の利益が依存する共通の経済的，社会的，環境的資産を含む）を保護し，向上させるための，投資家の権利と影響力の活用
テーマ投資 Sustainability themed investing	環境的，社会的にサステナブルな解決策に特に貢献するテーマ，資産への投資
インパクト投資 Impact/community investing	金銭的利益とともに，プラスの測定可能な社会的，環境的影響を生み出す意図を持った投資

（注）エンゲージメントは出所においては "Stewardship" となっているが，本書では日本で一般的に用いられているエンゲージメントを用いる。
（出所）GSIA "GLOBAL SUSTAINABLE INVESTMENT REVIEW 2022"（2023年11月）などより大和総研作成

　影響を意図したインパクト投資の額はかなり少ないと言えます。やはり投資家，特に受託者責任を負う機関投資家においては，最重要となるのはリスクとリターンであり，エンゲージメントや ESG インテグレーションなど，ESG の考慮を通じて投資のリスク回避，リターン向上を図っていると考えられます。企業側にとっても投資家とどのようにかかわっていけば良いのかを考えるための鍵となるでしょう。

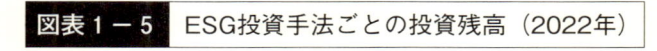

図表1－5　ESG投資手法ごとの投資残高（2022年）

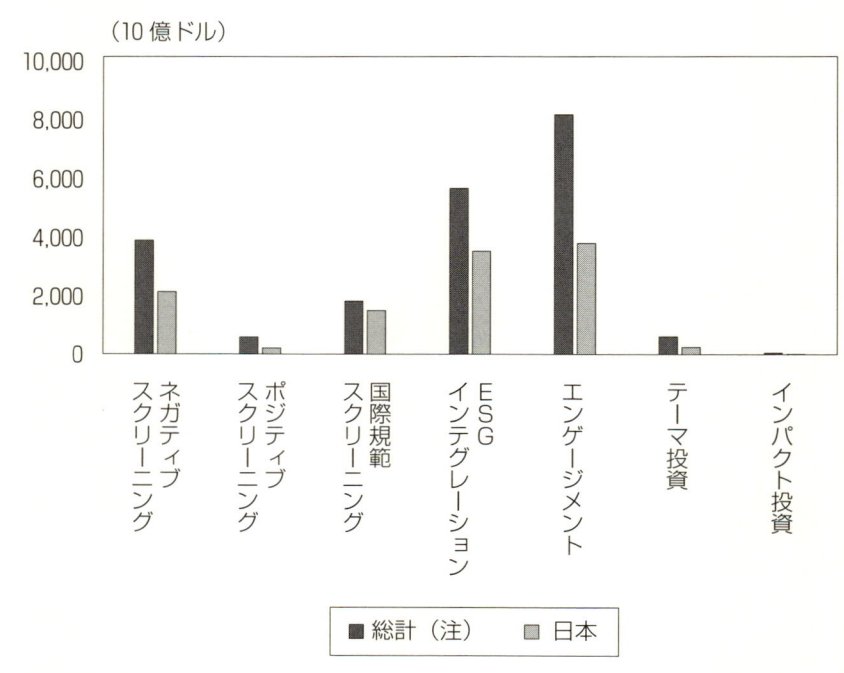

（注）「総計」には米国，カナダ，オーストラリア，ニュージーランドが含まれます。なお，2020年（前回）までのものと比べるとヨーロッパが含まれないなど，算定方法が大きく異なります。
（出所）GSIA "GLOBAL SUSTAINABLE INVESTMENT REVIEW 2022"（2023年11月）より大和総研作成

2 ┃ サステナビリティを考慮したエンゲージメント

(1)　機関投資家はサステナビリティを考慮してエンゲージメントを行う

　ESG投資の種類の一つとして，「エンゲージメント」を挙げました。これは機関投資家が投資先の企業との建設的な対話を通じてESGに関する取り組みやESG課題の解決を促すことを指します。

　近年は図表1－5で示した通りESG投資の中でも，エンゲージメントの重要性が高まっています。また，こうした状況の中，企業から開示されたサステ

ナビリティ情報をエンゲージメントに用いることも増えています。例えば，サステナビリティに関する情報を開示するための基準の一つに，TCFD（気候関連財務情報開示タスクフォース）の基準があります（TCFDについて，詳しくは60ページを参照）。投資家（金融機関）によるTCFDに基づく開示情報の利活用状況についてのアンケート（**図表1－6**）を見てみると，「投融資における意思決定」や「投融資先企業の選定（スクリーニング）」よりも，エンゲージメントのために利活用していると回答している金融機関が多いことが分かります。

　機関投資家がエンゲージメントを行っていく上での原則として，わが国には「日本版スチュワードシップ・コード（SSコード）」があります。SSコードは，ESGに限らず「企業の持続的な成長を促す観点から，幅広い機関投資家が企業との建設的な対話を行い，適切に受託者責任を果たすための原則」として検

図表1－6 金融機関の投融資先企業のTCFDに基づく開示情報の利活用状況（複数選択可）

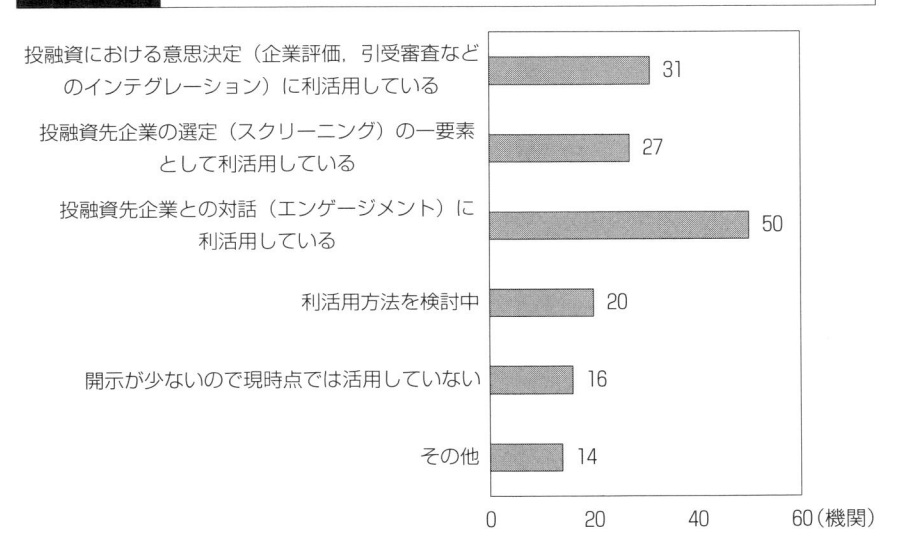

図表1－7	SSコードにおけるサステナビリティに関する言及

指針1－1．
　機関投資家は，投資先企業やその事業環境等に関する深い理解のほか運用戦略に応じたサステナビリティ（ESG要素を含む中長期的な持続可能性）の考慮に基づく建設的な「目的を持った対話」（エンゲージメント）などを通じて，当該企業の企業価値の向上やその持続的成長を促すことにより，顧客・受益者の中長期的な投資リターンの拡大を図るべきである。

指針1－2．
　機関投資家は，こうした認識の下，スチュワードシップ責任を果たすための方針，すなわち，スチュワードシップ責任をどのように考え，その考えに則って当該責任をどのように果たしていくのか，また，顧客・受益者から投資先企業へと向かう投資資金の流れ（インベストメント・チェーン）の中での自らの置かれた位置を踏まえ，どのような役割を果たすのかについての明確な方針を策定し，これを公表すべきである。
　その際，運用戦略に応じて，サステナビリティに関する課題をどのように考慮するかについて，検討を行った上で当該方針において明確に示すべきである。

指針4－2．
　機関投資家は，サステナビリティを巡る課題に関する対話に当たっては，運用戦略と整合的で，中長期的な企業価値の向上や企業の持続的成長に結び付くものとなるよう意識すべきである。

原則7
　機関投資家は，投資先企業の持続的成長に資するよう，投資先企業やその事業環境等に関する深い理解のほか運用戦略に応じたサステナビリティの考慮に基づき，当該企業との対話やスチュワードシップ活動に伴う判断を適切に行うための実力を備えるべきである。

指針7－1．
　機関投資家は，投資先企業との対話を建設的なものとし，かつ，当該企業の持続的成長に資する有益なものとしていく観点から，投資先企業やその事業環境等に関する深い理解のほか運用戦略に応じたサステナビリティの考慮に基づき，当該企業との対話やスチュワードシップ活動に伴う判断を適切に行うための実力を備えていることが重要である。
　このため，機関投資家は，こうした対話や判断を適切に行うために必要な体制の整備を行うべきである。

（注）下線は筆者追記。
（出所）金融庁「『責任ある機関投資家』の諸原則≪日本版スチュワードシップ・コード≫～投資と対話を通じて企業の持続的成長を促すために～」（2020年3月再改訂）より抜粋

討，取りまとめられたものです。

　このSSコードでは，サステナビリティ（ESG要素を含む）も多く言及されています（**図表1－7**）。機関投資家は，運用戦略に応じたサステナビリティの考慮に基づくエンゲージメントを通じて企業価値向上・持続的成長を促し，リターンの拡大を図ることとされています。また，サステナビリティに関するエンゲージメントに当たっては，運用戦略との整合性，中長期的な企業価値の向上・企業の持続的成長との結び付きを意識すべきとされています。

　SSコードは法的拘束力を持つものではなく，各機関投資家が受け入れるかどうかを判断する仕組みです。「受入れ表明」をしている機関投資家は2023年12月31日時点で331に上ります。つまり，多くの機関投資家が前述のようにサステナビリティを考慮したエンゲージメントを図っていると考えられます。

　ただし，SSコードについて2点，気を付けなければならない特徴があります。一つがSSコードは「プリンシプルベース・アプローチ」をとっているということです。SSコードの内容は詳細なルール（細則）で構成されているのではなく，プリンシプル（原則）が示されているだけです。受入れ表明をした機関投資家は，それぞれが置かれた状況に応じて原則に沿った適切な行動をとるという趣旨となっています。

　もう一つが「コンプライ・オア・エクスプレイン」です。SSコードはその内容の全てに従って必ず実施（コンプライ）しなければならないという性質ではなく，自らの個別事情に照らして実施することが適切でないと考える原則があれば，その原則を実施しないことも想定されています。ただし，その際にはその原則を「実施しない理由」を十分に説明する（エクスプレイン）ことが必要とされています。

　つまり，SSコードに対して「受入れ表明」をしている331の機関投資家全てがサステナビリティに関する原則や指針を必ず実施しているとは限らないということには注意する必要があります。

(2)　エンゲージメントの手法と状況

　機関投資家が投資先企業と行うエンゲージメントには，①直接対話，②協働エンゲージメント，③株主提案，④議決権行使，などの様々な手法があります

（エンゲージメントに何を含むかについては多様な考え方がありますが，本書では議決権行使なども含む広義なものとします）。ここでは，それぞれ ESG に関してどのように行われているのか，概要と状況を説明します。

①　直接対話

　機関投資家と企業が直接対話をする場を設けることで，機関投資家は自身の関心を企業に共有するとともに，企業は自社に関する機関投資家の理解を高めることができます。また，企業が機関投資家の意見を踏まえ，今後の経営に反映することも考えられます。直接対話としては，機関投資家が投資先企業に対して対話の場を求めることのほか，企業側が投資家に対する説明会（IR ミーティング）を開催することもあります。

　こうした直接対話を通して，企業の ESG に関する取り組みを共有することが増えています。例えば，投資信託協会が公表している「日本版スチュワードシップ・コードに関するアンケート調査の結果について（令和 5 年 3 月）」によると，国内株式を運用対象とする68社のうち，66社がエンゲージメントを実施していました。対話先企業を選定する際の視点は大きく 3 つに分けられ，そのうちの一つが「ESG への取組状況」となっています。具体的には，「（前略）特定した重点分野にて課題（リスク）を抱え，ESG への取組みの促進・強化によって中長期的な企業価値向上が見込める企業を選定」，「（前略）独自の ESG スコアを活用したスクリーニング手法を通じて対象企業を選定する」といった回答があったと示されています。

　さらに企業側の行動について，年金積立金管理運用独立行政法人（GPIF）が公表している「第 8 回 機関投資家のスチュワードシップ活動に関する上場企業向けアンケート集計結果」（2023年 5 月，回答社数は735社）をみると，IR ミーティングや決算説明会で機関投資家向けに ESG をはじめとする非財務情報について説明する企業が多かったことが分かります（**図表 1 － 8**）。また，ESG 等に特化した説明会を開催している企業もあります。さらに，債券投資家との対話を行っている企業も一部見られ，そのうち70.0％の企業が ESG への取り組みについて対話をしていました。企業は機関投資家からの意見等を重視しており，エンゲージメントを通じて ESG への取り組みが促されると考え

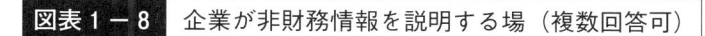

図表 1 − 8　企業が非財務情報を説明する場（複数回答可）

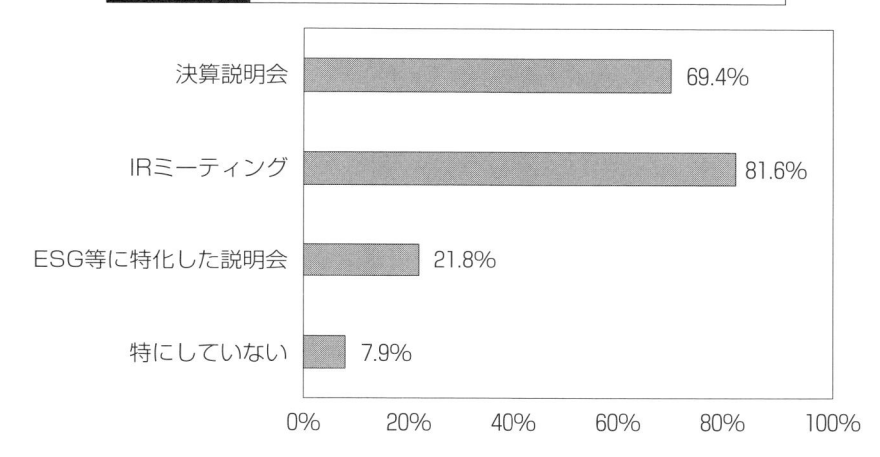

決算説明会	69.4%
IRミーティング	81.6%
ESG等に特化した説明会	21.8%
特にしていない	7.9%

（出所）年金積立金管理運用独立行政法人「第8回 機関投資家のスチュワードシップ活動に関する上場企業向けアンケート集計結果」（2023年）より大和総研作成

られます。

②　協働エンゲージメント

　協働エンゲージメントとは，機関投資家が単独で対話を行うのではなく，複数の機関投資家が協働して投資先企業と対話を行うことを指します。複数の機関投資家が協働することで，共通して認識する課題や関心が企業に伝わりやすくなることが考えられます。SSコードの中でも，協働エンゲージメントについて「有益な場合もあり得る」と指摘されています（**図表 1 − 9**）。ただし，SSコードでの言及は，機関投資家に対して必ず協働エンゲージメントを行うことを求めているわけではありません。あくまでも，機関投資家が投資先企業との間で対話を行う際の選択肢として示しているにすぎません。

　先述の投資信託協会「日本版スチュワードシップ・コードに関するアンケート調査の結果について（令和5年3月）」によると，協働エンゲージメントを行っている運用会社は45.6％となっています。また，一般社団法人日本投資顧問業協会が公表している「日本版スチュワードシップ・コードへの対応等に関する

図表1－9	SSコードにおける協働エンゲージメントに関する言及

指針4－5.
　機関投資家が投資先企業との間で対話を行うに当たっては，単独でこうした対話を行うほか，必要に応じ，他の機関投資家と協働して対話を行うこと（協働エンゲージメント）が有益な場合もあり得る。

（出所）金融庁「『責任ある機関投資家』の諸原則≪日本版スチュワードシップ・コード≫～投資と対話を通じて企業の持続的成長を促すために～」（2020年3月再改訂）より抜粋

アンケート（第10回）の結果について（2023年10月実施分）」では，アンケートに回答した投資運用会員，投資助言・代理会員のうち，協働エンゲージメントを行ったことがあるのは34.2％（回答社数114社）でした。両方のアンケートでは協働エンゲージメントを行わない理由についても回答が示されており，必要性がない，コストやリスクがある，意見調整が難しいといった点が指摘されていました。

　ESGに関連する協働エンゲージメントを行うためのイニシアティブの設立も，複数見受けられます。例えば，PRIは協働エンゲージメントに関するレポートを発信していますが，これに加え，特に人権や社会問題に機関投資家が協力して取り組むためのイニシアティブとして「Advance」を2022年に設立しています。既に国内外の255の機関投資家がこれに賛同を示しています（2023年9月時点，https://www.unpri.org/investment-tools/stewardship/advance）。

　また，世界各国の機関投資家によって2017年に「Climate Action 100+」というイニシアティブが設立されました。創設・運営にはPRIもかかわっています。700以上の投資家（2023年9月時点，https://www.climateaction100.org/）が参加しており，当初は2022年までの取り組みとされていましたが，現在はフェーズ2として2030年までの取り組みが実施されています。こうしたイニシアティブのもとで，機関投資家は企業へのエンゲージメントを協働で行っています。

　わが国においても，協働エンゲージメントを支援するために，一般社団法人機関投資家協働対話フォーラムが設立されています。これはESGに焦点を当てたものではありませんが，例えば2022年10月には「エンゲージメント・アジェ

ンダ　サステナビリティ課題に対する認識と企業価値の向上に向けたストーリー整備のお願い－非財務情報開示に関する投資家の期待－」を公表しています。当文書はフォーラムに参加する投資家が協働で，企業に対する期待，具体的にはサステナビリティ情報の開示拡充について伝えることを目的としたものです。

　GPIF が公表している「第8回 機関投資家のスチュワードシップ活動に関する上場企業向けアンケート集計結果」（2023年5月，回答社数は735社）では，協働エンゲージメントの要請を受けたことがある企業は9.6％と示されています。要請における主なテーマとしては，「ESG 全般」，「気候変動対応（脱炭素戦略等）」，「森林破壊」，「政策保有株式」，「親子上場ガバナンス」と ESG に関するものが多くなっています。今後も ESG に関するエンゲージメントの一つの方法として，イニシアティブによるものも含め，協働エンゲージメントが行われていくことが考えられます。

③　株主提案

　株主総会に関連するエンゲージメント手法として，「株主提案」や「議決権行使」が挙げられます。このうち，株主提案は一定以上の議決権を持つ株主が株主総会における議案を提出することができるというものです。株主提案によって，投資家は自身の企業に対するニーズや企業に求める行動を伝えつつ，提案した議題に関する企業の考えを聞くことで，直接の対話ができると考えられます。もちろん提案した議題が株主提案で議案として可決された場合には，企業の行動が求められます。

　ESG に関する株主提案も，少しずつみられるようになってきています。公益社団法人日本監査役協会の「サステナビリティの取組みについてのアンケート調査 集計結果」（2022年，月刊監査役 No.744）では，過去3年間にサステナビリティに関する株主提案があったと回答したプライム市場上場会社は9社でした。現時点ではこうした提案は少数ですが，今後サステナビリティに関する注目度がさらに高まるにつれて，その数は増加していくと予想されます。

④　議決権行使

　「議決権行使」は株主総会における議案（株主提案によるものを含みます）に対して賛否を投票することを通じて，株主の意見を企業に伝えるものです。③でESGに関する株主提案について前述しましたが，例えば，企業のサステナビリティに関する行動を求める株主提案に対して賛成票を投票することは，企業にそうした行動を求めているという自身のニーズを伝えることでもあり，これも企業と投資家の対話の一つと捉えられ得るでしょう。

　サステナビリティに関する企業の対応が十分ではないと判断した場合，株主提案ではなく，通常の株主総会における議案，具体的には取締役選任に対し反対票を投じることもあります。SSコードでは機関投資家に対して，議決権の行使についての明確な方針の策定・公表が求められていますが，近年は機関投資家の議決権行使に関する方針の中で，ESGに関する要素を考慮することが示されている場合も少なからず見受けられます。また，機関投資家が議決権行使を行う上では，議決権行使助言会社が利用されることもあります。

　大手議決権行使助言会社においてもESGを考慮する方針が立てられています。例えば，ISS（Institutional Shareholder Services Inc.）は「2024年版　日本向け議決権行使助言基準」において，「株主総会後の取締役会に女性取締役が一人もいない場合」，「政策保有株式の過度な保有が認められる場合」などには，経営トップである取締役に対して原則として反対を推奨しています。また，「温室効果ガス排出量の多い企業において（中略）最低限の対策を講じていない場合」も「個別の取締役，委員会の委員，あるいはすべての取締役に反対を推奨することがある」とされています。さらに，株主提案の分析の際には社会問題・環境問題に関して，「提案が対象とする事柄に対して，企業がすでに適切で十分な対応を取っているか」などの要素について考慮するとされています。グラスルイス（Glass, Lewis & Co.）の"2024 Benchmark Policy Guidelines"においてもやはりESGに関連する内容が示されています。機関投資家の議決権行使において，ESGが考慮されることも踏まえ，企業はサステナビリティに関する取り組みを進めていく必要があるでしょう。

　ここまで，①～④で整理した通り，各種のエンゲージメントの手法において，

ESG に関する考慮が拡大しています。機関投資家は開示されているサステナビリティ情報をもとに議決権行使を含む企業との対話を行うとともに，直接対話などを通じて企業のサステナビリティ情報を把握することを考えています。機関投資家は，そうしたサステナビリティ情報などを考慮した，投資先の企業との建設的な対話を通じて ESG に関する取り組み・ESG 課題の解決を促し，投資先企業の中長期的な企業価値の向上によるリターンの確保を図っています。投資家のニーズに応えるためにも，企業がサステナビリティ情報を開示していくことは重要です。

TOPIC　投資においてサステナビリティを考慮することの一般化

　多くの機関投資家は既にESGに関するリスクを考慮しています。ここまで確認した通り，PRIに署名する機関投資家は右肩上がりに増えており，ESG投資の総額も拡大しています。また，機関投資家の議決権行使方針においても，ESGに関する言及を行う場合が増えています。

　SSコードでも，「スチュワードシップ責任」について「機関投資家が，投資先企業やその事業環境等に関する深い理解のほか運用戦略に応じたサステナビリティ（ESG要素を含む中長期的な持続可能性）の考慮に基づく建設的な『目的を持った対話』（エンゲージメント）などを通じて，当該企業の企業価値の向上や持続的成長を促すことにより，『顧客・受益者』（最終受益者を含む。以下同じ。）の中長期的な投資リターンの拡大を図る責任」と定義しています。つまり，受託者責任を果たすためには，中長期的なリスクとなるサステナビリティについて考慮することは，機関投資家にとって必要なことであると考えられます。

　このように，投資家がESGを踏まえた投資を行うことが当たり前になれば，将来的には「ESG投資」というワードは一般化し，なくなってしまうのかもしれません。

---

3 ESG格付・ESGスコア

(1) ESG格付・ESGスコアとは

　投資家が ESG 投資を行う上での判断材料の一つとして，ESG 格付・ESG スコアが挙げられます。これは，企業の ESG に関する取り組みなどを第三者評価機関が評価して，与えられる格付やスコアのことを指します。こうした

　ESGに関する評価を提供するESG評価機関やESGに関するデータを提供するデータプロバイダは，ESG投資を行う上での重要なインフラと言えます。ESG評価機関・データプロバイダとして，代表的なものは**図表1−10**の通りです。例えば，MSCIは企業のESGに対する取り組みや情報開示に応じて「AAA」から「CCC」までの7段階の格付を企業に対して行っています（AAAが最高評価）。なお，こうした企業に対するESG格付・ESGスコアはESG評価機関が独自に行うものであり，企業の依頼によって行うものではないことが多いです。

図表1−10　ESG評価機関・データプロバイダ一覧

アラベスク・グループ	株式会社グッドバンカー
ブルームバーグ・エル・ピー	日本経済新聞社（日経NEEDS）
CDP	Refinitiv
Fitch Solutions	S&Pグローバル
FTSE Russell	Sustainalytics
ISS ESG	東洋経済新報社
Moody's	Truvalue Labs
MSCI	

（出所）日本取引所グループウェブサイト（https://www.jpx.co.jp/corporate/sustainability/esgknowledgehub/esg-rating/index.html，2023年3月7日アクセス）より大和総研作成

　ESG格付・ESGスコアは投資家がESG投資を行う際の判断材料となります。例えば，前掲の「日本版スチュワードシップ・コードへの対応等に関するアンケート（第10回）の結果について（2023年10月実施分）」では，日本株投資残高のある回答機関（116社）のうち，42社（36.2％）がESG評価等の際にESG評価機関を活用していると示されています。

　また，ESG格付・ESGスコアは投資判断に活用されるだけではなく，ESGインデックス（ESG要素を考慮して構築される株価指数）の構築においても活用されます。例えば，わが国の最大級の機関投資家であるGPIFが採用しているESG指数の一つである「MSCIジャパンESGセレクト・リーダーズ指数」

では，構成銘柄選定の際の適格基準として「ESG 格付けが BB 以上であること」が挙げられています（MSCI「MSCI ジャパン ESG セレクト・リーダーズ指数メソドロジー」（2022年5月））。このように，ESG 格付・ESG スコアは投資家，企業の双方にとって重要なものと言えます。

(2)　ESG評価の方法と企業に求められる対応

ESG 格付・ESG スコアに関する ESG 評価はどのように行われるのでしょうか。例えば，MSCI の ESG Rating では，環境，社会，ガバナンスに関する33の主要問題に沿って評価されます（**図表1−11**）。業種によって，それら主要問題

図表1−11　MSCIのESG Ratingにおける主要問題[1,2]

（出所）MSCI ESG Ratings key Issue Framework（https://www.msci.com/our-solutions/esg-investing/esg-ratings/esg-ratings-key-issue-framework）より抜粋

の重みづけが変わります。例として，エネルギー業であれば**図表1－12**のような項目・ウェイトに基づいて評価されます。

　ただし，もちろん全てのESG評価機関が同じ方法で評価を行っているわけではなく，考慮する要素やウェイトは機関によって異なり，同じ企業に対する評価も機関によってバラツキがあります。このバラツキが生じる要因の一つとして，企業が開示する情報の比較可能性が確保されていないことが指摘されています。第2節で後述しますが，サステナビリティ情報の開示に関する基準に則ることで，このバラツキの改善が期待されます。企業は，自社の取り組みを適切に伝えてESG評価を受けるために，基準に沿った比較可能な情報を開示していくことが望ましいでしょう。

図表1－12　MSCIのESG Ratingにおける評価ウェイト（エネルギー業）[1,2]

環　　　境		社　　　会		ガバナンス	
Carbon Emissions	18.1%	Health & Safety	12.5%	Governance（下記を含む）	34.5%
Biodiversity & Land Use	12.0%	Community Relations	8.4%	Ownership & Control	
Toxic Emissions & Waste	9.5%	Labor Management	2.0%	Board	
Opportunities in Clean Tech	1.7%	Human Capital Development	0.3%	Pay	
Water Stress	1.0%	Privacy & Data Security	0.1%	Accounting	
				Business Ethics	
				Tax Transparency	

（注）MSCIの業種ごとの評価ウェイト等を示すESG Industry Materiality Mapは，主要なESGリスクと機会の業界固有の評価を基礎とします。ただし，ESG Industry Materiality Mapには，業界分類では捉えられない企業固有のニュアンスも反映されています。事業のライン，生産プロセス，活動地域は，ESGリスクの決定要因として挙げられます。ルールベースのモデルのバリエーションでは，これらのニュアンスが考慮されるため，ある業界の全企業が，表示された全ての主要な問題（Key Issues）で必ずしも評価されるわけではありません。ESG Industry Materiality Mapには企業固有の主要な問題が含まれているため，業界のごく一部にしか適用されない問題は，平均の重みが低いように見えることがあります。

（出所）MSCIウェブサイト（https://www.msci.com/our-solutions/esg-investing/esg-industry-materiality-map，2023年10月アクセス）より大和総研作成

第2節　複雑なサステナビリティ情報開示の基準・規制を理解する必要性

1 ｜サステナビリティ情報の比較可能性

　第1節で確認した通り，ESG投資における投資判断に資するために，企業は自社のESG，サステナビリティに関する情報を開示することが必要と考えられます。企業がサステナビリティ情報を開示する上では，国内の法律・規制（第2章）などに従って情報を開示するほか，一定の機関によって作成された開示基準（第4章）を参考にすることができます。法律・規制については，対象となる企業は基本的に開示義務がありますが，開示基準については，適用するか否かは企業が任意に決めることができます。

　法律・規制と開示基準に共通する考え方として，「比較可能性」があります。例えば，財務情報を算定・開示する上では，企業はその国の会計基準に基づく必要があります。これは，収益や減損などのルールを企業間で一定にすることによって，異なる企業の財務状態を投資家が比較することができるようにすることを一つの目的としています。サステナビリティ情報についても同様です。企業がバラバラの情報を開示するのではなく，統一されたルールに従って同じ項目や指標を開示することによって，投資家は異なる企業の情報，もしくは企業の期間ごとの情報を，比較して評価することができます。

　特にサステナビリティ情報については，開示対象とするテーマや開示項目，算定すべき指標など，企業によるギャップが生じやすく，定性情報も多いため，この比較可能性が重要と考えられます。法律・規制に沿った情報の開示はもちろんですが，同じ開示基準に沿った開示を行うことで，投資家に評価され得る情報を提供することができるため，企業が国際的な開示基準を理解することは非常に重要です。

2 ┃ 基準・規制ごとの目的や想定利用者の違い

(1) 開示基準ごとの違い

　企業が同じ開示基準に基づいた開示を行うことによって，投資家などは比較可能性のある情報をもとに投資判断をすることができます。ただし，実際には開示基準は一つしか存在しない，統一されているというわけではなく，その目的や対象とする分野によって様々なものが存在します（**図表1−13**）。そのため，企業，投資家はともに開示目的・利用目的によって開示基準を使い分ける必要があります。それぞれの開示基準の概要については，第4章で解説しますが，ここではいくつかポイントとなる違いについて説明します。

図表1−13　各種サステナビリティ情報開示基準

	GRIスタンダード	国際統合報告フレームワーク	SASBスタンダード	CDP	CDSBフレームワーク	TCFD提言	TNFD提言	ISSB・SSBJの基準
開示分野	・経済 ・環境 ・社会	・財務資本 ・製造資本 ・知的資本 ・人的資本 ・社会，関係資本 ・自然資本	・環境 ・社会 （業種によって異なる）	・気候変動 ・水 ・森林	環境情報	気候変動	自然	・サステナビリティ全般 ・気候変動（2024年4月時点）
想定する情報利用者	広いステークホルダー	投資家など	投資家など	主に投資家など	投資家など	投資家など	主に投資家など	投資家など
マテリアリティ	ダブル	シングル	シングル	ダブル	シングル	シングル	シングル（必要に応じてダブル）	シングル

（注）各基準について，詳しくは第4章を参照。
（出所）各種資料より大和総研作成

① 開示分野

　開示基準によって，フォーカスする分野（テーマ）が異なります。E（環境），

S（社会），G（ガバナンス）の中で，例えば環境にフォーカスしているものもあれば，環境の中でも特に気候変動にフォーカスしている基準もあります。

②　想定する情報利用者

　開示基準ごとに，誰に向けた情報開示を想定したものなのかが異なります。基本的には投資家に向けた情報開示を想定している場合が多いです。これは，法律・規制においても同様であり，例えばわが国でも有価証券報告書で投資家に向けてサステナビリティ情報の開示が求められています（詳しくは67ページを参照）。しかし，投資家以外のより広いステークホルダーを対象としている場合もあります。ステークホルダーには，例えば従業員，取引先，地域社会，消費者などが含まれます。

③　マテリアリティ

　企業が開示する情報を選択する上では，サステナビリティ情報の「マテリアリティ」（重要性）を考える必要があります。マテリアリティの高い情報は開示が必要となります。

　ここでいうマテリアリティには，二つの種類があります（**図表1－14**）。その一つが「シングルマテリアリティ」です。これは，環境や社会といったサステナビリティに関する課題が，企業の業績などに与える財務的な影響についての重要性に基づいて，開示すべき情報を判断するということです。

　もう一つが「ダブルマテリアリティ」です。これは，財務的な影響だけではなく，加えて企業の事業活動などが環境や社会に与える影響についての重要性に基づいて，開示すべき情報を判断するということです。

　マテリアリティは，想定する情報利用者と大きく関係します。投資家を主な利用者として想定する場合，投資家の意思決定において特に重要となる企業の財務に関する情報の開示にフォーカスする必要があるため，基本的にはシングルマテリアリティに基づいた開示情報の選択が求められます。一方で，投資家以外のステークホルダーに対しても情報を開示するのであれば，企業活動が環境や社会に与える影響に関する情報も求められ得るため，ダブルマテリアリティに基づいて開示情報を判断することとなります。

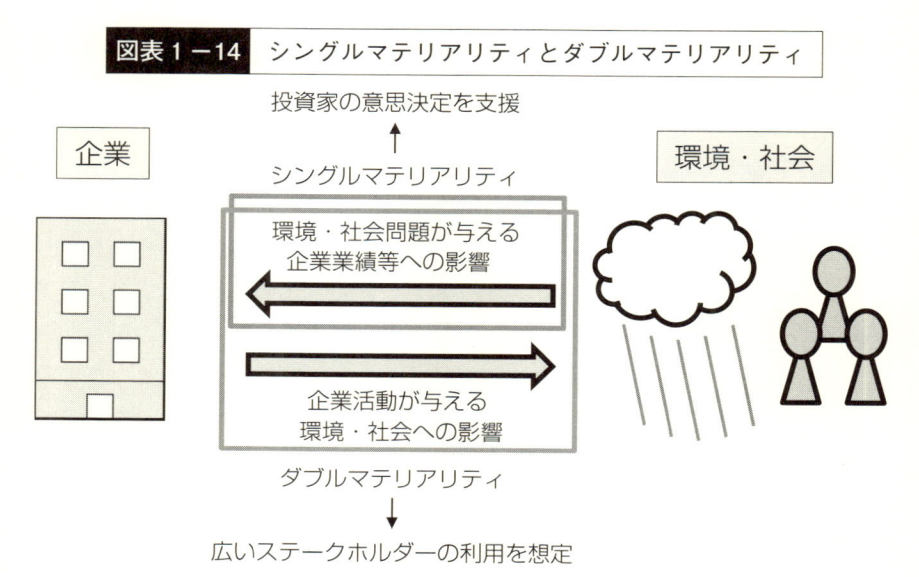

図表1-14　シングルマテリアリティとダブルマテリアリティ

投資家の意思決定を支援

シングルマテリアリティ

企業

環境・社会

環境・社会問題が与える
企業業績等への影響

企業活動が与える
環境・社会への影響

ダブルマテリアリティ

広いステークホルダーの利用を想定

（出所）大和総研作成

　このほかにも,「ダイナミックマテリアリティ」という概念も存在します。これは,マテリアリティの考え方は流動的なものであり,時代の変化などによって変動する（例えば,従来は重要性が低いと考えられていたものが,重要性が高いと再認識される）という考え方です。また,サステナビリティに関する問題はシングル,ダブルにきれいに分けられるものではなく,両者が混在していくといった意見もあります。しかし,考え方の基本には,シングルマテリアリティか,ダブルマテリアリティかという二軸があるため,この二つを理解することが基本となります。

TOPIC　「ESG情報」から「サステナビリティ情報」への呼称の変化

　従来,本書で取り扱うような企業が開示すべき情報は「ESG情報」と呼ばれることが多かったですが,近年は「サステナビリティ情報」と呼称されることが多くなってきています。

　例えば,EUでは企業に対して2018年以降,指令で「ESG情報」を開示することが求められていました。しかし,2023年にこの指令が改正され,「サステナビリティ情

報」の開示が求められるようになっています（詳しくは188ページを参照）。わが国でも，東京証券取引所のコーポレートガバナンス・コードや，有価証券報告書の記載について定めた府令で，サステナビリティに関する情報を開示することが求められています（第2章）。

「ESG」はPRI（責任投資原則）の中で，投資においてESG要素を考慮することを求めたことに端を発します。基本的には投資に関するワードであり，ESG情報は投資家の投資判断に影響を与え得る情報と捉えられます。「サステナビリティ」は日本語で「持続可能性」という意味で，環境や社会，ガバナンスといった要素に限定されない，一般的な概念です。例えばEUの企業の情報開示に関する新たな法令では，投資家に限らないステークホルダーに対して情報を開示することが求められています。「ESG」ではなく，「サステナビリティ」という呼称が使われているのは，社会全体の持続可能性を高めることにその規制の目的を置くためと考えられます。

第4章で解説をするISSB（サステナビリティ基準審議会）が策定した国際的な開示基準や，わが国の有価証券報告書は投資家に向けた情報開示を行うためのものであるため，「ESG」に関する情報の開示が求められていると考えられます。しかし，いずれも求めているのは「サステナビリティ」に関する情報開示です。これは，開示する情報は投資家に向けたものですが，開示の前提となる考え方や取り組みは，社会の持続可能性を高めることにつながるためではないかと筆者は推察します。

(2)　基準ごとの違いを踏まえた対応

(1)の通り，開示基準には様々なものが存在します。足元では，開示基準が複数存在している状態の解消（統一化）が進んでいるため（第4章），全てを使い分ける必要はありません。しかし，基準は完全に統一されるわけではなく，対象とする分野，想定する情報利用者，シングルマテリアリティかダブルマテリアリティか，という違いによって，やはりいくつかの基準は残ると考えられ，それぞれを理解する必要があります。

企業としては開示基準を選択する前に，まずは何のために，誰に向けて情報を開示すべきなのかを整理しなければなりません。自社が想定する情報利用者やマテリアリティが定まると，重要性の高い分野をマテリアリティに基づいて整理し，開示すべき情報を特定することが可能になります。本書において解説する主要な開示基準を理解した上で，自社のマテリアリティなどを踏まえ，どの開示基準に基づいた情報開示を行っていくのかを検討することが推奨されます。

第3節	経営戦略とサステナビリティ情報開示のPDCA

1 サステナビリティと経営戦略

　ここまで，企業はESG投資を行う投資家に対応するために，サステナビリティ情報を開示することが求められるという説明をしてきました。しかし，企業がサステナビリティに取り組むのは，情報を開示して投資家からESG投資を受けるためだけではありません。

　「サステナビリティ」の本質に立ち返れば，企業は環境，社会，経済の持続可能性に資する行動をすること，また，それに伴うリスクに対応することによって，自社の企業価値を高め，持続的な成長を実現していくことが可能になります。つまり，企業のサステナビリティ情報の開示の前提には，サステナビリティに関する取り組みを通じて企業価値を高めるための経営戦略があります。

　日本監査役協会の「サステナビリティの取組みについてのアンケート調査集計結果」（2022年，月刊監査役 No.744）では，経営戦略におけるサステナビリティについて，**図表1−15**のようなアンケート結果が示されています。これによると，中期経営計画等にサステナビリティについての目標を組み込んでいる企業，サステナビリティの課題に関する長期計画等を作成している企業はいずれも全体の6 〜 7割と，既に多くの企業がサステナビリティを踏まえた経営戦略を作成していることが分かります。

　また，経済産業省は2023年7月に「サステナビリティ関連データの収集・活用等に関する実態調査のためのアンケート調査結果」を公表しています（**図表1−16**，回答社数200社）。ここでは，企業価値向上に向けた，企業のサステナビリティデータの用途についての質問に対して，最も多かった回答は「開示，投資家との対話」であったと示されています。その次に多かった回答が「事業戦略（進捗モニタリング，分析，意思決定など）」であり，サステナビリティ情報は投資家に向けた開示のためだけではなく，事業戦略のためにも活用されていることが分かります。具体的な事業戦略での活用に関しては，相対的に多数の回答があった活用例として，投資の意思決定，環境貢献製品・サービスの

開発，事業ポートフォリオの検討といった経営資源配分や，サステナビリティに関する目標の設定・進捗モニタリングが挙げられています。

　環境問題・社会問題は既に大きなリスクとして顕在化し始めており，サステ

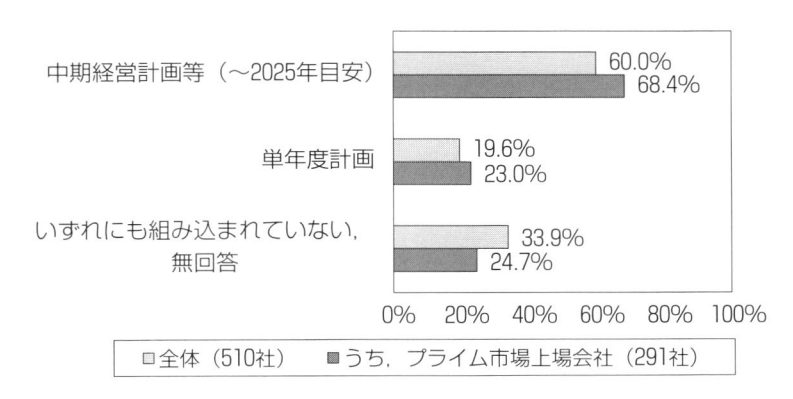

図表1－15　経営戦略におけるサステナビリティの考慮

中期経営計画等にサステナビリティについての
目標などが組み込まれていますか。（複数選択可）

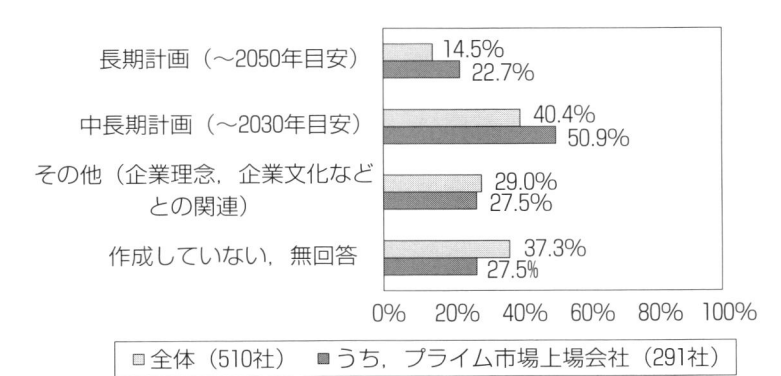

サステナビリティの課題に関する長期計画等を
作成していますか。（複数選択可）

（出所）日本監査役協会「サステナビリティの取組みについてのアンケート調査 集計結果」（2022年，月刊監査役 No.744）より大和総研作成

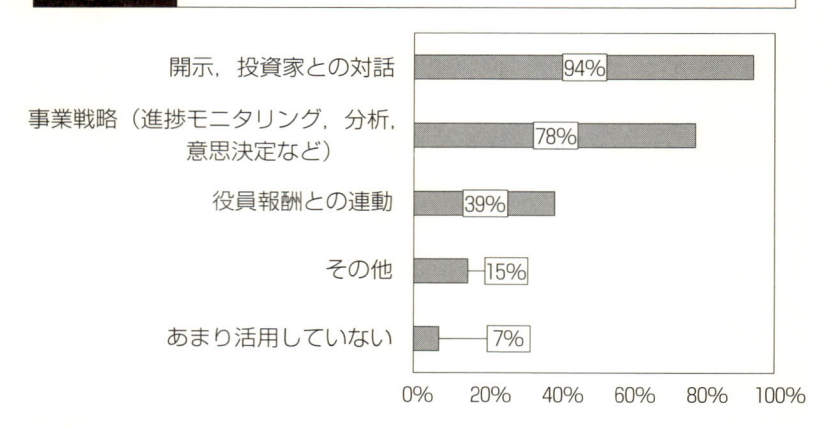

図表1−16 企業価値向上に向けたサステナビリティデータの用途

（注）複数選択可。
（出所）経済産業省「サステナビリティ関連データの収集・活用等に関する実態調査のためのアンケート調査結果」（2023年）より大和総研作成

ナビリティ課題は経営の根幹にかかわってきていると言えます。こうした状況を踏まえ、企業は自社の持続的な成長を実現するために、経営戦略においてサステナビリティを考慮するようになってきています。ESG投資を行う投資家は、開示情報や対話を通して、企業が経営戦略として、サステナビリティにどのように取り組んでいるのか、サステナビリティに関するリスクにどのように対応しているのかを見ています。そのため、企業は開示義務があるという理由だけでサステナビリティ情報を開示するのではなく、自社の企業価値を高めていく上で、サステナビリティを自社の経営戦略や事業戦略と結び付けて考慮し、その取り組みを開示していくことが求められます。そうすることで、投資家からの評価にもつながるものと考えられます。

2 ┃ サステナビリティ情報の開示はゴールではない

(1) 開示に伴う様々なステップ

　サステナビリティ情報の開示に向けては、**図表1−17**のように、企業は様々なステップを経る必要があります（具体的な対応に関する各プロセスの内容に

図表1-17 サステナビリティ情報の開示に向けたステップの例

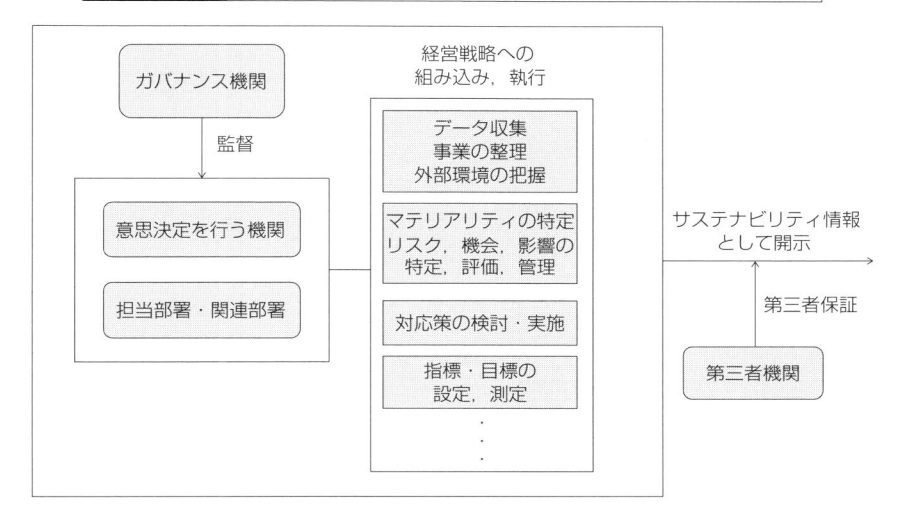

（注）上記はあくまで関連するステップの例を示したものであり，全てを網羅したものではありません。
　　　また，異なるプロセスで開示を行うことも考えられます。
（出所）大和総研作成

ついては第3章）。1で解説した通り，企業はサステナビリティに関して，ど
のような戦略で取り組んでいくのかを検討します。その検討のためには，意思
決定を行う者や機関，関連する部署などを決めることが求められます。さらに，
意思決定や実際の取り組みについて，監督（ガバナンス）を行う者や機関も特
定すべきでしょう。

　サステナビリティについての戦略を検討する際には，まずはサステナビリ
ティに関するデータの収集や事業の整理を行い，自社の状況や外部環境を把握
する必要があります。そうしたデータなどに基づいて，自社にどのようなサス
テナビリティに関するリスクや機会があるのか，また，自社がどのようにサス
テナビリティに貢献することができるのかといった影響を分析し，具体的な取
り組みを考えていくことになります。その際には，自社，もしくは環境や社会
にとっての重要性（マテリアリティ）に基づくことが求められます。

　サステナビリティに関する取り組みについては，その効果を測るために指標

を設定するとともに，目標を立てることが求められます。その目標に対する進捗状況を適宜把握することも重要です。

　企業は上記のような，自社のガバナンス体制や置かれた状況，取り組みやその結果である指標・目標などを開示していくことになります。開示の際には，信頼性のある情報を提供するために，第三者からの保証を得ることも考えられます。

　このように，サステナビリティ情報の開示，と一言でいっても，その背景には多くのステップが必要となります。次章以降で説明しますが，近年は企業には多くのサステナビリティ情報の開示が求められるようになってきています。これに対して表面上の開示を行うことは，その場しのぎにすぎません。将来的に開示要請はさらに拡充されると見込まれています。その開示情報を踏まえた投資家との対話，中長期的なサステナビリティリスクの顕在化などに備えるためには，こうしたステップごとの対応を，一つ一つ丁寧に検討した上で，本質的な開示を行っていくことが求められます。

(2)　PDCAのサイクルを回していくことで企業価値を高める

　(1)のようなプロセスを通じてサステナビリティ情報の開示を行うことが推奨されますが，開示を完了することが企業にとってのゴールというわけではありません。1で説明した通り，企業の本来の目的は，サステナビリティへの貢献や，リスクに対応することによって，自社の企業価値を高め，持続的な成長を実現していくことです。開示を行うことは投資家からの評価を高めることにつながり得ますが，さらに，エンゲージメントを通じて投資家のニーズを理解するとともに，自社の取り組みを強化すべき点を認識することも可能であると考えられます。つまり，サステナビリティに関するPDCAのサイクルを回していくことによって，自社の企業価値の向上を図ることが重要です（**図表1－18**）。

　まず，サステナビリティに関するデータの収集や，リスク，機会，影響の特定をし，それに基づきサステナビリティを経営戦略に組み込みます（Plan）。この経営戦略を実行するとともに，その戦略の内容や実行状況を開示します（Do）。さらに，指標・目標に沿って進捗を測るとともに，開示に対する投資

図表1−18	サステナビリティに関する戦略や情報開示に関するPDCAサイクル

Plan	Do	Check	Action
✓ 状況の整理 ✓ 戦略の策定 ✓ 指標や目標の設定 ✓ 法令や基準の理解 ✓ データ収集 　　　　　など	✓ 取り組みの実施 ✓ 情報の開示 　　　　　など	✓ 指標や目標の実績の確認 ✓ ガバナンス機関のモニタリング ✓ 投資家からの評価 ✓ エンゲージメント 　　　　　など	✓ 戦略の見直しや改善 ✓ 開示情報の拡充の検討 　　　　　など

開示はあくまで
PDCAサイクルの一部

（注）上記はあくまで筆者の考える例を示したものであり，必ずこれに従うというものではありません。また，例えば指標や目標の進捗を確認した上でその内容を開示することも考えられ，Plan，Do，Check，Actionに記載している各項目は前後するものもあります。
（出所）大和総研作成

家からの評価や，エンゲージメントを通じてニーズや強化すべき点を探ります（Check）。そして，これを踏まえて経営戦略をさらに改善していくことを図ります（Action）。ただし，取り組みと開示のサイクルはそれぞれずれがあり得る点には注意が必要です。例えば，取り組みにおいては指標や目標の実績はCheckの対象ですが，開示においてはDoの対象でもあります。取り組みと開示のステップについても図表1−17などを参考にしながら検討をしていくことが重要になります。

　このように，開示はあくまでもサステナビリティを考慮した企業価値向上のためのサイクルの一部であり，投資家などとの対話のためのツールです。開示自体を目的化してしまうのではなく，企業価値向上に向けた自社の活動を適切に投資家に伝えるためのものとして捉え，ニーズに応えられるような情報の開示に努めていくことが重要と考えられます。

第2章

わが国で求められている
サステナビリティ情報の開示

POINT !

- わが国の CG コードでは，企業の持続的な成長と中長期的な価値向上という観点から，サステナビリティ課題への対応，情報開示，取り組みに向けた方針の策定が求められています。特に情報開示については，気候変動に関する情報を TCFD の基準などに沿って開示していくことがプライム市場上場会社に求められています。
- TCFD は，企業が気候変動に関する情報を投資家に向けて開示するための基準として「TCFD 提言」を公表しています。TCFD 提言では，気候変動に関する「ガバナンス」，「戦略」，「リスク管理」，「指標と目標」の開示が求められます。
- TCFD 提言に基づく情報開示は年々進んでいますが，開示項目によってはまだ対応が十分ではないものもあります。気候変動に関する意識共有や理解の深耕，投資家とのエンゲージメントを行っていくために，企業にはさらに積極的な情報開示が望まれます。
- わが国の有価証券報告書でも，多様性に関する指標，サステナビリティに関する「ガバナンス」，「リスク管理」，「戦略」，「指標及び目標」，人的資本に関する情報の開示が求められています。ただし，単に法令で求められている指標や情報を最低限開示するのではなく，企業価値向上の観点から，サステナビリティと経営戦略との関連性を説明することが重要と考えられます。

第1節　コーポレートガバナンス・コードと TCFD

1 ┃ コーポレートガバナンス・コードで求められるサステナビリティに関する対応

(1)　コーポレートガバナンス・コードとは

　コーポレートガバナンス・コードとは，企業が実効的なコーポレートガバナンス（企業統治）を実現するための原則です。「コーポレートガバナンス」とは，企業が様々なステークホルダーの立場を踏まえた上で，透明・公正かつ迅速・果断な意思決定を行うための仕組みです。これが適切に行われることで，企業の持続的な成長と中長期的な価値向上のための自律的な対応が図られ，会社，投資家，経済全体の発展に寄与すると考えられています。

　欧米諸国でコーポレートガバナンス・コードが導入されたことを受け，わが国でも2015年に東京証券取引所が「コーポレートガバナンス・コード」（CG コード）を策定し，上場会社に対して適用しています。

　CG コードは，①株主の権利・平等性の確保，②株主以外のステークホルダーとの適切な協働，③適切な情報開示と透明性の確保，④取締役会等の責務，⑤株主との対話，の五つの章で構成されています。各章に対応した普遍的な理念・目標を示した規範である「基本原則」（5項目），基本原則を実現するための事項である「原則」（31項目），ベスト・プラクティスである「補充原則」（47項目），で CG コードは構成されています。

　なお，プライム市場・スタンダード市場上場会社はこれら全ての原則への対応が求められますが，グロース市場上場会社は基本原則のみ対応が求められます。ただし，東京証券取引所の有価証券上場規程では CG コードの趣旨・精神の尊重義務が定められているので，グロース市場上場会社であっても，株主構成，企業規模，企業の成長ステージなどの各社の状況に応じて，補充原則に沿う自主的な取り組みを行うことが望ましいとされます。

　CG コードの特徴として，27ページで解説した日本版スチュワードシップ・コード（SS コード）と同様に，「プリンシプル・ベース」（詳細なルールはなく，

原則の趣旨・精神に沿って行動をする）と「コンプライ・オア・エクスプレイン」（原則を遵守するか，遵守しない場合はその理由を説明する）を採用していることが挙げられます。

　また，CGコードとSSコードは深く関係しており，この二つはしばしば車の両輪にたとえられます。企業はCGコードに沿って，株主を含むステークホルダーへの責任を果たすべく，持続的な成長や企業価値の向上を図ります。一方，機関投資家はSSコードに沿って，受託者責任を踏まえ，投資先企業との建設的な対話を通じて企業の持続的な成長を促します。この両方がかみ合うことによって，企業は中長期的な価値向上を，機関投資家はリターンの向上を実現し，経済全体が成長していくことにつながります。

　持続的な成長を実現するために求められるのがサステナビリティ課題への対応です。(2)で後述しますが，CGコードは企業のサステナビリティ課題への対応の重要性について指摘しており，適切な対応を企業に求めています。SSコードでも29ページで前述の通り，サステナビリティの考慮に基づくエンゲージメントの実施が求められています。この両輪が円滑に回ることで，環境，社会，経済のサステナビリティを実現していくことが可能になります。

(2)　サステナビリティに関するCGコードの原則

　SSコードと同じく，CGコードもサステナビリティについて多く言及しています（**図表2−1**）。第2章「株主以外のステークホルダーとの適切な協働」の中では，サステナビリティを重要な経営課題と捉え，これに関する課題に適切に対応していくことの重要性について述べています。

　第3章「適切な情報開示と透明性の確保」では，ESG要素を含む非財務情報を利用者に対して分かりやすく開示すべきとしています。特に補充原則3−1③では，サステナビリティについての取組みを適切に開示することを求めています。また，人的資本や知的財産への投資等についての情報開示をすべきとされているほか，特にプライム市場上場会社においては気候変動に関するリスク・機会に伴う自社への影響について，TCFD（気候関連財務情報開示タスクフォース，詳細は2を参照）の基準などに沿った開示が求められていることも注目点といえます。

　第4章「取締役会等の責務」では，取締役会が自社の中長期的な企業価値向上のために，サステナビリティ関連の取組みの方針を立てるべきとしています。取締役会の方針を基に，具体的な取り組みを進め，その開示に取り組んでいくことになります。

図表2-1	CGコードにおけるサステナビリティに関する言及

基本原則2　考え方
　上場会社には，株主以外にも重要なステークホルダーが数多く存在する。これらのステークホルダーには，従業員をはじめとする社内の関係者や，顧客・取引先・債権者等の社外の関係者，更には，地域社会のように会社の存続・活動の基盤をなす主体が含まれる。上場会社は，自らの持続的な成長と中長期的な企業価値の創出を達成するためには，これらのステークホルダーとの適切な協働が不可欠であることを十分に認識すべきである。
　また，「持続可能な開発目標」（SDGs）が国連サミットで採択され，気候関連財務情報開示タスクフォース（TCFD）への賛同機関数が増加するなど，中長期的な企業価値の向上に向け，サステナビリティ（ESG要素を含む中長期的な持続可能性）が重要な経営課題であるとの意識が高まっている。こうした中，我が国企業においては，サステナビリティ課題への積極的・能動的な対応を一層進めていくことが重要である。
　上場会社が，こうした認識を踏まえて適切な対応を行うことは，社会・経済全体に利益を及ぼすとともに，その結果として，会社自身にも更に利益がもたらされる，という好循環の実現に資するものである。

原則2-3.
　上場会社は，社会・環境問題をはじめとするサステナビリティを巡る課題について，適切な対応を行うべきである。

補充原則2-3①
　取締役会は，気候変動などの地球環境問題への配慮，人権の尊重，従業員の健康・労働環境への配慮や公正・適切な処遇，取引先との公正・適正な取引，自然災害等への危機管理など，サステナビリティを巡る課題への対応は，リスクの減少のみならず収益機会にもつながる重要な経営課題であると認識し，中長期的な企業価値の向上の観点から，これらの課題に積極的・能動的に取り組むよう検討を深めるべきである。

基本原則3
　上場会社は，会社の財政状態・経営成績等の財務情報や，経営戦略・経営課題，リスクやガバナンスに係る情報等の非財務情報について，法令に基づく開示を適

切に行うとともに，法令に基づく開示以外の情報提供にも主体的に取り組むべきである。

　その際，取締役会は，開示・提供される情報が株主との間で建設的な対話を行う上での基盤となることも踏まえ，そうした情報（とりわけ非財務情報）が，正確で利用者にとって分かりやすく，情報として有用性の高いものとなるようにすべきである。

基本原則3　考え方

　（前略）更に，我が国の上場会社による情報開示は，計表等については，様式・作成要領などが詳細に定められており比較可能性に優れている一方で，会社の財政状態，経営戦略，リスク，ガバナンスや社会・環境問題に関する事項（いわゆるESG要素）などについて説明等を行ういわゆる非財務情報を巡っては，ひな型的な記述や具体性を欠く記述となっており付加価値に乏しい場合が少なくない，との指摘もある。取締役会は，こうした情報を含め，開示・提供される情報が可能な限り利用者にとって有益な記載となるよう積極的に関与を行う必要がある。（後略）

補充原則3－1③

　上場会社は，経営戦略の開示に当たって，自社のサステナビリティについての取組みを適切に開示すべきである。また，人的資本や知的財産への投資等についても，自社の経営戦略・経営課題との整合性を意識しつつ分かりやすく具体的に情報を開示・提供すべきである。

　特に，プライム市場上場会社は，気候変動に係るリスク及び収益機会が自社の事業活動や収益等に与える影響について，必要なデータの収集と分析を行い，国際的に確立された開示の枠組みであるTCFDまたはそれと同等の枠組みに基づく開示の質と量の充実を進めるべきである。

補充原則4－2②

　取締役会は，中長期的な企業価値の向上の観点から，自社のサステナビリティを巡る取組みについて基本的な方針を策定すべきである。

　また，人的資本・知的財産への投資等の重要性に鑑み，これらをはじめとする経営資源の配分や，事業ポートフォリオに関する戦略の実行が，企業の持続的な成長に資するよう，実効的に監督を行うべきである。

（注1）下線は筆者追記。

（注2）上記はあくまでサステナビリティやESG，非財務情報といったワードが含まれる原則を抜き出したものですが，多様性など，サステナビリティと関連し得ることを定めた原則は他にも存在するという点には注意が必要です（多様性について，詳しくは57ページ「TOPIC」を参照）。

（出所）東京証券取引所「コーポレートガバナンス・コード～会社の持続的な成長と中長期的な企業価値の向上のために～」（2021年）より抜粋

　なお，CGコードは2015年の策定後，2018年，2021年と二回改訂されています。特に，2021年改訂はサステナビリティについての改訂が多く，図表2−1の中にある補充原則3−1③や補充原則4−2②は，2021年改訂で新設された原則です。企業価値向上のためにサステナビリティへの取り組みが重要であると近年認識されるようになったことを背景に，サステナビリティに関する原則が多く定められているものと考えられます。

　2021年改訂時には，企業からのコメントとそれに対する東京証券取引所の回答を示した「『フォローアップ会議の提言を踏まえたコーポレートガバナンス・コードの一部改訂に係る上場制度の整備について（市場区分の再編に係る第三次制度改正事項）』に寄せられたパブリック・コメントの結果について」が併せて公表されています。この内容も参考に，CGコードへの対応に関するいくつかのポイントを説明します。

　まず，第2章で言及されているサステナビリティ課題への対応について，「気候変動などの地球環境問題への配慮，人権の尊重，従業員の健康・労働環境への配慮や公正・適切な処遇，取引先との公正・適正な取引，自然災害等への危機管理など」（補充原則2−3①）といったものが挙げられていますが，サステナビリティ課題はこれに限られません。全企業に共通するものもあれば，各企業の事情に応じて異なるものも存在するでしょう。各企業で対応すべき重要課題（詳しくは111ページを参照）を検討することが求められます。

　第3章の非財務情報の開示については，投資家等関係者に分かりやすいように目標に向けた進捗が分かるような開示をすることが有益です。47ページで，サステナビリティ情報の開示に向けたステップの一つとして，「指標・目標の設定，測定」を挙げましたが，この内容を開示することが重要になります。

　また，特にプライム市場上場会社に対して求められている気候変動に関する開示については，TCFDや，ISSB（国際サステナビリティ基準審議会，詳しくは143ページを参照）の基準に沿うことが求められます。各開示基準の内容を理解することが必要になります。開示の方法に関しては，コーポレート・ガバナンスに関する報告書に記載する以外に，有価証券報告書，アニュアルレポート，自社ウェブサイト等を参照することとそのリンクを記載することも可能とされています。次節で説明しますが，2023年以降わが国では有価証券報告書で

のサステナビリティ情報の開示が求められているため，これを参照することでの対応が考えられます。

　最後に，第4章のサステナビリティに関する方針について，サステナビリティへの取組みと経営戦略・経営課題との整合性が重要とされています。サステナビリティに取り組むことによって，どのように自社の企業価値向上につながるのかを考慮して，経営戦略に組み込み，方針を検討していくことが必要です。

TOPIC　多様性を確保することによる企業の持続的な成長

　サステナビリティに関するテーマとして，気候変動などのほかに，例えば多様性が挙げられます。CGコードにおいても，多様性に言及した原則があります（図表2－2）。上場会社は企業の持続的な成長のために，社内の多様性が強みになるという認識を持ち，女性活躍を含む多様性の確保を進め，多様性に関する方針や指標・目標を開示すべきとされています。取締役会に関しても，多様性を確保することの重要性が指摘されています。

図表2－2　CGコードにおける多様性に関する言及

原則2－4．
　上場会社は，社内に異なる経験・技能・属性を反映した多様な視点や価値観が存在することは，会社の持続的な成長を確保する上での強みとなり得る，との認識に立ち，社内における女性の活躍促進を含む多様性の確保を推進すべきである。

補充原則2－4①
　上場会社は，女性・外国人・中途採用者の管理職への登用等，中核人材の登用等における多様性の確保についての考え方と自主的かつ測定可能な目標を示すとともに，その状況を開示すべきである。
　また，中長期的な企業価値の向上に向けた人材戦略の重要性に鑑み，多様性の確保に向けた人材育成方針と社内環境整備方針をその実施状況と併せて開示すべきである。

原則4－11．
　取締役会は，その役割・責務を実効的に果たすための知識・経験・能力を全体としてバランス良く備え，ジェンダーや国際性，職歴，年齢の面を含む多様性と適正規模を両立させる形で構成されるべきである。（後略）

（注 1 ）下線は筆者追記。
（注 2 ）上記のほか，補充原則 4 −10①では，指名委員会・報酬委員会からジェンダー等の多様性など
　　　　の観点を含めた適切な助言を得るべきとされている。
（出所）東京証券取引所「コーポレートガバナンス・コード〜会社の持続的な成長と中長期的な企業価
　　　　値の向上のために〜」（2021年）より抜粋

　多様性の中でも，特に女性活躍について企業価値との関係性がフォーカスされることが多いです。女性活躍を推進することによって，多様な価値観からのイノベーションの創出やリスクの低減につながることが考えられます。また，女性活躍を実現する上では，働き方改革も必要であり，生産性の向上なども期待されます。

　例として，経済産業省・東京証券取引所は，女性活躍推進に優れた上場会社として2012年から毎年「なでしこ銘柄」を選定しています。なでしこ銘柄の選定には，役員，管理職，正社員における女性比率といった定量的なデータも用いられます。経済産業省が公表している「令和 5 年度『なでしこ銘柄』レポート」（2024年）では，令和 5 年度のなでしこ銘柄選定企業の株価指数平均がTOPIXを上回っていること，また，売上高営業利益率や配当利回りもプライム市場銘柄の平均を上回っていることが示されており，女性活躍と企業価値との関係性がうかがえます。

　女性活躍と企業価値向上の関係性には，機関投資家も注目しています。内閣府が2023年 4 月に公表した「ジェンダー投資に関する調査研究報告書」では，機関投資家などに対するアンケート結果が示されています。これによると，投資判断において女性活躍情報を活用していると回答している者が全体の65.3%でした。活用用途としては議決権行使やエンゲージメント（81.3%），投資判断の一部に採用（61.3%）といった回答が多くなっています。また，女性活躍情報を活用する理由としては，回答者の75.3%が「企業の業績に長期的には影響がある情報と考えるため」と答えており，女性活躍推進が企業価値向上に寄与するということは，機関投資家においても意識されていることが分かります。

(3)　CGコードへの対応状況

　CG コードは，企業におけるサステナビリティの考慮を求めていますが，CGコードは「コンプライ・オア・エクスプレイン」であるため，理由を説明した場合は原則に従わないことも可能です。

　CG コードのサステナビリティに関する原則に対する企業のコンプライ状況を見てみると（**図表 2 − 3**），多くの原則についてほとんどの企業がコンプライをしている一方で，一部コンプライ率が低い原則があります。

　まず，補充原則 2 − 4 ①の多様性に関する指標・目標や方針の開示です。女

| 図表2-3 | CGコードのサステナビリティに関する原則への対応状況（2022年7月14日時点） |

	コンプライ率	
	プライム市場	スタンダード市場
基本原則2	99.89%	100.00%
原則2-3	99.35%	97.39%
補充原則2-3①	95.75%	94.02%
原則2-4	99.67%	98.97%
補充原則2-4①	72.95%	41.55%
基本原則3	99.95%	99.93%
補充原則3-1③	62.55%	59.41%
補充原則4-2②	86.45%	67.24%
原則4-11	86.77%	60.10%

（注）各原則の内容については，図表2-1，2-2を参照。
（出所）東京証券取引所「コーポレートガバナンス・コードへの対応状況（2022年7月14日時点）」より大和総研作成

性活躍に関しては有価証券報告書でも開示が求められるようになるため（第2節を参照），今後コンプライ率は高まっていくと予想されます。しかし，外国人や中途採用者を管理職へ登用するには従来の新卒一括採用からの大きなシフトが求められると想定されるため，現状ではその対応が十分に進んでいないと考えられ，今後の対応が期待されます。

　補充原則3-1③（サステナビリティ情報の開示），補充原則4-2②（サステナビリティ方針の策定）についても，有価証券報告書での開示拡充やそれに伴う各企業でのサステナビリティへの対応体制の検討とともに，コンプライ率は高まるでしょう。企業ごとに開示や方針の策定に向けた人材の確保やスキルの醸成などの対応が必要であると考えられます。

　原則4-11については，取締役会の多様性のみに言及したものではなく，監査役のスキルなども含む原則ですので，一概に多様性の問題とはいえません。しかし，取締役会がジェンダーや国籍，スキルなどの多様性を備えることによって，様々な課題に多面的な視点で対応することが可能になると考えられ，女性活躍をはじめとして，役員における多様性を確保することも重要です。

> ## TOPIC　表面上のコンプライよりも丁寧なエクスプレイン
>
> 　CGコードは「コンプライ・オア・エクスプレイン」を採用していますが，実際には多くの企業がほとんどの原則についてコンプライとしています。CGコードは企業価値向上や持続的な成長をしていくための原則であり，コンプライしていくことは重要です。一方で，各原則に対して表面上の対応でコンプライとしている企業があることへの懸念の声もあります。
>
> 　東京証券取引所「コーポレート・ガバナンス白書2023」は，「全ての原則を実施（コンプライ）することが望ましいということを必ずしも意味しない」と示しており，「上場会社の持続的成長や中長期的な企業価値向上の観点を踏まえた上で，仮に，各社における個別事情に照らして原則を実施することが適切でないと考える場合には，コンプライすることよりも，その原則を実施しない理由や代替的に実施している手法を十分に説明することが望ましい場合もあり得ると考えられる」と指摘しています。
>
> 　例えばサステナビリティや多様性に関しても，企業の業種や事業など，状況によって対応が異なり，コンプライをするかどうかの判断は変わり得ます。しかし，企業価値向上の観点からは，対応が不十分である状態でコンプライとすることは望ましくありません。見栄えを心配してむやみにコンプライするよりも，現状の背景と持続的成長のためにどのような対応を考えているのかを分かりやすく十分に説明することがむしろ評価されると考えられます。
>
> 　また，既にコンプライとしている場合であっても，その理由や効果，企業価値向上に向けたさらなる取り組みなどについて説明する「コンプライ・アンド・エクスプレイン」を行うことも有効です。

2　TCFD提言に基づく気候関連情報の開示

(1)　TCFDが求める気候変動に関する情報

　1で述べた通り，CGコードでは特にプライム市場上場会社に対して，TCFD（気候関連財務情報開示タスクフォース）の基準などに沿った気候変動に関する情報の開示を求めています。

　TCFDとは，主要国の中央銀行などで構成されるFSB（金融安定理事会）が，将来の気候変動リスクに対する金融市場の安定性を確保するという目的で，2015年に設立した機関です。TCFDは，2017年に企業が自社の気候変動に関する情報を開示するための基準である「TCFD提言」を公表しました。企業

がTCFD提言に沿った開示を行うことで，投資家などは気候変動に関するリスク・機会による企業業績などへの影響をはじめとする情報を比較しやすくなり，投資判断において考慮することが可能になります。

TCFD提言に基づいて企業が開示を求められる「気候変動に関するリスク」は大きく二つに分けられます（**図表 2 － 4**）。一つが「物理的リスク」です。例えば，台風などの突発的な異常気象で事業活動がストップしてしまうリスク（急性リスク）や，長期的な海面上昇によって生産拠点を移さなければならなくなるリスク（慢性リスク）が該当します。

もう一つが「移行リスク」です。炭素税などのカーボンプライシングの導入で温室効果ガス（GHG）排出量の多い企業にとって大きなコストが生じるリスク（政策・法規制リスク）や，電気自動車といった新技術への移行が遅れてしまうリスク（技術リスク）などが含まれます。

図表 2 － 4　気候変動に関するリスク（例）

物理的リスク	気候変動による直接的な被害を受けるリスク
急性リスク	台風や集中豪雨など突発的に発生する異常気象に伴うリスク
慢性リスク	気候パターンの変化や海面上昇に伴うリスク
移行リスク	気候変動の適応・緩和策を進めていく上での変化に伴うリスク
政策・法規制リスク	厳しいカーボンプライシングが導入されるリスクや，企業などが株主や地方自治体，地域住民から気候関連の訴訟を起こされるリスク
技術リスク	脱炭素を促す技術革新が起こった際に，新技術への移行が遅れるリスク
市場リスク	気候関連リスクが考慮されることによる，特定の商品，製品，サービスの需要と供給の変化に伴うリスク
評判リスク	気候変動に関する課題に取り組まないことで企業などの評判が低下するリスク

(出所) TCFD "Final Report: Recommendations of the Task Force on Climate-related Financial Disclosures" (2017) より大和総研作成

TCFD提言では，こうした気候変動に関するリスク（もしくはプラスの影響をもたらす機会）について，「ガバナンス」，「戦略」，「リスク管理」，「指標と目標」の大きく分けて四つの開示が求められています（**図表 2 － 5**）。まず，「ガ

| 図表2－5 | TCFD提言の開示項目 | | |

ガバナンス	戦略	リスク管理	指標と目標
気候関連リスクと機会に関する組織のガバナンスを開示する	組織の事業，戦略，財務計画において，気候関連リスクと機会の実際的及び潜在的なインパクトが重要性を持つ場合にはこれを開示する	組織の気候関連リスクの特定，評価，管理方法を開示する	気候関連リスクと機会を評価及び管理する指標と目標が重要性を持つ場合には開示する
A.　気候関連リスクと機会に対する取締役会の監督について記述する	A.　組織が短期，中期，長期タームで特定した気候関連リスクと機会について記述する	A.　気候関連リスクを特定し，評価するための組織的プロセスについて記述する	A.　気候関連リスクと機会の評価を組織全体の戦略とリスク管理プロセスに統合して実施するために組織が活用した指標について記述する
B.　気候関連リスクと機会を評価・管理する上での経営者の役割について記述する	B.　組織の事業，戦略，財務計画への気候関連リスクのインパクトについて記述する	B.　気候関連リスクを管理するための組織的プロセスについて記述する	B.　Scope 1，2，必要に応じて3の温室効果ガス排出量と関連リスクについて開示する
	C.　2℃あるいはそれ以下の異なるシナリオを考慮した組織戦略のレジリエンスについて記述する	C.　気候変動リスクの特定，評価，管理に係るプロセスを組織全体のリスク管理にどのように統合するかについて記述する	C.　気候関連リスクと機会及びパフォーマンスの管理のために組織が活用した目標を記述する

（出所）TCFD "Final Report: Recommendations of the Task Force on Climate-related Financial Disclosures"（2017）より大和総研作成

バナンス」に関しては，気候変動に関するリスクと機会について取締役会が報告を受けるプロセスや目標への進捗の監督方法，経営陣の役割などを開示します。

　「戦略」については，まず，短期・中期・長期の定義と，それぞれの時間軸

ごとに特定した気候変動に関するリスクと機会を開示します。加えて，特定した気候変動に関するリスクがもたらす企業財務などへの影響がどのようなものか，どの程度の影響なのかを開示します。さらに，今後の気候変動についての複数のシナリオを想定し，それぞれのシナリオの気候変動に関するリスクと機会，その影響への対応策と，自社の戦略のレジリエンス（耐久性）を説明します。

「リスク管理」に関しては，気候変動に関するリスクを特定・評価・管理するためのプロセスと，それらが企業全体のリスク管理とどのように統合されているか，組み込まれているのかを開示します。

最後に「指標と目標」に関しては，気候変動に関するリスクと機会をモニタリングするための指標として，例えば物理的リスクや移行リスクに対して影響を受ける資産の額，リスクと機会に対する投資や資金調達の額，ICP（内部炭素価格），経営幹部の報酬における気候変動に関する考慮，といったものが求められます。また，GHG排出量については，Scope 1 と Scope 2 を開示し，必要に応じて Scope 3 を開示します（Scope 1，Scope 2，Scope 3 について，詳しくは131ページ「TOPIC」を参照）。設定した目標に関する説明も必要とされています。

(2)　TCFD提言への対応が進む

TCFD 提言が2017年に公表されて以降，国内外で多くの企業が(1)のような開示事項への対応を進めています。2023年時点では，国際的に4,800超の企業等が TCFD へ賛同を表明しています（"Task Force on Climate-related Financial Disclosures 2023 Status Report"（2023）より）。特にわが国は TCFD に賛同している企業等の数が最も多い国となっています。

また，TCFD 賛同企業の TCFD 提言の各開示項目への対応状況についてみてみると，各項目における開示が進んでいることが分かります（**図表2－6**）。特に，取締役会におけるガバナンス体制の整理やリスクと機会の特定，指標と目標の設定については多くの企業が既に対応済みであることが見て取れます。一方で，シナリオ分析を行った上での対応策やレジリエンスについては，まだ対応企業数は少数であるようです。企業としては，一度に全ての項目に対応し

図表2−6 TCFD提言の開示項目への対応状況（準拠している企業の割合）

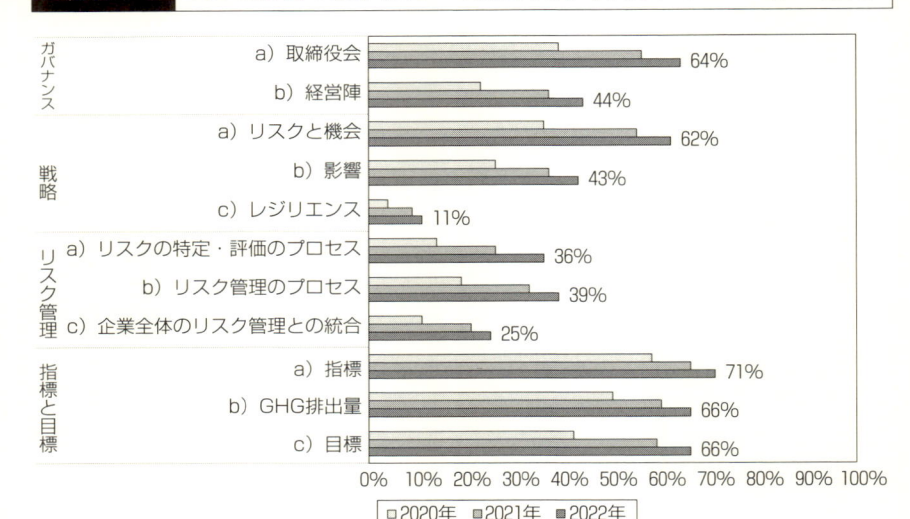

（出所）TCFD "Task Force on Climate-related Financial Disclosures 2023 Status Report"
（2023）より大和総研作成

ようとするのではなく，まずはガバナンスやリスク管理の体制を整え，リスク
や機会を洗い出すといった形で，できるところから順番に対応していくことが
望ましいと考えられます。

　また，TCFD提言に賛同するわが国の企業や金融機関などを会員として構
成されるTCFDコンソーシアムのアンケート結果では，TCFDへの対応を行っ
ていくことによるメリットとして，エンゲージメントを含む金融機関との関係
向上や，企業内での気候変動に関するリスク・機会への理解を深めるというこ
とが多く挙げられています（**図表2−7**）。

　同アンケートによると，金融機関の企業に対するエンゲージメントにおいて
の注目点として，情報開示への積極性や，気候変動に関するリスクと機会の事
業への反映といった，企業全体の「姿勢」に関する部分を挙げているところが
多いようです。また，金融機関がエンゲージメントを行う上での問題点として，
企業間や社内の部門間での気候変動による影響への認識の差や，開示媒体の多

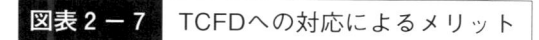

図表 2 － 7　TCFDへの対応によるメリット

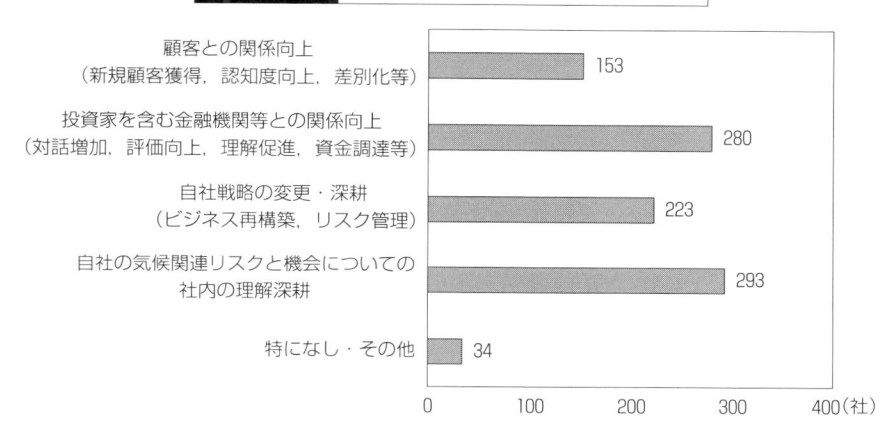

（注）金融機関（回答社数100機関），非金融機関（回答社数321機関）を合計したもの。
（出所）TCFDコンソーシアム「2023年度 TCFDコンソーシアム　TCFD開示・活用に関するアンケート調査（会員アンケート集計結果）〔公開版〕」（2023年）より大和総研作成

様さに基づく情報収集などのコストが示されています。さらに，エンゲージメントを受けた企業が質問された事項から，気候変動による事業への影響，環境ビジョンや中長期事業戦略との関連性，目標設定などに対する金融機関の関心が高いことが見て取れます。

　これらを参考にすると，企業としては気候変動に関して自社内で広く意識を共有して開示に取り組んでいき，社内での理解を深めるとともに，投資家とのエンゲージメントに積極的に対応していく必要があると考えられます。例えば気候変動に係る財務へのリスクを考える場合，財務に関してはCFOや財務部，気候変動についてはサステナビリティ担当の役員やサステナビリティ部署の所管です。また，その他の部署からもリスクに関連する意見や情報を吸い上げる必要があります。所管にとらわれて各部署が別々に動くのではなく，連携することが重要です。そのためには，気候変動と経営戦略との結びつきを明確化し，取り組みの状況を共有するために目標とその進捗を具体的に示していくことが重要になるでしょう。

TOPIC　TCFD の解散

　2015年に設立され，2017年にTCFD提言を公表したTCFDは，多くの企業から賛同を得て，気候変動に関する情報を開示する上で参考にされてきました。しかし，TCFDを設立したFSBは "Task Force on Climate-related Financial Disclosures 2023 Status Report"（2023）の公表とともに，TCFDを解散すると述べています。

　この背景には，サステナビリティ情報の開示基準の統合があります。第 4 章で詳しく解説しますが，サステナビリティ情報の開示基準が乱立したことによって，企業や投資家にとって比較可能な情報を提供・利用することが難しくなり，これらを統一するために2021年にISSB（国際サステナビリティ基準審議会）が設立されました。ISSBは2023年に「サステナビリティ関連財務情報の開示に関する全般的要求事項（IFRS S 1）」，「気候関連開示（IFRS S 2）」の二つを，国際的に統一された開示基準として公表しています。

　このうち特にIFRS S 2は，気候変動に関する情報を企業が開示するための基準であり，企業は今後この基準に沿って開示を行うことが想定されています。TCFDはISSBと連携し，IFRS S 1，IFRS S 2の策定に貢献してきました。FSBはIFRS S 1，IFRS S 2をTCFDの活動の集大成とみなしており，今後の企業による気候変動に関する情報の開示のモニタリングについても，ISSBに任せることを公表しています。

　なお，TCFDが解散されるからといって，TCFD提言を利用することができなくなるわけではありません。企業は，引き続きTCFD提言に沿った開示を行いつつ，将来的に利用が求められるであろう統一的な基準であるISSBのIFRS S 1，IFRS S 2に基づく開示に移行することが必要になると考えられます。そのため，企業においてはISSBの新たな基準を理解するとともに，TCFD提言も参考に，さらに積極的に開示を進めていく必要があるでしょう。

第 2 節　有価証券報告書でのサステナビリティ情報の開示

1　開示府令の改正の概要

(1)　有価証券報告書と開示府令

　第 1 節では，CG コードに基づくサステナビリティ情報の開示について解説しました。CG コードは「コンプライ・オア・エクスプレイン」での対応を行うものであり，全ての企業に対して義務的な開示を求めてはいません。また，

CG コードは取引所の規則に基づくものであり，基本的には「法的」な拘束力はありません。

　これに対して，上場会社等に「法令」で開示が求められているものの一つとして，有価証券報告書があります。有価証券報告書とは，上場会社等が毎年度公表する，自社グループの経営状況や財務情報などについて記載したものであり，投資家などが投資判断を行う上で重要な情報源となる開示書類の一つです。

　有価証券報告書は「金融商品取引法」でその作成・提出が求められています。具体的に記載すべき内容は「企業内容等の開示に関する内閣府令」（開示府令）で規定されています。財務諸表に加え，事業内容や従業員の状況といった企業の概況，事業等のリスクを含む事業の状況，ガバナンスに関する情報など，様々な情報の開示が必要です。有価証券報告書は法令に基づいて提出が求められているものなので，虚偽記載があった場合には懲役や罰金などの刑罰の対象になり得ます。「コンプライ・オア・エクスプレイン」ではなく，求められている開示事項を全て開示する必要があります。

(2)　開示府令の改正

　有価証券報告書の開示事項を規定する開示府令等が，2023年 1 月に改正されました。これにより，有価証券報告書でも新たにサステナビリティ情報の開示が求められています。改正の背景には，第 1 章で示したように，投資家が企業の中長期的な価値向上を意識して投資先企業の環境や社会課題への対応に関心を持つようになり，国際的にサステナビリティ情報の開示拡充が進んでいることがあると考えられます。

　有価証券報告書で開示が求められるサステナビリティ情報は主に三つです（**図表 2 － 8** ）。一つが多様性に関する指標であり，女性管理職比率，男性の育児休業取得率，男女間賃金格差を開示することが求められます。次にサステナビリティに関する「ガバナンス」，「リスク管理」，「戦略」，「指標及び目標」を開示する必要があります。最後に，人的資本について，人材育成方針・社内環境整備方針とそれらに関する指標・目標・実績を開示します。それぞれの詳細については，2 ～ 4 で解説します。

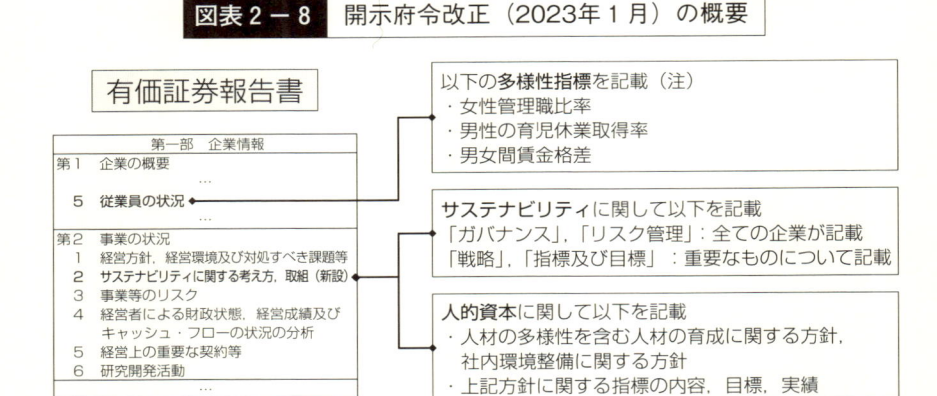

図表2-8 開示府令改正（2023年1月）の概要

（注）女性活躍推進法，育児・介護休業法に基づき，各指標を公表している場合のみ，有価証券報告書でも開示が求められます。
（出所）「企業内容等の開示に関する内閣府令等の一部を改正する内閣府令」より大和総研作成

2 ▌多様性に関する指標

(1) 法律に沿った多様性指標の開示

　「従業員の状況」の欄では，従業員数や平均の年齢，勤続年数，年間給与といった情報の開示が求められています。これらに加えて，開示府令の改正に伴い，2023年度以降は女性管理職比率，男性の育休取得率，男女間賃金格差の三つの情報を開示することが求められています（**図表2-9**）。これら三つの指標については，全ての企業が必ず開示をするわけではなく，女性の職業生活における活躍の推進に関する法律（女性活躍推進法），もしくは育児休業，介護休業等育児又は家族介護を行う労働者の福祉に関する法律（育児・介護休業法）による公表をしている場合に，有価証券報告書にも記載することが求められています。各法律において，どのように多様性に関する指標の公表が求められているのかを見てみましょう。

　女性活躍推進法では，一般事業者に対して，常時雇用する労働者（常用労働者）の数によって各事項の開示を求めています（**図表2-10**）。情報の開示は，おおむね一年に一回以上，インターネットなどで，女性の求職者が容易に閲覧

図表2－9	「従業員の状況」において記載すべき情報

①	当連結会計年度末現在の連結会社における従業員数（セグメント情報と関連付けて） 提出会社の当連結会計年度末現在の従業員数（セグメント情報と関連付けて），平均年齢，平均勤続年数，平均年間給与（賞与を含む）
②	連結会社または提出会社の当連結会計年度末までの1年間における臨時従業員の平均雇用人員 （外書きで記載） （臨時従業員が相当数以上ある場合のみ） （臨時従業員の総数が従業員数の10％未満であるときは記載を省略可能）
③	当連結会計年度末までの1年間における下記の事項を簡潔に記載 ・連結会社または提出会社の従業員の人員に著しい増減があった場合にはその事情 ・労働組合との間に特記すべき事項等があった場合にはその旨
④	当事業年度の提出会社，その連結子会社それぞれにおける管理職に占める女性労働者の割合 （女性の職業生活における活躍の推進に関する法律（女性活躍推進法）の規定による公表をしない場合は省略可）
⑤	当事業年度の提出会社，その連結子会社それぞれにおける男性の育児休業取得率 （女性活躍推進法の規定による公表をしない，かつ，育児休業，介護休業等育児又は家族介護を行う労働者の福祉に関する法律（育児・介護休業法）の規定による公表をしない場合は省略可）
⑥	当事業年度の提出会社，その連結子会社それぞれにおける労働者の男女の賃金の差異 （女性活躍推進法の規定による公表をしない場合は省略可）

（注1）④～⑥が改正開示府令で新たに求められている項目です。
（注2）④～⑥については，それぞれ女性活躍推進法，育児・介護休業法に沿って開示します。
（注3）連結子会社のうち主要な連結子会社以外のものに係る④～⑥については，有価証券報告書の「第一部 企業情報」の「第7 提出会社の参考情報」の「2 その他の参考情報」に記載することができます。この場合，その箇所を参照する旨を記載します。
（注4）⑥を記載するに当たっては，労働者の人員数について労働時間を基に換算し算出している場合には，その旨を注記します。
（出所）「企業内容等の開示に関する内閣府令等の一部を改正する内閣府令」，「企業内容等の開示に関する留意事項について（企業内容等開示ガイドライン）」より大和総研作成

できるように行わなければなりません。開示項目の中に，女性管理職比率，男性の育休取得率，男女間賃金格差が含まれており，これらを公表している場合は有価証券報告書での開示が求められます。

| 図表2－10 | 女性活躍推進法で一般事業者に開示が求められる項目 |

(A) 女性労働者に対する職業生活に関する 機会の提供に関する実績		(B) 職業生活と家庭生活との両立に資する 雇用環境の整備に関する実績	
①	採用した労働者に占める女性労働者の割合	(1)	男女の平均継続勤務年数の差異
②	男女別の採用における競争倍率	(2)	10事業年度前およびその前後の事業年度に採用された労働者の男女別の継続雇用割合
③	労働者に占める女性労働者の割合	(3)	男女別の育児休業取得率
④	係長級にある者に占める女性労働者の割合	(4)	労働者の一月当たりの平均残業時間
⑤	管理職に占める女性労働者の割合	(5)	雇用管理区分ごとの労働者一月当たりの平均残業時間
⑥	役員に占める女性の割合	(6)	有給休暇取得率
⑦	労働者の男女別の職種または雇用形態の転換実績	(7)	雇用管理区分ごとの有給休暇取得率
⑧	男女別の再雇用または中途採用の実績		
⑨	男女の賃金の差異		

○常用労働者数301人以上
（A）の①～⑧のうち1つ以上，（A）の⑨，（B）の(1)～(7)のうち1つ以上，の計3項目以上

○常用労働者数101人以上300人以下
（A）の①～⑨，もしくは（B）の(1)～(7)のうちいずれか1つ以上

○常用労働者数100人以下
（A）の①～⑨，もしくは（B）の(1)～(7)のうちいずれか1つ以上（努力義務）

（注1）（A）の①～③，⑦，（B）の(3)，(5)，(7)については，雇用管理区分ごとに公表を行うことが必要です。
（注2）（A）の③，⑦，（B）の(5)については，派遣労働者を含めて公表を行うことが必要です。
（注3）（A）の⑨については，正規雇用労働者，パート・有期社員（非正規雇用労働者），全ての労働者の区分ごとに公表を行うことが必要です。
（出所）女性活躍推進法等より大和総研作成

　育児・介護休業法では，常時雇用する労働者数が1,000人超の事業主は，毎年少なくとも1回，インターネットの利用その他の適切な方法により，育児休業の取得の状況について公表をすることが義務付けられています。さらに，公表が求められる労働者数のラインを1,000人から300人に引き下げることについて国会での可決・成立が目指されています（2024年3月13日時点）。

　以上を踏まえると，例えば雇用する労働者の数が少ないため各項目を公表しない場合や，女性活躍推進法に基づく公表で女性管理職比率等を選択しなかったなどの場合には，公表していない指標について有価証券報告書で開示を行う必要はありません。一方で，各法律で公表を行う指標については，有価証券報告書において法令に基づく義務的な開示が求められるため，注意が必要です。

TOPIC　女性管理職比率，男性の育休取得率，男女間賃金格差の算定

　三つの多様性に関する指標の開示を行う上では，各指標の算定方法も十分に理解する必要があります。

　まず，女性管理職比率，つまり管理職に占める女性の割合を算定するに当たっては，「管理職」の定義を知る必要があります。「管理職」とは，「課長級」以上の役職（役員を除く）にある労働者の合計を指します。ここでいう「課長級」とは，1）事業所で通常「課長」と呼ばれている者であって，その組織が2係以上からなるか，構成員が10人以上（課長含む）のものの長である者，もしくは，2）同一事業所において，課長の他に，呼称，構成員に関係なく，その職務の内容・責任の程度が「課長級」に相当する者（ただし，一番下の職階ではない），のいずれかに該当する者を指します。この課長級以上の者における女性の割合を算定することになります。

　次に，男性の育休取得率に関しては，育児・介護休業法では以下の①，②のいずれかの方法で算出した情報を公表します。配偶者が出産をした年よりも後の年に育休を取得する者がいる場合などを考えると，分子に当たる配偶者が出産をしたものの数よりも，分母に当たる育休や育児目的休暇の取得者の方が多い場合もあり得るため，育休取得率が100%を超え得ることには注意が必要です。

①

$$\frac{\text{公表前事業年度（公表を行う日の属する事業年度の直前の事業年度）において，雇用する男性労働者のうち育児休業等を取得したものの数}}{\text{公表前事業年度において，雇用する男性労働者のうち配偶者が出産したものの数}}$$

②

$$\frac{\begin{array}{c}公表前事業年度において，\\（雇用する男性労働者のうち育児休業等を取得したものの数＋\\小学校就学の始期に達するまでの子を養育する男性労働者を雇用する事業主が講ずる\\育児を目的とした休暇制度（育児休業等，子の看護休暇を除く）を利用したものの数）\end{array}}{公表前事業年度において，雇用する男性労働者のうち配偶者が出産したものの数}$$

　男女間賃金格差については，正規雇用労働者，非正規雇用労働者，全体のそれぞれで数字を算定します。(a)女性の正規雇用労働者の総賃金を女性の正規雇用労働者数で割ったものと，(b)男性の正規雇用労働者の総賃金を男性の正規雇用労働者数で割ったもの，をそれぞれ算出し，(a)を(b)で割ることで，正規雇用労働者における男女間賃金格差が導き出せます。この際，期首から期末にかけて人員数が変動することも考えられますが，例えば期首から期末までの12カ月の特定の日（給与支払日，月末など）の労働者の人数の平均を用いることも考えられるとされています。

　三つの指標のそれぞれについて，算出の方法を守るとともに，管理職の定義や育休取得率の算出方法，男女間賃金格差における人員数などの考え方を明示することで，より比較可能性の高い情報を投資家に向けて開示することが可能になると考えられます。

(2)　開示の際のポイントと開示例

①　開示の範囲

　各指標を開示する際に，連結子会社の情報を含めて開示する必要はあるのでしょうか。まず，常用労働者数301人以上の連結子会社など，女性活躍推進法等によって情報の公表が必要な連結子会社については女性管理職比率などを個別に有価証券報告書に記載する必要があります。

　その他の連結子会社全体を含めた開示を行うかどうかについては，投資判断に有用である連結ベースでの開示に努めるべきとされています。ただし，これは法令上の義務ではないため，単体ベースでの開示も認められています。データの有用性や海外子会社を有する場合における負担などを考慮して判断することが求められます。

　また，連結ベースでの開示を検討する場合には，連結財務諸表規則に規定されている「連結会社」ベースで開示するほか，企業において投資家に有用な情報を提供する観点から，提出会社グループのうち，より適切な範囲を開示対象

とすることも可能です。独自の範囲を開示対象とする場合には，その範囲を明記することが重要となります。

　例えば，BIPROGY株式会社は，有価証券報告書で提出会社について女性管理職比率，男性の育休取得率，男女間賃金格差（正規雇用労働者，非正規雇用労働者，全ての労働者）をそれぞれ開示し，主要な連結子会社についても各情報を開示しています。加えて，**図表2−11**の通り，提出会社と主要な連結子会社を範囲とした連結グループについて三つの指標を算出しています。また，指標ごとに連結グループの範囲や算出に関する説明が補足されています。

| **図表2−11** | 多様性に関する指標（BIPROGY株式会社） |

③　提出会社及び主要な連結子会社

（2023年3月31日現在）

管理職に占める女性労働者の割合（%）（注）2	男性労働者の育児休業取得率（%）（注）1, 3, 4, 5		労働者の男女の賃金の差異（%）（注）1, 6
	育児休業等取得率	育児休業等＋育児目的休暇取得率	全労働者
9.3	48.7	74.7	76.3

（注）
1. 男性労働者の育児休業取得率および労働者の男女の賃金の差異は、2022年4月1日から2023年3月31日までを算出期間としております。
2. 管理職に占める女性労働者の割合は、BIPROGY㈱、ユニアデックス㈱、UEL㈱、㈱国際システム、エス・アンド・アイ㈱、ケンブリッジ・テクノロジー・パートナーズ㈱、USOLベトナム㈲を対象として集計しており、出向者を出向先の労働者として集計しております。
3. 男性の育児休業取得率は、BIPROGY㈱、ユニアデックス㈱、UEL㈱、㈱国際システム、エス・アンド・アイ㈱、ケンブリッジ・テクノロジー・パートナーズ㈱を対象として集計しております。USOLベトナム㈲は、海外子会社であり、ベトナムに育児休職の制度がないため、集計対象から除外しております。
4. 育児休業等取得率は、「育児休業、介護休業等育児又は家族介護を行う労働者の福祉に関する法律」（1991年法律第76号）の規定に基づき、「育児休業、介護休業等育児又は家族介護を行う労働者の福祉に関する法律施行規則」（1991年労働省令第25号）第71条の4第1項における育児休業等の取得割合を算出したものであり、出向者を出向元の労働者として集計しております。
5. 育児休業等＋育児目的休暇取得率は、「育児休業、介護休業等育児又は家族介護を行う労働者の福祉に関する法律」（1991年法律第76号）の規定に基づき、「育児休業、介護休業等育児又は家族介護を行う労働者の福祉に関する法律施行規則」（1991年労働省令第25号）第71条の4第2号における育児休業等及び育児目的休暇の取得割合を算出したものであり、出向者を出向元の労働者として集計しております。
6. 労働者の男女の賃金の差異は、BIPROGY㈱、ユニアデックス㈱、UEL㈱、㈱国際システム、エス・アンド・アイ㈱、ケンブリッジ・テクノロジー・パートナーズ㈱、USOLベトナム㈲を対象として集計しております。労働者の男女の賃金の差異は、「女性の職業生活における活躍の推進に関する法律」（2015年法律第64号）の規定に基づき算出しており、出向者を出向元の労働者として集計するとともに、各労働者数は休業中の労働者を除いて算出しております。USOLベトナム㈲において、労働者の人員数は、労働時間を基に換算し算出しております。同一職層の基本給において、男女の賃金の差異は生じておりませんが、上位の職層に男性労働者が多いこと、近年女性の採用比率を上げたことで、相対的に賃金の少ない職層で女性が多いことにより差異が生じております。

（出所）BIPROGY株式会社「2023年3月期　有価証券報告書」より抜粋

②　補足情報の記載

　多様性に関する指標を開示する際には，任意で追加的な情報を記載することもできるとされています。投資家の投資判断に資すると考える情報については開示を検討することが望ましいといえます。

　第3章でTOPIX500採用銘柄企業のうち，2023年3月期以降の有価証券報告書（2023年11月7日時点で取得可能なもの）におけるサステナビリティ情報の開示を分析しています。本書では人的資本に関する情報の集計は行っていませんが，分析対象の企業のうち，半数以上の企業が多様性に関する指標についても何らかの補足情報を記載していました※。特に，男女間賃金格差について同一階級や同一職種においては差異が生じていないという補足の説明をしている場合が多く見受けられました。加えて，補足の説明を裏付けるような補足データを追記している企業もありました。

　また，三菱地所株式会社は，三つの指標それぞれについて，施策の実行や目標値を含む補足説明を記載しています。ただ求められる指標を開示するだけでは投資家に表面的な情報だけが伝わる可能性があります。補足データ，今後の施策，目標などを示すことによって，投資家からの正確な理解を得るとともに，自社の今後の方向性を伝えることが可能になると考えられます。

※　詳細は大和総研編著『資本市場に向けた人的資本開示』（2024年3月11日，金融財政事情研究会）をご参照ください。

| 図表2－12 | 多様性に関する指標の補足説明（三菱地所株式会社） |

Ⅱ．女性管理職率に関する補足
・総合職において管理職候補となる等級の女性社員比率は約25%であり、かつ下記の施策の実行などにより、比率の改善が見込まれます。

＜施策＞　女性社員がライフイベントや介護等と両立しながら長く働き続けられる環境づくり
・外部提携サービスを利用した保活支援
・会社提携託児所
・ベビーシッター費用補助
・配偶者の転勤等に伴う転勤希望制度
・退職者再雇用制度
・介護相談窓口の設置

＜目標値①＞
・女性管理職比率：2030年度までに20%超、2040年度までに30%、2050年度までに40%
女性管理職比率の目標を2050年まで段階的に設定しております。

＜目標値②＞
・採用における女性社員比率（新卒・キャリア）：毎年度40%
新卒・キャリア採用における女性社員比率の目標を毎年度40%に定め、管理職候補となる女性社員の増加を図ります。

Ⅲ．男性の育児休業取得率に関する補足
・男性の育児休業取得率を向上させるには、対象となる男性自身の意識改革に加えて、上司や同僚の男性育児休業に関する理解の双方が重要だと考えており、下記のような施策を実施しております。その結果、2022年度は、産後パパ育休の取得も多く、100%を超える取得率となりました。2025年度までに75%、2030年度までに100%としていた目標を大幅に前倒しで達成しております。

＜施策＞
・男性の育休取得についての理解促進
・子どもが生まれた男性社員に対し育休案内
・育休未取得の社員に対しては、育休について上長とコミュニケーションを取ることを推奨
・育休取得経験者による座談会の実施（体験談の社内共有）
・育休等に関する制度概要や手続きの流れ等をまとめた「産前産後・育児休業ハンドブック」の周知

＜目標値＞
・2030年度まで毎年100%以上を維持

Ⅳ．男女間賃金差異に関する補足
・男女間賃金差異が生じている要因として、男女間に、「等級人数比率」、「職掌人数比率」、「勤続年数」、「労働時間（産育休を含む）」の差異があることを確認しております。
・総合職における同等級間の男女間賃金差異に上表までの差は見られず、一定の経験年数が必要となる管理職における女性比率を高めることで、改善につながるものと考えます。なお、管理職登用において、男女間に登用率の差はございません。

（出所）三菱地所株式会社「2023年3月期　有価証券報告書」より抜粋

(3) 多様性に関する指標の利用状況と求められる情報

58ページで述べた通り，2023年に内閣府男女共同参画局が公表した「ジェンダー投資に関する調査研究報告書」では，機関投資家が投資判断において女性活躍情報を活用していることが示されています。企業の長期的な業績への影響を意識し，女性活躍情報をエンゲージメントや投資判断に利用している機関投資家等では，特にどのような情報を活用しているのでしょうか（**図表2－13**）。

有価証券報告書で記載が求められている三つの指標の中では，特に女性管理職比率が活用されていることが分かります。また，それ以外の指標としては，女性役員比率が最も高く，トップ層における女性の割合が重視されているようです。さらに，女性従業員比率や女性採用比率など，従業員全体における女性

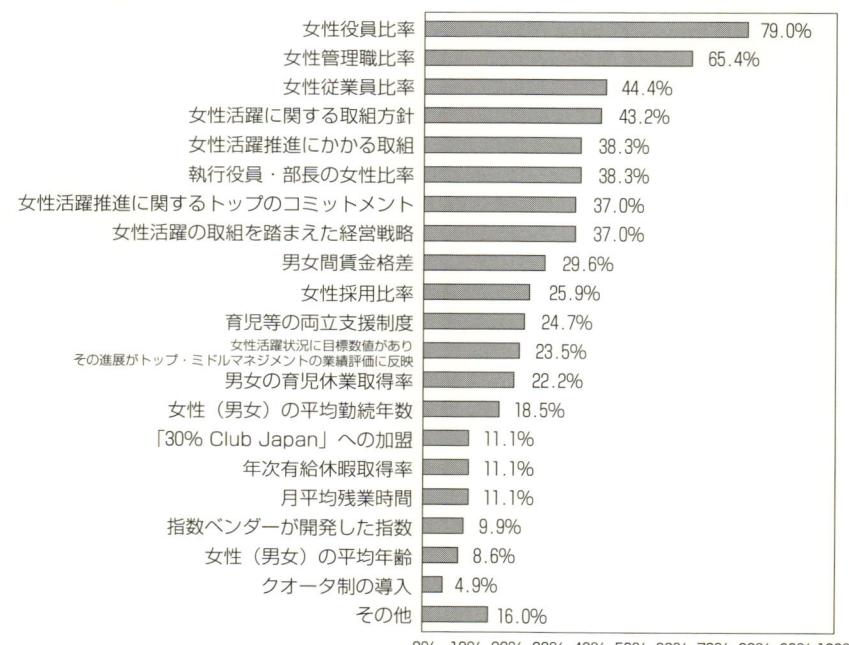

図表2－13 投資や業務において活用する女性活躍情報

項目	割合
女性役員比率	79.0%
女性管理職比率	65.4%
女性従業員比率	44.4%
女性活躍に関する取組方針	43.2%
女性活躍推進にかかる取組	38.3%
執行役員・部長の女性比率	38.3%
女性活躍推進に関するトップのコミットメント	37.0%
女性活躍の取組を踏まえた経営戦略	37.0%
男女間賃金格差	29.6%
女性採用比率	25.9%
育児等の両立支援制度	24.7%
女性活躍状況に目標数値があり その進展がトップ・ミドルマネジメントの業績評価に反映	23.5%
男女の育児休業取得率	22.2%
女性（男女）の平均勤続年数	18.5%
「30% Club Japan」への加盟	11.1%
年次有給休暇取得率	11.1%
月平均残業時間	11.1%
指数ベンダーが開発した指数	9.9%
女性（男女）の平均年齢	8.6%
クオータ制の導入	4.9%
その他	16.0%

0% 10% 20% 30% 40% 50% 60% 70% 80% 90% 100%

（注）回答数は81。回答は複数選択可。
（出所）内閣府男女共同参画局「ジェンダー投資に関する調査研究報告書」（2023年）より大和総研作成

の割合も勘案されています。指標以外では，女性活躍に関する取り組み以外に，経営戦略との関わりやトップのコミットメントなど，企業価値向上のために経営陣がどのように女性活躍を推進していくのかを投資判断において必要としていることが見て取れます。

　これらの女性活躍情報のうち最も重視している情報に関する質問では，「女性役員比率」が最も多く，次いで，「女性管理職比率」，「女性活躍推進に関するトップのコミットメント」となっています。トップ層における女性活躍に関する意識が特に重視されているようです。

　こうした指標を含む情報については，有価証券報告書における多様性に関する指標の補足情報として開示するほか，4で解説する人的資本に関する情報として開示することが考えられます。

3 ┃ サステナビリティに関する考え方や取り組み

(1)　サステナビリティ情報の記載欄の新設

　2023年の開示府令改正以前は，有価証券報告書でサステナビリティ情報を開示する場合は，例えば「経営方針，経営環境及び対処すべき課題等」，「事業等のリスク」，「コーポレート・ガバナンスの概要」といった欄で，サステナビリティに関する戦略やリスク，ガバナンスを記載することが可能であったと考えられます。しかし，開示府令の改正に伴い，新たに「サステナビリティに関する考え方及び取組」が追加されました。

　この欄では，TCFD提言の開示事項を踏襲して，サステナビリティに関する「ガバナンス」，「リスク管理」，「戦略」，「指標及び目標」の四つを開示することが求められます（**図表2−14**）。開示の際には，必ずしも四つに明確に区分して記載することが求められているわけではなく，一体として記載することも可能です。ただし，投資家が理解しやすいように各区分がどこに記載されているのかが分かるようにすることが有用と考えられます。また，記載の際には，経営方針・経営戦略等との整合性を意識して説明するとされている点にも注意が必要です。

図表2－14	サステナビリティに関する考え方及び取組について記載すべき情報	
ガバナンス	サステナビリティ関連のリスク・機会を監視・管理するためのガバナンスの過程，統制，手続	左記を全ての提出会社が記載
リスク管理	サステナビリティ関連のリスク・機会を識別，評価，管理するための過程	
戦略	短期，中期，長期にわたり連結会社の経営方針・経営戦略等に影響を与える可能性があるサステナビリティ関連のリスク・機会に対処するための取組	左記のうち，重要なものについて記載
指標及び目標	サステナビリティ関連のリスク・機会に関する連結会社の実績を長期的に評価，管理，監視するために用いられる情報	

（出所）「企業内容等の開示に関する内閣府令等の一部を改正する内閣府令」より大和総研作成

(2)　開示の際のポイント（開示例やデータは第3章を参照）

　開示府令の改正と併せて，金融庁は「『企業内容等の開示に関する内閣府令の一部を改正する内閣府令（案)』に対するパブリックコメントの概要及びコメントに対する金融庁の考え方」や「企業内容等の開示に関する留意事項について（企業内容等開示ガイドライン)」の改正内容，「記述情報の開示に関する原則（別添)―サステナビリティ情報の開示について―」を公表しました。以下ではこれらに基づき，有価証券報告書でサステナビリティ情報を開示する際のポイントを解説します。

①　重要性の判断

　41ページでサステナビリティ情報の重要性（マテリアリティ）について触れましたが，有価証券報告書でサステナビリティ情報を開示する際にも，重要性の判断が必要になります。有価証券報告書は投資者保護を目的としているため，基本的にシングルマテリアリティに基づいて情報を開示することになります。具体的には，「その事柄が企業価値や業績等に与える影響度を考慮して判断することが望ましい」という考え方を参考にすることが推奨されています。

　図表2－14にある通り，「ガバナンス」，「リスク管理」は基本的な体制とし

て全ての企業に開示が求められていますが，「戦略」，「指標及び目標」は重要なものについて記載するとされています。なお，重要性の判断に関する情報として，「戦略」や「指標及び目標」を記載しないとした場合でも，その判断や根拠の開示を行うことが期待されています。

②　「サステナビリティ」の範囲

この欄では，「サステナビリティ」に関する情報を開示するとされていますが，サステナビリティ情報に含まれ得るものとしては，例えば，環境，社会，従業員，人権の尊重，腐敗防止，贈収賄防止，ガバナンス，サイバーセキュリティ，データセキュリティなどに関する事項が考えられています。

このようにサステナビリティは非常に広義に捉えられますが，先述の全ての項目を記載する必要はありません。①の「重要性」を各企業において考慮して開示項目を判断することとなります。

③　将来情報の記載

サステナビリティ情報は企業の中長期的な持続可能性に関する情報であるため，将来情報が含まれ得るでしょう。将来情報を記載する場合には，それが会計年度末において判断したものである旨を記載することとされています。そして，一般的に合理的と考えられる範囲で具体的な説明が記載されている場合には，将来情報と実際に生じた結果が異なる場合であっても，直ちに虚偽記載等の責任を負うものではないと考えられる，との見解が示されています。

ただし，将来情報を記載する際には，その根拠に関する検討プロセスなどを記載し，合理的な情報であることを示すことが期待されています。また，経営者が，投資家の投資判断に影響を与える重要な将来情報を，認識しながら敢えて記載しなかった場合や，重要であることを合理的な根拠なく認識せず記載しなかった場合には，虚偽記載等の責任を負う可能性があることにも留意が必要です。

④　有価証券報告書以外の書類等の参照

有価証券報告書でサステナビリティ情報を開示する際に，記載すべき重要な

情報を開示した上で，補完的な詳細情報については任意に公表した他の書類（任意開示書類）を参照することができるとされています。

　ここでいう任意開示書類の範囲としては，統合報告書，他の法令や上場規則等に基づき公表された書類（コーポレート・ガバナンスに関する報告書など），ウェブサイトなどが考えられます。ただし，参照する任意開示書類は，有価証券報告書の公衆縦覧期間中は投資家が無償でかつ容易に閲覧できることが望ましいと考えられています。また，参照先の書類の名称，参照先のページなどを明記することも望ましいとされています。

　また，有価証券報告書と任意開示書類の間には，開示時期のずれがある場合もあります。例えば3月決算会社であれば，有価証券報告書を6月，統合報告書を9月に出す場合も多く見受けられます。この場合，6月に提出する有価証券報告書では1年前の統合報告書を参照することになります。前年度の情報が記載された書類や将来公表予定の任意開示書類を参照することも可能ですが，その場合は参照している書類と有価証券報告書の事業年度が一致していない旨を注記するなどの工夫が必要と考えられます。

　なお，参照する上で注意すべきこととして，投資家が必要とする重要な情報は有価証券報告書で先んじて開示しなければならず，任意開示書類はあくまでも補完情報であるということです。既に提出された有価証券報告書の中には単にウェブサイトなどのリンクを記載しているだけの事例もありますが，投資判断に資すると考える重要な情報はリンクを参照するのではなく有価証券報告書に直接記載すべきと考えられます。

4 ▎人的資本に関する情報

(1)　人的資本に関する方針やKPIの開示

　3のサステナビリティ情報の開示欄においては，企業が重要と判断するサステナビリティに関する情報を開示します。これに加えて，人的資本に関しては全ての企業が**図表2－15**に示す情報を開示することが求められています。指標・目標の開示を行う範囲については，2の多様性に関する指標と同様に，基本的には連結会社ベースで開示することが想定されていますが，連結グループにおける記載が困難である場合には，その旨を記載した上で，例えば主要な事業を営む会社単体（主要な事業を営む会社が複数ある場合にはそれぞれ）またはこれらを含む一定のグループ単位での開示を行うことも考えられています。

図表2－15　人的資本について有価証券報告書に記載すべき情報

ガバナンス	―
リスク管理	
戦略	人材の多様性の確保を含む人材の育成に関する方針，社内環境整備に関する方針 （例えば，人材の採用・維持，従業員の安全・健康に関する方針等）
指標及び目標	上記の戦略で記載した方針に関する指標の内容，当該指標を用いた目標，実績

（出所）「企業内容等の開示に関する内閣府令等の一部を改正する内閣府令」より大和総研作成

(2)　開示の際のポイントと開示例

　人的資本に関する情報については，企業によって様々な項目が関連し得るでしょう。2022年に内閣官房が公表した「人的資本可視化指針」では開示事項は，①「自社固有の戦略やビジネスモデルに沿った独自性のある取組・指標・目標の開示」，②「比較可能性の観点から開示が期待される事項」の二つの類型に整理されています。

　①の独自性のある取組や開示事項については，経営戦略との関連性や定義，

重要性の背景について開示するとともに，他社と共通するものは自社固有の戦略やビジネスモデルと紐づけた開示が期待されています。

　②の比較可能性の観点からの開示事項については，制度開示への対応やニーズの高い事項の開示を行うとともに，自社の経営戦略と人的資本への投資や人材戦略の関係性を明確化し，適切な開示事項を主体的に検討していくことが望ましいでしょう。

　総合して，投資家における企業間情報の比較に対するニーズに応えるとともに，自社の経営戦略や人材戦略を表現する独自性を意識するというバランスを確保することが重要と考えられます。

　具体的な開示事項の種類としては，人材の育成やエンゲージメントといった企業の価値向上の観点に大きく基づくものと，コンプライアンスや労働慣行といったリスクマネジメントの観点に大きく基づくものがあります（**図表2－16**）。また，例えば人材育成といっても，次世代リーダー（幹部候補），DX人材，グローバル人材，女性など，対象となる層は各社異なるでしょう。企業の経営理念や戦略，ビジネスモデルとの結びつきを意識し，どのような項目について方針を立て，取組みを行っていくのかを検討し，開示していくことが重要になります。

図表2－16　人的資本に関する開示事項に係る観点

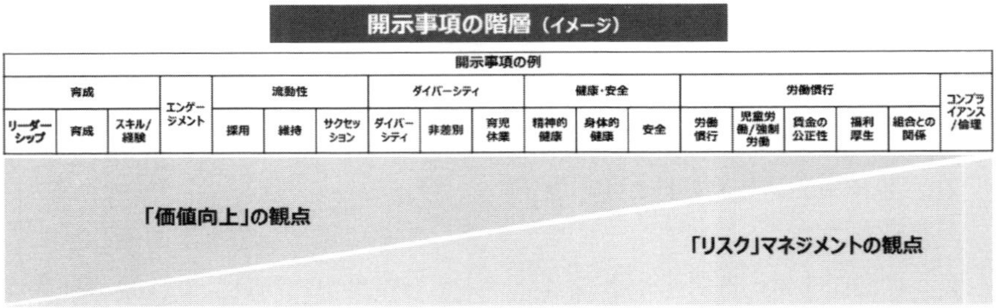

（出所）内閣官房「人的資本可視化指針」より抜粋

図表2-17	人的資本に関する開示（株式会社日立製作所）

②人的資本・多様性に関する取組

（イ）戦略

　　日立は、人的資本、すなわち人こそが価値の源泉であると考えており、世界中の従業員の力を結集することでお客さまと社会に価値を提供し、サステナブルな社会の実現に貢献することをめざしています。

　　多様な人財が国・地域・事業体を越えてOne Teamでプロアクティブに業務遂行をし、変化が絶えない世の中に速やかに適応できる人財・組織を求めており、その実現に向けて、以下の方針のもと人財の育成と社内環境の整備に取り組んでいます。

経営戦略(事業戦略)

事業の方向性
(2024中期経営計画)

Lumadaによる社会イノベーション事業のグローバルな展開により、サステナブルな社会の実現に貢献する

- 日本・世界各国の社会・顧客の近くで、現在・将来の課題を探索し、製品・システム及びIoTを活用したサービスとして解決策を提供
- 国・地域・事業体(ビジネスユニット/グループ会社)を超えてグローバルで連携した事業の推進・プロジェクトの組成、実行
- 顧客との価値協創のサイクルをデータ駆動で回し、Lumada事業を全体で拡大

求められる人財・組織(体制・文化)

現地マーケット(社会・顧客)を知る人財＝様々な国籍・性別等の多様な人財	Diversity, Equity
国・地域・事業体(ビジネスユニット/グループ会社)を超えて、One Teamで業務遂行する組織体制	Inclusion, Location Free
社会・顧客の課題を的確に捉え、解決策を考えられるプロアクティブで自立した人財とその文化を持つ組織	Proactive, Growth Mindset
事業環境の変化を捉え、新たな事業ポートフォリオへ速やかに適応できる組織・人財	Agility

（中略）

（ロ）指標及び目標

　　人的資本・多様性に関する取り組みにおける、日立の主な指標及び目標と当年度の実績は以下のとおりです。

　　なお、「役員層における外国人比率」及び「従業員サーベイにおける従業員エンゲージメントの設問に対する肯定的回答率」については、当年度において前倒しで目標を達成することができました。今後もさらなる向上を図るべく、継続して取り組んでまいります。

	指標	目標	2022年度 実績
①	役員層における女性比率及び外国人比率（グローバルDEI目標）（注）1	2024年度までにそれぞれ15%	女性比率：11% 外国人比率：20%
②	デジタル人財数	2024年度までに97,000人（注）2	83,000人
③	従業員サーベイにおける従業員エンゲージメントの設問に対する肯定的回答率	2024年度までに68%	69.5%
④	死亡災害件数	年間0件	5件
⑤	TRIFR（総災害発生率）（注）3	2024年度までに2021年度比半減（注）4	0.26

（注）　1．当社単体の目標及び実績

　　　　2．日立Astemoは除きます

　　　　3．TRIFR：Total Recordable Injury Frequency Rate（20万労働時間当たりの死傷者数）

　　　　4．2021年度実績：0.27

（出所）株式会社日立製作所「2023年3月期　有価証券報告書」より抜粋

　本書の第3章ではTOPIX500採用銘柄（2023年3月期以降の有価証券報告書）のサステナビリティ全般に関する情報の開示を分析しています。本書では人的資本に関する部分は集計対象としていませんが，TOPIX500採用銘柄では特に「ダイバーシティ（女性活躍を含む）」や「人材育成」，「健康・安全」に関する項目を開示している企業が多くなっています[※]。また，項目には業種ごとの特色も見受けられます。例えば，金融業においては人材育成の中でもフィンテックの深化を図るためDX人材についての記載が多く，また従業員のファイナンシャル・ウェルビーイングを高めていくことについて記載している企業も多く見られました。

　こうした経営戦略と結びつく各項目に関する方針と，関連する目標，指標，実績を示すことによって，人材戦略とその進捗を投資家に示すことができます（特に女性活躍に関して，機関投資家等の利用状況と求められる情報について，詳しくは76ページを参照）。例として株式会社日立製作所は，2024中期経営計画を含む経営戦略を基に，求められる人財・組織（体制・文化）を導き出しています。その上で具体的な方針や取り組みとして，DEI（ダイバーシティ，エクイティ＆インクルージョン）の推進，デジタル人財や経営リーダー層を含むグローバル人財マネジメント，心身の健康と安全の確保を挙げています。そして，各取り組みをモニタリングするための主な指標や目標を示しています（**図表2－17**）。

5 ▎有価証券報告書での開示のポイント

　第2章の第2節では，有価証券報告書で求められるサステナビリティ情報の開示を見てきましたが，全てに共通することが経営戦略との関連性を説明することが重要であるということです。

　78ページで述べた通り，有価証券報告書は投資者保護を目的としており，シングルマテリアリティの考え方に基づくものです。そのため，単に法令で求められている指標や情報を最低限開示するのではなく，投資家の投資判断に資す

※　詳細は大和総研編著『資本市場に向けた人的資本開示』（2024年3月11日，金融財政事情研究会）をご参照ください。

るように，企業のサステナビリティに関する考え方や取り組み，状況が企業価値向上にどのように影響するのかを開示することが本質的な情報開示だと考えられます。

　企業の経営戦略を実施していく上で，どのようなサステナビリティに関するリスクがあり，それに対してどのような取り組みを実施していくのか，またその取り組みをどのような体制で管理，監督するのか，進捗を測るための指標や目標は設定されているのか，などを示すことでサステナビリティと企業価値向上の関連性を伝えることが可能になります。

　次章では，どのようなプロセスでサステナビリティ情報の開示を行っていくのかを，改正された開示府令に沿ったサステナビリティ情報の開示状況のデータ分析に基づき，開示例とともに解説します。

第3章

2023年の開示状況を踏まえた, 対応のプロセスとポイント

POINT！

⌂ 開示府令改正の適用後（2023年3月期以降）のTOPIX500採用銘柄の有価証券報告書におけるサステナビリティ情報の開示状況を踏まえ，開示に向けたプロセスごとにどのような対応が必要なのかを解説します。

⌂ サステナビリティへの取り組みや開示は，企業価値向上のために経営戦略において考慮すべきものであり，経営陣が直接関わる必要があります。これを念頭に，企業はサステナビリティに取り組む上での執行，監督体制を整備しつつ，リスクの特定，評価，管理について横串を刺して対応できるようなリスク管理プロセスを検討するとともに，開示します。

⌂ 自社のビジネスモデルにおけるサステナビリティに関するリスクや機会，対応策を検討し，開示することが求められます。マテリアリティ（重要課題）やリスク・機会の特定などの開示は進んでいる一方で，影響の大きさや経営戦略を踏まえた対応策などについて開示を行っている企業は限られ，今後の対応が期待されます。

⌂ サステナビリティに関する指標と目標については，温室効果ガス（GHG）排出量を中心に開示が行われていますが，データ収集に関するフロー，マニュアルの整備や人員の確保などの課題が挙げられています。こうした課題の解消，サステナビリティに関する取り組みや戦略の深耕に応じて，指標と目標がより幅広くなっていくことが考えられます。

第1節　2023年のサステナビリティ情報の開示状況の集計・分析

1 集計対象などの前提

　第2章で説明した通り，開示府令の改正に伴い，2023年3月期から有価証券報告書でサステナビリティ情報の開示が求められています。本章では，この有価証券報告書におけるサステナビリティ情報の開示状況を集計した結果を示します。さらに，その結果を踏まえた対応，つまり開示に向けた各プロセスをどのように進めていけばいいのか，ポイントを考えていきます。

　具体的な集計対象は，2023年11月時点での TOPIX500採用銘柄のうち，開示府令改正の適用後（2023年3月期以降）の有価証券報告書を提出している企業，計394社の2023年11月時点における最新の有価証券報告書を対象としています。対象となる企業の有価証券報告書の中でも，「サステナビリティに関する考え方及び取組」の欄に記載されている定性的・定量的な内容を集計しています。なお，本章の集計では，開示が義務化されている「人的資本」をテーマとする情報は対象とはしていません※。加えて，有価証券報告書でほかの任意開示書類を参照するようにリンクなどを記載している場合も見受けられますが，今回はそのリンク先の情報は集計対象としていません（任意開示書類の参照について，詳しくは80ページを参照）。任意開示書類はあくまでも補完情報であり，投資家が真に必要とする重要な情報は有価証券報告書で記載されていることを前提に，有価証券報告書で何を開示しているのかを集計・分析します。

2 集計・分析結果の概要

　まず，集計結果の全体感を説明します。開示の量などに違いはありますが，サステナビリティ全般に係るガバナンスやリスク管理の体制やプロセス，重要課題の特定などに関する情報を示した上で，特に重要なテーマについてはさら

※　人的資本情報に関する分析については，大和総研編著『資本市場に向けた人的資本開示』（2024年3月11日，金融財政事情研究会）をご参照ください。

に詳細な情報を記載する，という構成にしている企業が多かったと見受けられます。

　ここでいう特に重要なテーマとしては，集計対象の80%が「気候変動」を挙げています。プライム市場上場会社に対して CG コードで TCFD 提言等に基づく気候変動に関する情報の開示が求められており（詳しくは53ページを参照），既に TCFD 提言に沿った開示が広がっていることや，機関投資家においても気候変動が特に緊急性の高いリスクとして捉えられていることなどが背景にあると考えられます。気候変動に関して，シナリオ分析の結果や温室効果ガス（GHG）排出量などを開示している企業が多くなっています。

　なお，気候変動以外のテーマとしては，人権（21社），データセキュリティ・データガバナンス（13社），サプライチェーン・原材料調達（10社），生物多様性（6社），コンプライアンス（6社）などについて，個別に踏み込んで説明している企業が見られました。現時点では気候変動に関する開示が進んでいますが，開示への対応の深耕や機関投資家のニーズなどによって，企業ごとのテーマのバリエーションが広がっていくことが予想されます。

　以降では集計をもとに，開示に向けたプロセスごとにどのような対応が必要なのか，ポイントを開示例とともに解説します。

TOPIC　機関投資家が考える重要な ESG 課題

　現在は，有価証券報告書におけるサステナビリティ情報は気候変動に関するものが中心となっています。企業の情報開示には機関投資家のニーズが大きく影響していると考えられますが，実際にはどのようなテーマに対してニーズがあるのでしょうか。

　年金積立金管理運用独立行政法人（GPIF）は，運用を委託している機関が考える重大なESG 課題を確認しています（図表3－1）。国内株式の運用機関においては，パッシブ，アクティブともに調査対象の全ての機関が気候変動を重要な課題として挙げており，やはり気候変動が注目されていることがわかります。その他のテーマとしては，パッシブにおいてはサプライチェーン，生物多様性，人権，ダイバーシティなど，アクティブにおいては少数株主保護，取締役会構成，資本効率などが挙げられています。こうした機関投資家が重要と考えるテーマに関しては，さらなる対応や開示が求められる可能性があり，注意が必要と考えられます。

図表3－1	GPIFの委託先運用会社の考える重大なESG課題

ESG課題	国内株 パッシブ	国内株 アクティブ	外国株 パッシブ	外国株 アクティブ	国内債券	外国債券
気候変動	100%	100%	100%	92%	93%	78%
森林伐採	83%	29%	75%	33%	36%	33%
水資源・水使用	83%	43%	75%	42%	43%	44%
生物多様性	100%	71%	50%	54%	71%	33%
汚染と資源	50%	43%	50%	29%	29%	56%
廃棄物管理	67%	71%	50%	25%	36%	56%
環境市場機会	67%	71%	50%	4%	50%	22%
その他（環境）	33%	29%	25%	17%	14%	33%
人権と地域社会	100%	71%	75%	54%	86%	67%
製品サービスの安全	67%	43%	25%	38%	43%	33%
健康と安全	67%	57%	75%	33%	43%	44%
労働基準	67%	71%	50%	50%	57%	33%
紛争鉱物（問題ある調達）	33%	14%	25%	8%	7%	11%
社会市場機会	50%	43%	50%	13%	21%	33%
その他（社会）	67%	43%	75%	46%	50%	33%
取締役会構成・評価	83%	100%	75%	54%	71%	33%
リスクマネジメント	50%	57%	50%	21%	36%	33%
資本効率	83%	100%	50%	17%	29%	22%
少数株主保護（政策保有等）	83%	100%	50%	21%	29%	22%
コーポレートガバナンス	83%	86%	75%	54%	79%	56%
腐敗防止	67%	29%	25%	13%	21%	44%
税の透明性	33%	29%	50%	13%	14%	22%
その他（ガバナンス）	50%	71%	75%	13%	21%	44%
サプライチェーン	100%	71%	75%	33%	64%	56%
ダイバーシティ	100%	86%	100%	46%	79%	44%
情報開示	100%	100%	100%	58%	93%	44%
不祥事	100%	86%	50%	8%	57%	11%
その他	50%	14%	25%	33%	36%	44%

　　E（環境）　　　　S（社会）　　　G（ガバナンス）　　　ESGのうち複数テーマ

（＊）株式については、アクティブとパッシブ両方を受託している運用機関の場合、GPIF の委託額の多いマンデートでカウントしています。

（出所）GPIF「GPIFの運用機関が考える『重大なESG課題』」（2024年3月11日）より抜粋

第2節　サステナビリティ経営の執行と監督の体制整備

1 サステナビリティを考慮した経営を行う体制

(1) サステナビリティは経営陣が直接関わるべき課題

　サステナビリティに関する取り組みや開示に関しては，様々なステップがあることを第1章で解説しました。しかし，このようなステップを進めていく上では，誰がサステナビリティに関する意思決定を行うのか，ということを第一に考える必要があります。

　ここで重要になってくるのが，何のためにサステナビリティに取り組み，開示をするのかということです。第1章で述べた通り，サステナビリティは規制で義務付けられているから，もしくは機関投資家に求められているから，という理由で対応するものではありません。サステナビリティに関する課題が，自社の持続的成長において重要であることを踏まえ，企業価値向上のために経営戦略において自ら考慮すべきものであると考えられます。これは，環境，社会，経済の持続可能性に配慮し，企業自身の持続的成長を実現する，サステナビリティ経営の実践と言い換えることができます。

　つまり，サステナビリティに関する意思決定は，経営戦略に係る判断であるといえ，経営陣が直接関わる必要があるものです。SS コード，CG コードが求

図表3－2	投資家と企業の対話ガイドラインにおけるサステナビリティに関する言及

　1－3．ＥＳＧやＳＤＧｓに対する社会的要請・関心の高まりやデジタルトランスフォーメーションの進展，サイバーセキュリティ対応の必要性，サプライチェーン全体での公正・適正な取引や国際的な経済安全保障を巡る環境変化への対応の必要性等の事業を取り巻く環境の変化が，経営戦略・経営計画等において適切に反映されているか。また，例えば，取締役会の下または経営陣の側に，サステナビリティに関する委員会を設置するなど，サステナビリティに関する取組みを全社的に検討・推進するための枠組みを整備しているか。

（出所）金融庁「投資家と企業の対話ガイドライン」（2021年6月改訂）より抜粋

める機関投資家と企業の対話において，重点的に議論することが期待される事項を取りまとめた「投資家と企業の対話ガイドライン」を金融庁が公表していますが，この中でも，**図表3－2**のような記述があります。サステナビリティが経営戦略等において考慮されているか，また，サステナビリティに関する取り組みを全社的に検討・推進するための枠組みを整備しているか，といったことが重要な点として挙げられています。

(2)　サステナビリティに関する機関やメンバー

「投資家と企業の対話ガイドライン」では，サステナビリティに関する委員会の設置に言及されています。TOPIX500採用銘柄のうち，87%の企業がサステナビリティに関する委員会（以下，サステナビリティ委員会）を含む一定の機関を設置している旨，また，その機関の役割を開示していました。多くの企業では，サステナビリティ委員会は取締役が参加し，サステナビリティに関する戦略・方針・計画の検討や執行などを行う取締役会の下部組織と位置付けられていました。

この他サステナビリティ委員会に別の役割を与えている企業や，サステナビリティ委員会を設置せずにサステナビリティを担当する役員と担当部署でサステナビリティに取り組む企業なども見られます。企業ごとに対応は異なりますが，適切な体制を整備した上で，例えばサステナビリティ委員会の役割が執行機関なのか，諮問機関なのか，監督機関なのかなどを具体的に開示することが必要と考えられます。

また，サステナビリティ委員会を設置している場合には，そのメンバー構成もポイントとなります。経営の視点からサステナビリティを扱うのであれば，経営陣が参加している必要があります。そのほか，第三者のチェックを入れるために社外取締役や監査役が参加する，重要な連携が求められる部署が参加するなど，様々な体制が考えられます。

こうしたメンバーの情報を透明化することも求められます。サステナビリティ委員会にどのような役職，部署の者が参加しているのかがわからなければ，サステナビリティ委員会の取り組みの実効性を，投資家などが十分に理解することができません。

　TOPIX500採用銘柄のうち，サステナビリティ委員会のメンバー構成について有価証券報告書に記載していたのは，全体の34%でした。なお，委員長だけ示している企業もありましたが，今回の集計には含めていません。委員長が経営陣であることを示すだけではなく，前述の通りメンバー構成の全体を示すことが投資家などのニーズに応えたものとなります。今後，サステナビリティ委員会の実態を，よりわかりやすく示していくことが求められると考えられます。

　サステナビリティに関する機関についての具体例として，三菱電機株式会社は，サステナビリティを推進するためにサステナビリティ担当役員を委員長とするサステナビリティ委員会を設置していることを開示しています。サステナビリティ委員会は，メンバーとしてコーポレート部門長や事業戦略担当部門長が参加し，執行役会議から委嘱を受け，サステナビリティに関する方針や計画

| 図表3-3 | サステナビリティの推進体制（三菱電機株式会社） |

ウ．サステナビリティ推進体制

　三菱電機グループのサステナビリティの取組みは、三菱電機の執行役会議から委嘱を受け、経営企画及びサステナビリティを担当する執行役（CSO：Chief Strategy Officer）が委員長を務めるサステナビリティ委員会で方針・計画を決定しています。サステナビリティ委員会は三菱電機のコーポレート部門長や事業戦略担当部門長（経営企画室や人事部などの環境、社会、ガバナンス、事業戦略担当の34名［2023年4月1日時点］）で構成されており、マテリアリティ（重要課題）に基づく活動実績の把握や活動計画の決定、法改正への対応など、三菱電機グループの横断的な視点から議論を行い、取組みを推進しています。また、倫理・遵法、品質の確保・向上、環境保全活動、社会貢献活動、ステークホルダーの皆様とのコミュニケーションなどの具体的な取組みについては、担当部門が責任を持って推進しています。

　サステナビリティ委員会の事務局はサステナビリティ推進部が担当しています。三菱電機グループのサステナビリティの取組みを更に推進するため、2023年度から、サステナビリティ推進部を社長直轄組織としました。

　サステナビリティ委員会は原則として年に3回以上開催しており、議論の内容については、執行役会議にて経営層へ報告されています。2021年度からは議論の内容について、取締役会にも報告しています。取締役会では、サステナビリティへの取組みを三菱電機グループの「重要議題」（2022年7月から2023年6月においては、中長期経営戦略、組織風土改革、サステナビリティへの取組み、人材戦略）として取り上げ、リスク管理及び収益機会としての観点から、独立社外取締役からも多様なご意見をいただきながら十分な議論を行うとともに、執行役の取組み状況についても監督を行っています。

　サステナビリティの取組み推進については、執行役の報酬指標の一つになっており、サステナビリティ・ESG関連領域等非財務事項での業績指標達成度はインセンティブ報酬へ反映されています。

　複数部門に関わるサステナビリティ課題に対して部門横断的に対応するため、サステナビリティ委員会の傘下に恒常的な会議体として「部会」、有期限の会議体として「プロジェクト」を設けています。「カーボンニュートラル部会」と「人権部会」の二つの部会については、法や社会からの要請に応え、取組みを推進しています。また、「統合報告書・法定開示対応検討プロジェクト」と「TCFD対応検討プロジェクト」を設け、活動項目の明確化、参画部門の役割の明確化、規範に則った情報開示等について検討しています。部会やプロジェクトは責任部門を中心に取組みを推進し、サステナビリティ委員会開催の都度、進捗を確認することとしています。

　また、サステナビリティ委員会で定めた方針・計画を共有・実行するため、社内各部門・国内外関係会社との連携を目的とした「サステナビリティ連絡会」を設置しています。

サステナビリティ推進体制

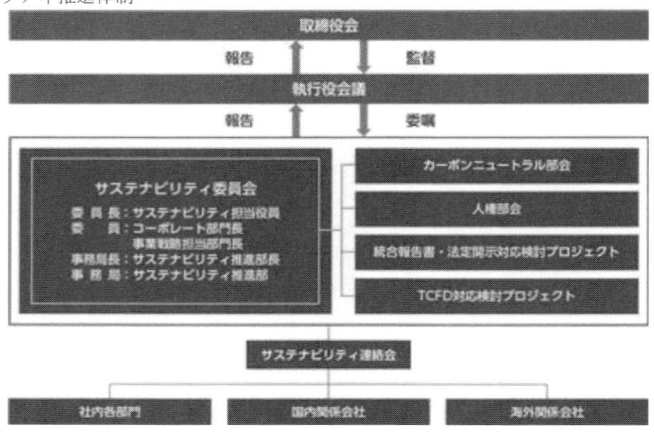

（出所）三菱電機株式会社「2023年3月期　有価証券報告書」より抜粋

を決定しています。経営陣の視点，各部署の視点を反映することができるような体制になっていることがわかります。

2 ｜ サステナビリティに対する取り組みを監督する体制

(1)　執行と監督の関係

　1で述べた通り，わが国ではサステナビリティ委員会が取締役会の下部に戦略・方針・計画の検討や執行を行う機関として設置されている場合が多く見受けられました。そして，サステナビリティ委員会からの報告を受け，取締役会は「監督」を行うケースが見られます。

　こうした執行と監督の関係は，サステナビリティに限ったものではありません。わが国においては，執行と監督が一体として行われていたことが従来問題視されており，「執行と監督の分離」が必要であると唱えられてきました。例えば，会社法における指名委員会等設置会社や監査等委員会設置会社では，業務を執行する執行役や取締役に対して，監督を行う委員会が設置されているような体制になっています。CGコードでも，執行と監督の分離を意識し，原則4－6では「上場会社は，取締役会による独立かつ客観的な経営の監督の実効

性を確保すべく，業務の執行には携わらない，業務の執行と一定の距離を置く取締役の活用について検討すべきである。」とされているほか，原則4－8でプライム市場上場会社に対して少なくとも3分の1（その他市場上場会社に対しては2名）以上の独立社外取締役を選任することを求めています。

　サステナビリティに関しても，経営戦略と照らし合わせた取り組みの状況などに対して，実効性のある適切な監督体制が十分に確保されているかがポイントになります。

⑵　サステナビリティに関する監督の状況

　サステナビリティへの取り組みに関して，どのように監督が行われているのかについて，TOPIX500採用銘柄の有価証券報告書の開示状況を見てみましょう。まず，監督を行うためには，サステナビリティ委員会などの開催とともに，その取り組み状況などについて取締役会に報告が行われる必要があります。こうしたサステナビリティ委員会の開催状況や取締役会への報告頻度などについて開示している企業は，全体の52%でした。

　また，具体的な点として，例えば取締役会が戦略の意思決定やそれに対する監督において，サステナビリティを考慮しているかということも留意すべき事項です。サステナビリティを踏まえた取締役会の活動については対象企業の20%が開示していました。さらに，指標や目標の進捗をモニタリングすることも監督機能を持つ取締役会の一つの役割となります（取締役会以外が進捗をモニタリングしている場合も見られます）。こうしたモニタリングを行っていることを開示している企業は全体の28%でした。

　サステナビリティに関する取り組みが取締役会などのガバナンス機関に報告され，戦略や指標・目標に対するモニタリングが行われていることで，その妥当性や適正性にコミットすることが可能になります。また，上記のような監督の状況やプロセスが有価証券報告書などで明示されることは，投資家などのニーズに応えるものとなります。しかし，まだ監督のプロセスなどについての開示は十分とはいえず，さらなる体制の整備，開示の拡充が期待されます。

　例として，株式会社 LIXIL は有価証券報告書において，サステナビリティに取り組むためにインパクト戦略委員会を開催していると示しています。イン

| 図表３－４ | サステナビリティに関する監督体制（株式会社LIXIL） |

(1) ガバナンス

　当社グループは、サステナビリティ関連の課題に戦略的に取り組むため、四半期に一度「インパクト戦略委員会（2023年３月までコーポレート・レスポンシビリティ委員会）」を開催しています。

　当社グループ全体で迅速かつ適切な対応を行うため、インパクト戦略委員会のメンバーには、コーポレート部門及び事業部門を統括する執行役並びに部門長が任命されています。

　インパクト戦略委員会での討議・審議結果は、Impact戦略担当執行役より執行役会に報告され、必要なものについては決議がなされます。また、インパクト戦略委員会での決定事項は、推進責任者である各担当執行役及び部門長が担当部門に伝達することで、具体的な取り組みへと展開されます。活動に深く関わる各委員会との間でも、情報の共有・報告が行われています。

　取締役会は、単なる経営執行の監督にとどまらず、経営陣による適切なリスクテイクを支える環境整備を行うことで、意思決定の合理性を担保しつつ、迅速かつ果断な意思決定を行うことを促進する体制を構築しています。取締役会は、執行部門と連携してインパクト戦略を策定するとともに、当社グループの経営戦略（人的資本や知的財産への投資等重要性の高い事項への経営資源の配分・事業ポートフォリオ等）とサステナビリティに係る戦略・方針の整合性を継続的に確認する役割を担っています。サステナビリティに係る取り組みは、Impact戦略担当執行役から取締役会に、執行役の職務執行状況報告の一環として報告されるほか、インパクト戦略委員会や環境戦略委員会から定期報告されます。また、重大及び重要な意思決定事項は、執行役会及び取締役会に上申され、報告・承認されます。

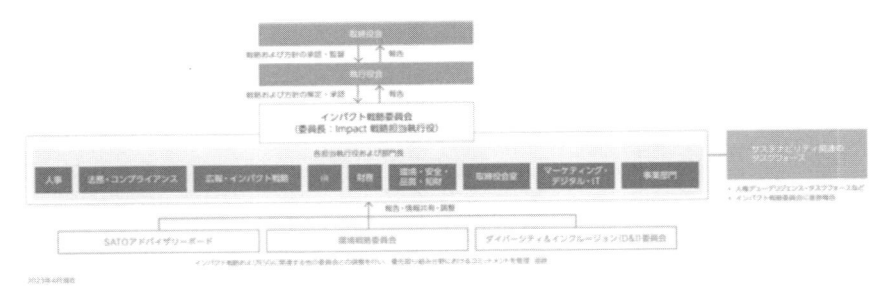

（中略）

気候変動を含む環境課題に関する情報開示（TCFD提言への対応について）

　＜ガバナンス＞

　当社グループでは、執行役会から任命を受けた担当役員が委員長を務める環境戦略委員会を設置しています。環境戦略委員会は、四半期に１回以上開催し、環境ガバナンスに関わる規程や方針の制定、気候変動から生じるリスクや機会を含む環境課題に対する施策の審議と決定、当社グループ全体の環境目標管理とモニタリングなど、環境戦略の構築と実行を実施しています。環境戦略委員会で協議・決議された内容は、インパクト戦略委員会を通じて四半期ごとに執行役会に報告されています。執行役会は、環境課題を含めた重要課題に関する目標や実行計画について協議・承認し、取締役会は、それらに対する進捗状況を半期ごとに報告を受け、議論・監督を行っています。

（注）　2024年に体制が変更され、SATOアドバイザリーボード，環境戦略委員会，ダイバーシティ＆インクルージョン委員会は，グローバル衛生審議会，環境戦略審議会，ダイバーシティ＆インクルージョン（D&I）審議会，となっている、環境戦略審議会は原則年６回開催される。
（出所）株式会社LIXIL「2023年３月期　有価証券報告書」より抜粋

　パクト戦略委員会は四半期に一度開催されており，その討議・審議結果は担当の執行役から執行役会に報告されます。また，決定事項は各部門に伝達され，

具体的な取り組みに展開されます。さらに，取締役会はサステナビリティに関する取り組みについて報告を受けて監督するとともに，経営戦略とサステナビリティに係る戦略・方針の整合性を継続的に確認しています。気候変動に関しては，環境課題を含めた重要課題に関する目標や実行計画に対する進捗状況を半期ごとに報告を受け，議論や監督を行っています。ガバナンス機関の役割や監督のプロセスが具体的に示されています。

(3) 経営陣のスキルと報酬

　監督・執行の両方に関連しますが，経営陣がサステナビリティに取り組む，もしくはその取り組みを監督するためには，ガバナンス機関の役割やプロセスに加えて，サステナビリティに関するスキルを持っている者の有無と，インセンティブの付与がポイントとなります。

　まず，サステナビリティを経営課題として扱っていく上では，スキルやノウハウを持った者がいることで，取り組みや監督の実効性がより高まると考えられます。TOPIX500採用銘柄の有価証券報告書において，今回の集計対象である「サステナビリティに関する考え方及び取組」では，サステナビリティ委員会や取締役会などにおけるサステナビリティスキルについて記載している企業はごく一部を除き見られませんでした（ただし，別の箇所でスキルに関する開示をしている可能性はあります。詳しくは下記のTOPICを参照）。経営陣，もしくは各部署の従業員におけるサステナビリティに関するスキルの向上，蓄積とその状況の開示が課題であるといえます。

TOPIC　スキル・マトリックスを通じたサステナビリティスキルの開示

　先述の通り，有価証券報告書の「サステナビリティに関する考え方及び取組」の中で経営陣のサステナビリティスキルについて開示している企業はほとんど見られませんでした。ただし，別の箇所でスキルに関する開示をしている可能性はあります。

　CGコードの補充原則4－11①では，「取締役会は，経営戦略に照らして自らが備えるべきスキル等を特定した上で，（中略）各取締役の知識・経験・能力等を一覧化したいわゆるスキル・マトリックスをはじめ，経営環境や事業特性等に応じた適切

な形で取締役の有するスキル等の組み合わせを取締役の選任に関する方針・手続と併せて開示すべき」とされています。また，東京証券取引所「コーポレート・ガバナンス白書2023」では，TOPIX500構成銘柄のうち284社（本書での分析対象とは必ずしも一致しません）がスキル・マトリックスにおいて取締役の備えるべきスキルとして「サステナビリティ・ESG」を特定していると述べられています。

　このように，サステナビリティスキルについて別の箇所で開示しているのであれば，「サステナビリティに関する考え方及び取組」で当該箇所を参照する記載をすることで，サステナビリティへの取り組みや監督の実効性をよりわかりやすく投資家に伝えることが可能になると考えられます。

　また，サステナビリティに関して，経営陣がインセンティブをもって取り組むことも重要です。インセンティブを付与するためには，経営陣の報酬決定の際に，サステナビリティに関する指標を考慮することが有効と考えられます。TOPIX500採用銘柄のうち，「サステナビリティに関する考え方及び取組」において，経営陣の報酬にサステナビリティがインセンティブとして組み込まれていることを示していたのは，全体の13%でした。経営陣の報酬へのサステナビリティ要素の組み込みは，経営戦略としてのサステナビリティへの取り組みを促すことにつながります。また，その内容を開示することによって，サステナビリティ課題に対する企業の本気度を投資家などに伝えることが可能になります。

　例えば，株式会社三井住友フィナンシャルグループは，有価証券報告書でサステナビリティに関するガバナンス体制を示した上で，役員報酬にサステナビリティ要素が組み入れられていることを開示しています。サステナブルファイナンスやGHG排出量といった定量指標や取り組みの定性評価が賞与や株式報酬に反映されていることがわかります。また，サステナビリティに関するインセンティブが全体の何%に当たるのかが開示されていることもポイントであると考えられます。

　ここまで述べた通り，サステナビリティに取り組んでいく上では，まず経営陣はこれが経営課題であることを意識し，直接関わっていくことが必要になります。サステナビリティについて執行，意思決定，監督をする各機関などの役割を整理し，その実効性を担保するためのメンバーやスキル，インセンティブを確保することが重要です。そして，その内容を投資家などに向けて伝えることが求められます。

図表3－5	役員報酬におけるサステナビリティの考慮（株式会社三井住友フィナンシャルグループ）

④ 役員報酬制度

　当社グループは、2020年度より中期業績連動報酬における定性項目の一つとして「ＥＳＧへの取組」を組み入れ、サステナビリティ関連の長期目標の達成度等を役員報酬に反映させたほか、2022年度には単年度業績連動報酬にもＥＳＧ評価を拡大いたしました。具体的には、単年度のＥＳＧへの取組について、社内目標の単年度の達成度及び主要な外部評価機関の評価結果に応じて、社外取締役が過半数を占める報酬委員会で評価を決定し、最大±10%の範囲で単年度業績連動報酬に反映される形に変更いたしました。

　また、2023年4月には、役員報酬制度の中期業績連動型報酬にポートフォリオＧＨＧ（温室効果ガス）排出量や従業員エンゲージメントスコアなどのＥＳＧ定量指標や、環境、従業員、人権などに関する取組への定性評価を組み入れております。

＜役員報酬制度の概要＞

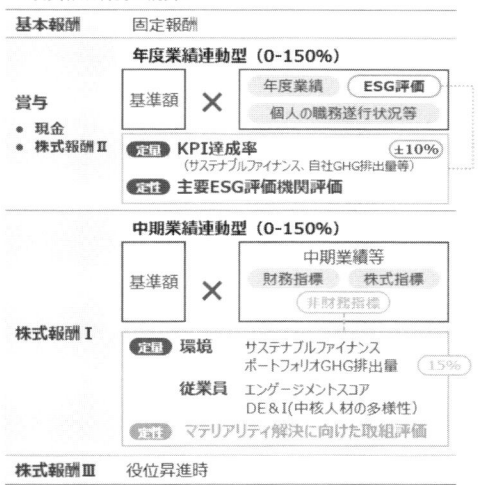

（出所）株式会社三井住友フィナンシャルグループ「2023年3月期　有価証券報告書」より抜粋

第3節　リスク管理のプロセスの構築

1　サステナビリティに関するリスクをどのように特定・評価・管理するか

　第2節で確認したサステナビリティを踏まえた経営を行うためには，自社に

どのようなサステナビリティに係るリスク（もしくは機会）があるのかを把握する必要があります。特定，評価したサステナビリティリスクを反映して，経営陣がサステナビリティに関する戦略や方針を検討するとともに，戦略や方針に沿ってサステナビリティリスクを管理していくことが求められます。

　そのため，まずはサステナビリティリスクを特定・評価・管理するためのプロセスや体制を整えます。なお，ここではあくまでもプロセスや体制について記述するため，詳細な特定・評価・管理の方法については次節以降で述べます。

　サステナビリティリスクを特定するためには，各部署における事業の状況の把握や，サステナビリティに関連するデータの収集などが求められます。また，前提としてサステナビリティ課題への理解が必要です。TCFD 提言をはじめとした様々な開示基準なども参考に，今後どのような外部環境の変化が予想され，自社の事業においてそれらの変化がどういったリスクをもたらすのかを洗い出していきます。

　サステナビリティリスクを洗い出した後には，その中でも特に企業に重要な影響を及ぼすものがどれなのか，各リスクを評価する必要があります。リスク評価を行う際には，収集したデータに基づいてシナリオ分析を行い，財務に与える影響を算定したり，一定の基準を設定したりした上でそれに沿って影響度を測ることなどが考えられます。

　評価を踏まえて，重要なサステナビリティリスクについては適切な対応を行っていくことが求められます。サステナビリティへの取り組みに関する意思決定や有効性を図る指標，目標の設定，その進捗の確認といったリスク管理を実施し，取締役会に報告するといったプロセスが想定されます。

　こうしたプロセスについては，多くの企業が既に開示を進めています。TOPIX500採用銘柄のうち，63％がリスクの特定・評価のプロセスを，70％がリスクの管理のプロセスを開示していました。プロセスは企業によって異なりますが，主に対応している機関や部署としては，リスクマネジメントに関わる委員会を挙げている企業が36％，サステナビリティに関わる委員会を挙げている企業が44％であり，両方の委員会が連携していることを示している企業も複数見られました。また，そのほかにも，リスク管理を担当する部署やサステナビリティを担当する部署が主に対応すると開示している企業も少数ですが見ら

れました。

　企業ごとに適切な体制を選択するものであり，正解はありません。ただし，リスクの特定の際の事業の把握やデータ収集，リスクへの対応の各部署への落とし込みなどについて横串を刺して対応をしつつ，重要性の判断やリスクに対する意思決定といったトップの目線も反映できることが望ましいものと考えられます。

2 企業全体におけるリスク管理とサステナビリティに関するリスク管理の関係

　1ではサステナビリティに関するリスク管理のプロセスや体制について説明しましたが，サステナビリティに関するリスクは企業における多くのリスクの一つです。もちろん，企業ではサステナビリティに限らない企業全体のリスク管理のためのプロセスや体制が存在するものと思われます。そうした企業全体のリスク管理とサステナビリティに関するリスク管理がどの程度，どのように関係しているのかを開示することは，投資家がそれぞれのリスクに対する管理状況を理解する上で必要な情報です。

　TOPIX500採用銘柄のうち46%の企業が，企業全体のリスク管理とサステナビリティに関するリスク管理の関係について開示していました。サステナビリティリスクを他のリスクと同様のプロセスや体制で管理している企業，サステナビリティリスクについてはサステナビリティ委員会が別個に対応している企業など，管理の方法は様々見られました。企業全体におけるリスク管理とサステナビリティに関するリスク管理の関係については，さらなる開示の拡充が望まれます。

　例えば，アルフレッサホールディングス株式会社は，有価証券報告書において TCFD 提言に基づく気候変動に関する情報を開示しており，その中でリスクマネジメントについて記載しています。1．情報収集，2．リスク・機会の評価・特定，3．リスク管理の取り組み推進・進捗管理，4．取締役会への報告，というリスクマネジメントのプロセスを設定しており，これを繰り返すことで気候変動リスクに対応しています。TCFD 分科会が情報収集やリスク・

> **図表3－6**　気候関連リスクのマネジメントプロセス（アルフレッサホールディングス株式会社）

(4)　TCFDに基づく情報開示

　　アルフレッサグループにとって、気候変動はサステナビリティ経営に影響を及ぼす重要課題の一つであり、気候関連財務情報開示タスクフォース（TCFD）の提言にある枠組みで取り組みを推進しております。

①　ガバナンス

　　当社グループは気候変動に関連する戦略の立案・推進・モニタリングの実施および情報開示の充実のため、2022年5月、CSR推進委員会の下部組織としてTCFD分科会を設置いたしました。TCFD分科会は、グループのリスクマネジメントを統轄するコンプライアンス・リスクマネジメント会議と連携し、気候関連のリスクと機会の特定・重要性評価・対策の推進・モニタリングを実施いたします。その内容や進捗は、定期的（年2回）に取締役会に報告しております。

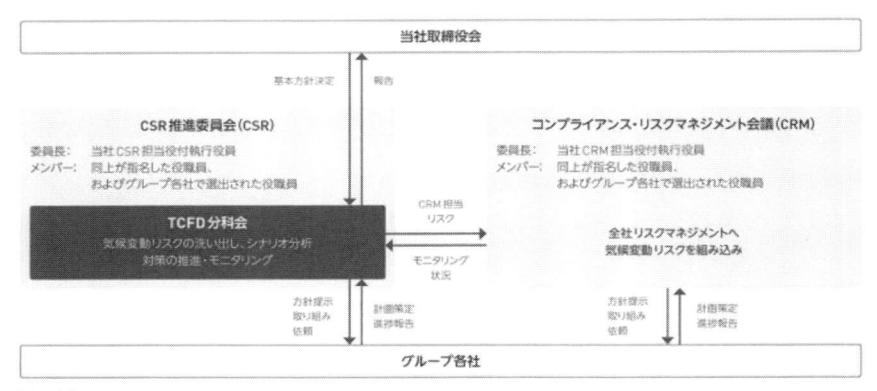

(中略)

③　リスクマネジメント

　　2021年度、当社グループにおいて、気候関連のリスクを評価・特定し、マネジメントするプロセスの設定を行い、このプロセスをアルフレッサグループとしての総合的なリスクマネジメントにどのように統合するべきか、検討を行いました。今後は情報収集、リスク・機会の評価・特定、リスク管理の取り組み推進・進捗管理および取締役会への報告のプロセスを繰り返して、気候変動に関する事業活動への影響に対応いたします。

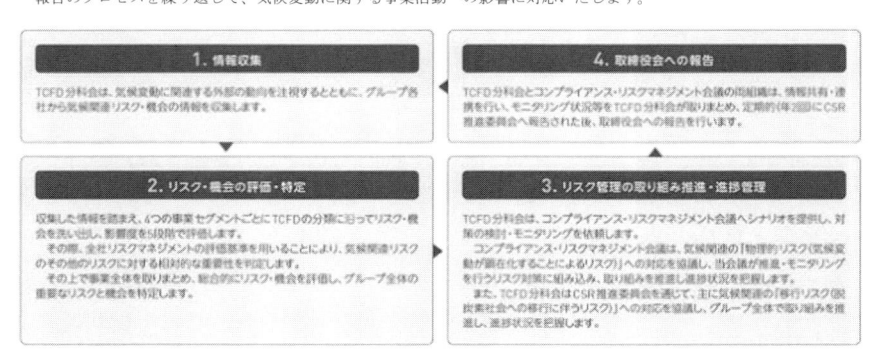

（出所）アルフレッサホールディングス株式会社「2023年3月期　有価証券報告書」より抜粋

機会の評価・特定を行っていますが，その際には全社リスクマネジメントの評価基準を使用して，気候変動リスクとそのほかのリスクの相対的な重要性を特定しています。また，対策の検討やモニタリング，取締役会への報告においては，グループのリスクマネジメントを統轄しているコンプライアンス・リスクマネジメント会議と連携していることがわかります。このように，全社リスクマネジメントに気候変動リスクを組み込んでいます。具体的なリスク管理のプロセスや体制，企業全体のリスク管理との関係がわかるような開示と考えられます。

第4節　ビジネスモデルにおけるサステナビリティ課題

1　ビジネスモデルの整理

(1)　企業はどのように価値創造をするのか

　第3節で述べた通り，企業がサステナビリティへの対応を検討していく上では，自社の事業の中でどのようなサステナビリティに係るリスク（もしくは機会）があるのかを考える必要があります。そのためには，具体的に自社がどのような事業を行っているのか，ビジネスモデルを特定しなければなりません。

　ビジネスモデルとは，企業が事業活動を通じてどのように価値を創造しているのか，そのプロセスや構造のことを指します。こうしたビジネスモデル，もしくは価値創造プロセスを理解する上で参考になり得るものとして，例えばIIRC（国際統合報告評議会，現在はISSBに統合済み）が2013年に公表した「国際統合報告フレームワーク」が挙げられます。

　国際統合報告フレームワークは，企業が長期的に価値創造をどのように行っていくのかを投資家などに対して説明するための「統合報告書」に関する原則や内容を示しています。わが国でも多くの企業が統合報告書を作成しており，価値創造プロセスについて記載しています。

　統合報告書では，企業が外部環境（市場動向，経済状況，環境・社会課題など）を踏まえて，財務資本，製造資本（建物，設備，インフラなど），知的資本，

人的資本，社会・関係資本（各種ステークホルダーとの関係など），自然資本といったような様々な資本を通じてどのように価値創造をしているのかを示します。

　価値創造に向けたプロセスとして，企業はまず様々な資本を「インプット」として用いて「事業活動」を行います。こうした事業活動を通じて製品やサービスといった「アウトプット」を生み出します。そして，このアウトプットによる結果として，企業は内部・外部の資本に対して「アウトカム」を生じさせます。例えば，製品・サービスの販売によって獲得する利益（財務資本）や企業の評判の向上（社会・関係資本）がこれに該当します。なお，アウトプットやアウトカムにはプラスのものだけではなくマイナスのものもあり，例えば製品の製造に伴って GHG の排出というアウトプットが生じ，これによって環境破壊（自然資本）というアウトカムがもたらされるということも考えられます。

　企業はこのように自社，もしくは外部に対してどのように価値を創造しているのかのサイクルを考えることによって，その過程においてどのようなサステナビリティリスクがあるのかを把握することが可能になります。

(2) パーパス経営との関係

　近年，企業経営において，「パーパス」が注目されるようになってきています。この文脈におけるパーパスとは，企業の存在意義や事業の目的などを指します。企業が自社の存在意義を明確化し，経営方針などに反映することを「パーパス経営」といいます。

　パーパス経営とサステナビリティは大きく関係しています。パーパスを軸にした経営を行うことは，様々なステークホルダーに対する自社の影響を捉え，どのようなことが自社に要請されているのか，存在意義を改めて考えることになります。パーパスを定めることは社会における自社の役割を理解し，事業活動の方向性を確立することにつながります。そして，社会からの要請に応えていくことで，企業は自社だけではなく，社会の持続性に対して貢献していくことができます。

　一方，サステナビリティ経営では，サステナビリティリスクが自社に与える影響，もしくは自社が環境・社会に与える影響を考慮した上で，中長期的な価

値向上，持続的な成長を実現することを目指します。特に，自社が環境・社会に与える影響を考えることは，パーパスを定めることにもつながります。また，サステナビリティとパーパスはどちらも短期的ではなく，中長期的な視点に基づいたものといえます。

　SDGsへの注目度の高まりとともに，サステナビリティ経営が広がっていき，パーパスの見直しや特定を行う企業が増えています。有価証券報告書におけるサステナビリティ情報の開示でもTOPIX500採用銘柄のうち51％が，パーパスやそれに近い企業理念，ビジョン（将来あるべき姿）について記載していました。パーパスなどを踏まえてサステナビリティにどのように取り組んでいくのかを投資家などに向けて示すことが重要です。

TOPIC　人的資本とパーパス経営

　81ページで示した通り，有価証券報告書で人材の育成，社内環境整備に関する方針，それらに係る指標・目標・実績の開示が求められていますが，人的資本を意識した経営ともパーパスは関連しています。

　企業の存在意義であるパーパスやこれに基づく経営方針を明確化することは，自社にとってどのような人材が必要であるのかを明らかにし，そうした人材を育成・獲得・維持するための取り組みや環境整備の方向性を深耕することにつながります。

　また，従業員の間で自社のパーパスが共有されていることで，自身の働きが社会にどのように貢献しているのかの理解を深めるとともに，パーパスに共感する従業員が集まることによって，企業への帰属意識ややりがいを高めることになります。パーパスに向けて従業員が一体となって動くことで，人的資本に関する方針と経営戦略が連動し，企業の持続的な成長を実現することが可能になると考えられます。

　例えば，王子ホールディングス株式会社は，「森林を健全に育て，その森林資源を活かした製品を創造し，社会に届けることで，希望あふれる地球の未来の実現に向け，時代を動かしていく」という存在意義（パーパス）を策定しています。そして，人材理念においては従業員がパーパスや経営理念，経営戦略を理解し，実践していくことを求めています（図表3-7）。

図表3－7 企業理念と人材戦略（王子ホールディングス株式会社）

（2）人的資本に関する戦略（人材育成方針、社内環境整備方針）及び具体的な取組

　王子グループは、グローバル企業として「領域をこえ　未来へ」歩むとともに、「成長から進化」を目指し、経営理念・存在意義（パーパス）・経営戦略（長期ビジョンを含む）を実践していきます。

　これらを実践していく上で、また、世の中に求められる企業として存続していくために、最も重要な要素は、「人」であると考え、「企業の力の源泉は人材（人的資本）にあり」という大原則の下、王子グループ人材理念に従って、人材確保、人材育成に取り組んでいます。

　王子グループ人材理念として、まず、従業員一人ひとりに、高い倫理観を持つことを求めています。その上で、経営理念・存在意義・経営戦略を理解し、実践すること、変革意識を持ち挑戦すること、自己を研鑽し、組織の成長・進化に貢献すること、そして、世界を意識して行動することを求めています。

　人的資本強化における目指す姿は、この王子グループ人材理念を体現する人材の確保、育成になりますが、その大前提となるものが、「コンプライアンス・安全・環境の徹底」、「人権の尊重、インクルージョン＆ダイバーシティ」、「人材活用（実力主義に基づく公正な処遇とエンゲージメント向上）」であり、この3つこそが、人材育成、社内環境整備方針の基盤となります。

　この3つの基盤をしっかりと整えた上で、従業員一人ひとりの意識（行動）の改革や、管理職による部下の成長・進化を促すマネジメントを通じ、多様な人材の能力開発・キャリア形成及びワークライフマネジメント向上を促していきます。

　これらにより、価値創造の源泉となる従業員一人ひとりが活躍し、能力を最大限に発揮することや、従業員の多様な価値観・発想からクリエイティブな成果を通じてイノベーションを実現させることで、王子グループ人材理念を体現する人材の確保、育成に繋がり、この一人ひとりの人材が、経営理念、存在意義（パーパス）、経営戦略（長期ビジョンを含む）を実践することで、持続的な企業価値の向上を目指していきます。

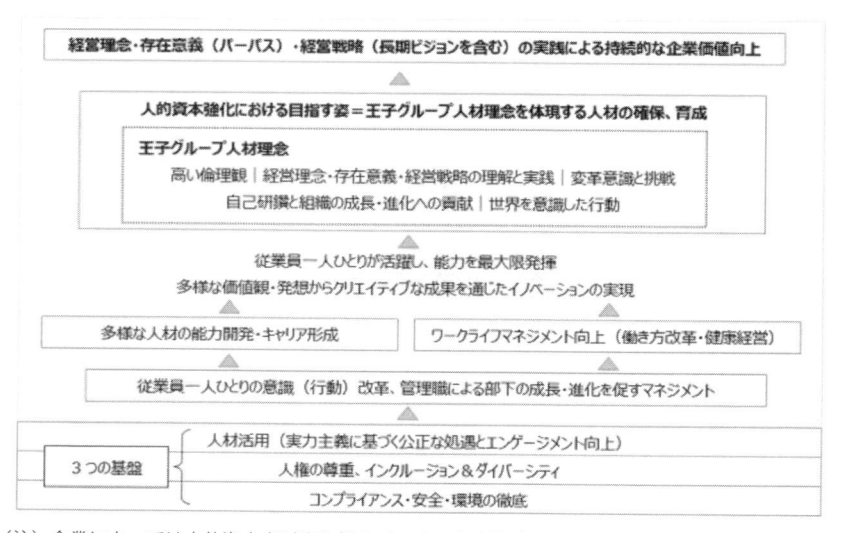

（注）企業によっては人的資本を財産と捉えていることを強く示すため，「人財」という表現をする場合もある。王子ホールディングス株式会社も「2024年3月期 有価証券報告書」からは「人材」の記載を「人財」と変更している。

（出所）王子ホールディングス株式会社「2023年3月期　有価証券報告書」より抜粋

(3)　ビジネスモデルに関する開示

　ビジネスモデルに関する開示例として，第一三共株式会社は有価証券報告書の「サステナビリティに関する考え方及び取組」において，ESG 経営を推進していくことを示すとともに，**図表 3 − 8** のような価値創造プロセスを参照しています。社会からの多様な要請に応えるために，社内外の様々な経営資本を投入して事業活動を行っています。また，事業活動は，パーパスである「世界中の人々の健康で豊かな生活に貢献する」の実現に向けて，強みを活かして行われています。これにより，アウトプットとして「多様な医療ニーズに応える医薬品」，「環境負荷の低減」，「多様な人材の活躍」が生み出されています。アウトプットの結果として，各種のステークホルダーに対して様々な貢献や価値提供がなされます（アウトカム）。こうした価値創造プロセスを循環させることによって，企業と社会の持続的成長を両立させることができるという考えが開示されています。

| 図表 3 − 8 | 価値創造プロセス（第一三共株式会社） |

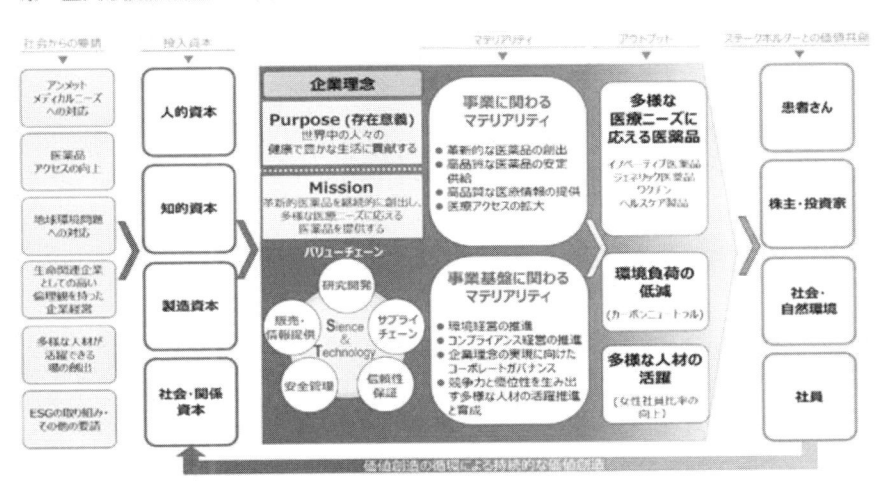

（出所）第一三共株式会社「2023年 3 月期　有価証券報告書」より抜粋

2 ┃バリュー・チェーンの把握

　企業が価値創造を行うプロセスは，企業単体で完結するものではありません。アウトプットやアウトカムは，原材料の調達，製造，在庫管理，配送，販売，消費といったバリュー・チェーンを通じて生み出されるものであり，様々な地域における取引先企業や消費者など，広いステークホルダーと関係しています。

　サステナビリティリスクを特定する上でも，バリュー・チェーンの観点は重要です。環境への負荷や人権侵害をはじめとした企業のサステナビリティ課題は，ある企業単体が関連しているのではなく，バリュー・チェーンの様々なポイントで生じ得るものです。そのため，サステナビリティへの対応も自社だけではなく，バリュー・チェーン全体で行っていきます。

　例として，取引先に対するサステナビリティに関するガイドラインや方針を設定している企業が見られます。こうした取り組みは，自社，バリュー・チェーン，ひいては社会全体の持続可能性を高めることにつながります。

　また，サステナビリティに関する情報開示においてもバリュー・チェーンは重要なポイントとなります。サステナビリティ情報の開示基準では，自社だけではなくバリュー・チェーンも含めた情報の開示が求められる場合も少なくありません。

　TCFD提言では，気候変動リスクが企業の事業や財務に与える影響を開示する際には，バリュー・チェーンに対する影響も考慮すべきとされています。

　また，第4章で説明するISSB（国際サステナビリティ基準審議会）の基準や，わが国のSSBJ（サステナビリティ基準委員会）の基準案でも，バリュー・チェーンにおけるサステナビリティに関するリスクやその影響を開示することが求められています。ただし，バリュー・チェーンの全てのサステナビリティに関するリスクを網羅して開示する必要はなく，重要性やコストに鑑みて開示をすることになると考えられます。

　以上を踏まえ，ビジネスモデルや価値創造プロセスを整理する際には，バリュー・チェーンを把握することが必要であると考えられます。

3 ▎サステナビリティに関するリスクの特定

(1)　サステナビリティリスクの洗い出し

　ビジネスモデルを整理することで，その中においてどのようなサステナビリティに関するリスクがあるのか，洗い出すことが可能になります。例えば，投入資産（インプット）に農作物のような自然資本がある場合は，気候変動によってその農作物が調達できなくなるリスクが考えられます。また，海面が上昇した場合には，これまでと同じ場所での事業活動を行うことができなくなるリスクがあります。さらに，消費者における脱炭素の意識が高まることによって，多くの GHG を排出する製品やサービスは購入されず，利益をもたらさなくなることも考えられます。

　自社にどのようなリスクがあるのかを洗い出すためには，社外（世間一般）においてどのようなサステナビリティ課題，サステナビリティテーマが注目されているのかも，理解する必要があります。加えて，各種課題・テーマが自社と関係するか否かを検討するために，外部環境を分析していくことが求められます。

　ただし，サステナビリティ課題は多岐にわたり，それら全ての理解には困難が伴います。例えば89ページ「TOPIC」で示したような，機関投資家における重要な ESG 課題を出発点として自社のリスクを検討していくことが考えられます。サステナビリティ情報の開示基準を参考にすることも可能です。具体的には，TCFD 提言のような気候変動を対象としたものをもとに気候変動に関するリスクを検討することが考えられます。

　また，GRI スタンダードはサステナビリティ全般に関する情報の開示基準であり，調達慣行や腐敗防止といった経済に関する項目，エネルギー，水，生物多様性，廃棄物といった環境に関する項目，雇用，ダイバーシティ，顧客プライバシーといった社会に関する項目に係る開示をそれぞれ求めています。こうした内容を参考に，どのようなテーマがあるのか，テーマごとに想定し得るリスクは何かを考えていくことが推奨されます。

　洗い出したリスクについては，第5節で後述する通り，重要性の評価を行い

ます。特に重要性が高いリスクは，投資家などに向けて内容や対策を開示します。第1節（89ページ）で説明した通り，TOPIX500採用銘柄の多くは気候変動に関する情報開示を主に行っており，リスクも気候変動に関するものが中心です。しかし，企業におけるリスクは気候変動に関するものには限定されません。今後，投資家などのニーズが拡大し，企業におけるサステナビリティへの理解がさらに深まっていくことによって，開示されるリスクの幅も広がっていくことが予想されます。

(2)　財務上のリスクと外部環境に与えるリスク

　企業のサステナビリティに関するリスクには，環境や社会の変化が自社の財務状況などに与える影響によるリスク（財務上のリスク）と，自社の活動が環境や社会に与える影響によるリスク（外部環境におけるリスク）の二つがあります（詳しくは41ページを参照）。リスクを洗い出す上では，この観点を持つことが有効です。

　ただし，二つのリスクは別個のものではなく，連動するものである場合が多いといえます。例えば，事業活動においてGHGを多く排出してしまっていることは，将来的に炭素税が導入された場合に多くのコストがかかるという財務上のリスクであると同時に，環境に負荷を与えることに伴う外部環境におけるリスクでもあります。また，製造過程で汚染物質を排出してしまうことで外部環境におけるリスクが生じるとともに，それによって企業の評判が落ち，財務上のリスクにつながることも考えられます。

　明確な区別ができないのであれば，二つのリスクを分けて考える必要はないのではないか，と思う方もいらっしゃるかもしれません。しかし，筆者は両者の相互の関係を十分に理解した上でリスクを洗い出すことで，より広く，多面的にリスクを把握することが可能になると考えます。また，開示の際にも，開示対象に応じて，柔軟に一つの事象について説明することができるのではないでしょうか。

第5節　シナリオ分析などに基づくサステナビリティリスクの評価

1 マテリアリティ（重要課題）の特定

(1) 企業が考える重要課題

　第1章第2節（41ページ）で，マテリアリティは「重要性」を意味し，開示するサステナビリティ情報を判断するための基準となると説明しました。しかし，企業のサステナビリティ課題に関する文脈では，マテリアリティは企業にとっての「重要課題」を意味し，企業における様々なサステナビリティ課題の中でも特に優先的に取り組むべき重要性の高いものを指します。同じ用語で使い方が違うため，「マテリアリティ」という用語が使われている際には，どちらを指しているのかに気を付ける必要があります。本書では，重要課題を意味するマテリアリティについては，マテリアリティ（重要課題）と表記します。

　なお，多くの場合，マテリアリティ（重要課題）は例えば「気候変動」や「人権」のような企業が取り組む大きなサステナビリティテーマを指すのであり，「気候変動による海面上昇に伴う工場移転のリスク」といった個々のリスクを指すものではありません。

　企業は第4節で洗い出したサステナビリティリスク（もしくはその上位にある大きなサステナビリティテーマ）のうち，特にどのリスクが優先的に対応すべき「マテリアリティ（重要課題）」なのかを特定します。そのためには，それぞれのサステナビリティリスクやサステナビリティテーマの重要性を評価する基準が必要となります。また，評価に関連して，サステナビリティテーマの中における個別のリスクについても，重要性を評価して対応を検討していくことが求められます。

　TOPIX500採用銘柄のうち，62%が有価証券報告書でマテリアリティ（重要課題）について開示していました。既に多くの企業が開示していますが，さらなる開示が期待されます。

　第5節では，こうしたサステナビリティリスクの評価に関して，1でマテリアリティ（重要課題）の特定について，2で個別のリスクの評価，特に気候変

動に関するシナリオ分析について説明します。

(2) マテリアリティ（重要課題）をどのように特定するのか

マテリアリティ（重要課題）の特定のプロセスは企業によって異なりますが，重要なのはパーパスや経営理念，経営陣の視点が反映されていることです（パーパスについて，詳しくは104ページを参照）。(1)で述べた通り，マテリアリティ（重要課題）は企業が特に優先的に取り組むべきことです。企業が他の課題と比べて優先的に取り組むということは，その課題を解決することが企業の存在意義，経営理念，持続的な成長の実現につながるはずであると考えられます。

つまり，既に第2節で説明したことと重なりますが，マテリアリティ（重要課題）の特定は経営に係る判断であり，経営陣が直接関わる必要があるものです。そのため，詳細なプロセスは企業によって異なり得ますが，マテリアリティ（重要課題）の特定は，取締役会や代表取締役が参加するサステナビリティ委員会などで議論されるものであるべきと考えられます。そして，経営戦略・経営計画等に反映した上で取り組んでいくことが想定されます。

マテリアリティ（重要課題）を特定する上では，各課題の重要性を評価する必要があります。この評価基準には様々な軸が考えられます。例えば，財務的観点から，自社の事業活動への影響の大きさに鑑みて評価することが挙げられます。また，ダブルマテリアリティ（詳しくは41ページを参照）の考え方を採用して，自社の事業活動が環境や社会に与える影響の大きさを併せて考慮している企業も見られます。ほかにも，影響が生じるまでの期間を踏まえることもできます。こうした様々な軸に基づいて，どの課題が自社のパーパスや経営理念の実現のために重要なのかを検討していくことが求められます。

特定したマテリアリティ（重要課題）を開示することも大きなポイントです。企業においてどのような課題が重要であるのか，経営戦略に組み込まれているのか，その対応がパーパスや企業理念の実現や企業価値の向上につながるのかといったことの理解は，投資家などの意思決定に資するものになります。さらに，特定のプロセスや基準を開示することで，経営者の考えと整合的であることを示すことができます。

　例えば，伊藤忠商事株式会社は有価証券報告書（2023年3月期）において，「社会影響と事業影響という2つの観点から7項目のマテリアリティ（サステナビリティ上の重要課題）を特定しました」と記載しています。また，マテリアリティの特定のプロセスの詳細については「ESGレポート2022」を参照先として紹介しています。「ESGレポート2022」を確認すると，より具体的なプロセスを理解することができます（**図表3－9**）。上記2つの観点から，経営哲学，企業理念を踏まえ，持続的成長のために優先的に取り組むべき課題を特定した上で，サステナビリティアドバイザリーボードにおいて社外有識者によるレビューや意見交換が行われています。さらに，CAO（Chief Administrative Officer）が議長であるサステナビリティ委員会で議論され，CEO（Chief Executive Officer）が議長である取締役会で決定されています。さらに，有価証券報告書では，7つのマテリアリティ（重要課題）の中での個別のリスクや機会が挙げられています（**図表3－10**）。

図表3－9　マテリアリティの特定のプロセス（伊藤忠商事株式会社）

取組み：マテリアリティの選定・レビュープロセス

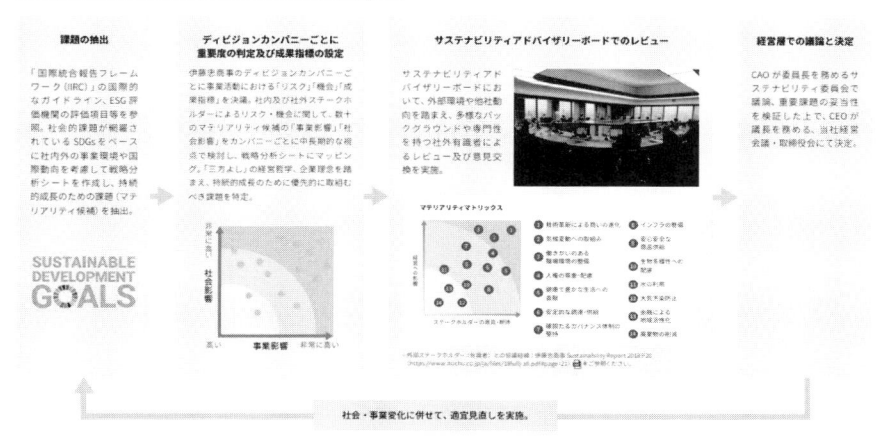

（出所）伊藤忠商事株式会社「ESGレポート2022」より抜粋

図表3－10	マテリアリティごとのリスクと機会（伊藤忠商事株式会社）

マテリアリティごとのリスクと機会

マテリアリティ	リスク	機会
技術革新による商いの進化	・IoT、AI等、新技術の台頭に伴う既存ビジネスモデルの陳腐化 ・先進国での人手不足や、効率化が遅れている事業での優秀な人材の流出 等	・新市場の創出や、革新性のあるサービスの提供 ・新技術の活用による人的資源や物流の最適化、働き方改革推進による競争力強化 等
気候変動への取組み（脱炭素社会への寄与）	移行リスク ・GHG排出に対する事業規制等による化石燃料需要の減少 物理的リスク ・異常気象（干ばつ、洪水、台風、ハリケーン等）発生増加による事業被害 等	・気候変動の緩和に寄与する、再生可能エネルギー等の事業機会の増加 ・異常気象に適応できる供給体制強化等による顧客維持・獲得 等
働きがいのある職場環境の整備	・適切な対応を実施しない場合の労働生産性の低下、優秀な人材の流出、ビジネスチャンスの逸失、健康関連費用の増加 等	・働きがいのある職場環境の整備による労働生産性の向上、健康力・モチベーションの向上、優秀な人材の確保、変化やビジネスチャンスへの対応力強化 等
人権の尊重・配慮	・広域化する事業活動での人権問題発生に伴う事業遅延や継続リスク ・提供する社会インフラサービスの不備による信用力低下 等	・地域社会との共生による事業の安定化や優秀な人材確保 ・サプライチェーン人権への配慮、労働環境の改善に伴う安全かつ安定的な商品供給体制の構築 等
健康で豊かな生活への貢献	・消費者やサービス利用者の安全や健康問題発生時の信用力低下 ・政策変更に基づく、市場や社会保障制度の不安定化による事業影響 等	・食の安全・安心や健康増進の需要増加 ・個人消費の拡大やインターネットの普及に伴う情報・金融・物流サービスの拡大 等
安定的な調達・供給	・環境問題の発生及び地域社会と関係悪化に伴う反対運動の発生による影響 ・主に生活消費分野での低価格化競争の発生による産業全体の構造的な疲弊 等	・新興国の人口増及び生活水準向上による資源需要の増加 ・環境に配慮した資源や素材の安定供給による顧客の信頼獲得や新規事業創出 等
確固たるガバナンス体制の堅持	・コーポレート・ガバナンス、内部統制の機能不全に伴う事業継続リスク、予期せぬ損失の発生 等	・強固なガバナンス体制の確立による意思決定の透明性の向上、変化への適切な対応、安定的な成長基盤の確立 等

（出所）伊藤忠商事株式会社「2023年3月期　有価証券報告書」より抜粋

2 ┃ シナリオ分析

(1)　シナリオ分析とは

　第4節で洗い出したサステナビリティリスクを評価することで，個別のリスクについて優先順位付けをすることができます。リスク評価の方法は多岐にわたりますが，その一つとして，シナリオ分析を利用することが考えられます。

　シナリオ分析とは，起こり得る将来のシナリオを想像し，それぞれのシナリオにおける自社のサステナビリティリスクやそれによる影響を考え，対応を検討することを指します。シナリオ分析を行い，複数のシナリオに備えた対応を経営戦略に組み込むことによって，企業は将来想定されるリスクに対してレジリエンス（耐久性）を高めることができます。

　シナリオ分析は特に，気候変動に関して実施されているケースが多く，TCFD提言やISSBの気候変動に関する基準でもシナリオ分析に関する開示が求められています。有価証券報告書におけるサステナビリティに関するリスクの開示でも，多くの企業がシナリオ分析に基づく気候変動に関するものを挙げていました。TOPIX500採用銘柄のうち，75%が有価証券報告書においてシナリオ分析について記載しており，72%が具体的なリスクや機会を開示していました。また，40%が財務への影響度の大きさを示していました。影響度については，具体的な額を記載している企業のほか，「大」，「中」，「小」といった影響の程度で表している企業も見られました。もちろん定量的な情報が投資家などが分析をする上で有用な情報となります。ただし，(3)で後述する通り全てのリスクや機会を定量化することは困難であるため，定性的な説明とともに程度で示すこともあります。投資家などにとって財務に係る部分は関心が高いため，少なくとも，何らかの形で影響の大きさを伝えることが重要であると考えられます。

　ここでは，気候変動にフォーカスして，シナリオ分析やそれに基づく重要度の評価について説明します。

(2) シナリオの選択

　シナリオ分析を行うためには，将来起こり得るシナリオを想定する必要があります。第4節で特定した各種のリスクや機会について，どのような・どの程度の・どの時間軸で影響が考えられるのかを複数のシナリオに基づいて評価していきます。

　そのため，どのようなシナリオを用いるのかを選択することになります。選択の際には，企業がゼロからシナリオを考えるのではなく，業界団体や国際機関など外部団体が作成したシナリオを参照することが一般的です。TOPIX500採用銘柄のうち，<u>44％</u>が有価証券報告書において利用したシナリオに関する情報を開示しており，そのほとんどが外部で作成されたシナリオを利用していることを示していました。

　特に多く使われているシナリオとして，IPCC（気候変動に関する政府間パネル）のシナリオとIEA（国際エネルギー機関）のシナリオが挙げられます。前者については，2013年から2014年にかけて公表されたAR5（第5次評価報告書）で示されたRCPシナリオ（代表的濃度経路シナリオ）が広く使われています。RCPシナリオは将来のGHGの濃度とそこに至るまでの経路に応じてRCP2.6，RCP4.5，RCP6.0，RCP8.5の4つのシナリオがあり，数値が大きいほど地球温暖化に関する影響が大きいことを表します。各シナリオにおける気温の変化や海面の上昇，降水量の変化，生態系への影響といった主に物理的リスクに関連するデータについて参考にすることができます。

　また，IPCCは2021年から2023年にかけてAR5に続くAR6（第6次評価報告書）を公表しています。AR6では，SSPシナリオ（共通社会経済経路シナリオ）が示されています。SSPシナリオは人口やGDP，技術発展などの社会経済に関する方向性と，RCPと同様のGHGの濃度などに基づくシナリオとなっています。SSP○－△というように表され，○が社会経済に関するシナリオ，△が温暖化に関する影響の大きさ（放射強制力）を示しています。例えば，SSP5-8.5は，社会経済に関しては化石燃料に依存しており，GHG排出量が多く，地球温暖化に関する影響が非常に大きいようなシナリオとなっています。今後はこのSSPシナリオを利用することも考えられます。

　IEAの多くのシナリオも参考になります。IEAは年ごとに世界のエネルギー

需要やエネルギーミックスについて予測する WEO（World Energy Outlook）を公表しています。この中で，将来あるべき世界に向けて持続可能な開発を行っていくことを想定する SDS（Sustainable Development Scenario），既に公表されている政策を延伸した将来を想定する STEPS（Stated Policies Scenario），2050年までに世界のエネルギー関連の二酸化炭素排出量をネットでゼロにすることを想定する NZE（Net Zero Emissions by 2050 Scenario）などのシナリオが挙げられています。そのほか，ETP（Energy Technology Perspectives）で示されている，世界の平均気温上昇を産業革命前比で2℃，もしくは2℃未満とすることを想定する2DS（2℃ Scenario）やB2DS（Beyond 2℃ Scenario）もあります。IEA のシナリオはエネルギーに関する見通しに加え，技術の発展や政策・規制の変化を織り込んでおり，移行リスクに関連するものとして参考にすることができます。

　こうした多くのシナリオを理解した上で，複数のシナリオを選択することが推奨されます。実際，温度の上昇が1.5℃，2℃，4℃であるようなシナリオを想定し，それぞれのシナリオにおけるリスク・機会やそれに対する取り組み・戦略を開示している企業が見られます。自社が特定したリスク・機会ごとに，それが物理的なものなのか，移行に伴うものなのかによって，参照する外部のシナリオを選択することが有効と考えられます。

(3)　シナリオに基づくリスク・機会による影響の評価

　特定したリスク・機会について，想定したシナリオに基づいて，その評価をします。TCFD 提言では，気候変動による企業への影響をシナリオ分析で評価し，影響への対応策を検討することが求められます。シナリオ分析に基づく評価を行う上では，特定したリスク・機会がどのような経路で企業の財務状況などに影響を与えるのかを想定し，その影響度を測るためにはどのようなデータが必要であるのかを考えることが必要になります。

　わかりやすい例として，将来的に炭素税が導入されることによるコストの上昇というリスクが挙げられます。これは，（企業が排出する GHG）×（排出量あたりの炭素税の額）で計算することができます。そのため，企業の現在の事業活動を進めた場合の GHG 排出量や IEA のシナリオなどを参照した将来の炭

素税の予想をもとに計算をすることが考えられます。対応策を考える際には，企業の脱炭素の計画を勘案することも可能です。

　また，原材料の調達に関するリスクの評価も挙げられます。例として，製品の製造のために木材を原材料として調達している場合に，気候変動に伴う地球温暖化などに伴い，規制が強化されたり品質が変化したりすることでこれまで通りの調達が難しくなる可能性があります。こちらについても，木材の利用状況や IPCC のシナリオを参考に，影響度を算定することが考えられます。

　シナリオ分析による影響の評価は，定量的であることが望ましいですが，全てのリスクを定量的に見ることは困難です。IPCC や IEA のシナリオをもとに，リスクに関する今後のストーリーを想定し，内部・外部有識者からの意見も踏まえて，定性的に重要性を評価することも求められるでしょう。柔軟な対応ができるように，複数のシナリオの理解と適切な選択や，スキルを持った者からヒアリングをするための体制整備などが重要なポイントとなります。

(4)　シナリオ分析の見える化

　サステナビリティに関するリスク・機会の評価や対応策に関連して，まずその評価の過程であるシナリオ分析の中身を投資家などに向けて開示することが重要です。TCFD 提言でも，気候変動に関する影響やレジリエンスを検討する上で考慮されたシナリオを開示すべきとされています。また，第4章で説明する ISSB の基準や SSBJ の基準案においても，使用したシナリオやそのソース，シナリオの選択理由や時間軸などを開示することとされています。こうした内容を開示することによって，投資家などに対してリスク・機会の評価が適切に行われたのかについて根拠のある説明をすることができます。TOPIX500採用銘柄のうち，有価証券報告書でシナリオ分析の実施について記載していたのは75%，利用したシナリオについて記載していたのは全体の44%であり，シナリオ分析の透明化を図っていくことが課題と考えられます。

　例えば，明治ホールディングス株式会社は，有価証券報告書で1.5℃シナリオ，2℃シナリオ，4℃シナリオの3つのシナリオで，気候変動に関するリスクの影響を評価しています。まずは分析の対象範囲として，財務インパクト算出範囲，対象となる原材料，分析の時間軸を示しています。その上で，具体的に特

定した移行リスク，物理的リスクごとに，どのサプライチェーンが関連していて，中期，長期の時点でどれだけの影響があるのかを定量的に示しています。また，主要なものとして，カーボンプライシング導入や電力購入金額の増加といったリスクによる影響額，さらに対応策を実施した場合の影響の削減額について，IEA などのシナリオにおける数値を用いてどのような考えで影響額を算出したのかが具体的にわかるような開示をしています。シナリオ分析の結果に加えて，そのソースや分析の過程を投資家などに示すことも重要であると考えられます。

図表3－11	シナリオ分析によるリスクの評価（明治ホールディングス株式会社）

3つのシナリオ（1.5℃・2℃・4℃シナリオ）での分析結果の内、1.5℃シナリオと4℃シナリオにおける影響の大きい主要インパクトの分析結果は以下のとおりです。

<分析対象範囲>

事業セグメント	食品	医薬品
財務インパクト算出範囲	当社グループ全体	
対象原材料	主要原材料[乳、カカオ豆、パーム油、砂糖、木材（紙）、鶏卵]	
分析基準年	現状、2030年（中期）、2050年（長期）	

<1.5℃シナリオ（移行リスク）における当社グループへの影響>

気候変動に関わる変化	主要インパクトと具体的な影響	当社グループへの影響		
		関係するサプライチェーン	影響額（億円）	
			2030年	2050年
政府の環境規制の強化	カーボンプライシング負担額の増加	製造	37	80
		調達物流	201	277
再生可能エネルギー普及に向けた電力設備投資の拡大	電力購入金額の増加	製造	20	28

<4℃シナリオ（物理的リスク）における当社グループへの影響>

気候変動に関わる変化	主要インパクトと具体的な影響	当社グループへの影響		
		関係するサプライチェーン	影響額	
			2030年	2050年
台風・豪雨などの激甚化や発生頻度増加	洪水被害による機会損失	製造物流	1拠点あたり約3億円	
気温上昇や水リスクなどによる原材料の生育環境変化	原材料調達コストの増加	調達	－	－

□ 主要インパクトと具体的影響
<1.5℃シナリオ>
・カーボンプライシング導入による影響額（自社）
　2030年は、省エネ活動、創エネ活動、再エネ由来電力の購入などで14億円の削減を図り、37億円のコスト増加を想定しています。2050年は、新たな技術や次世代エネルギーの積極的導入など移行計画（トランジションプラン）に沿った対応策の強化により19億円を削減するものの、現在の技術では2050年にCO_2排出量ゼロが見込めないため、排出量実質ゼロに向けて40億円の排出権購入が必要となり、80億円のコスト増加を想定しています。

単位：億円

取り組み内容	2030年	2050年
対応策未実施のカーボンプライシング負担額	51	59
対応策によるカーボンプライシング削減額	▲14	▲19
CO_2排出量ゼロに向けた排出権購入金額	-	40
合　計	37	80

※1.5℃シナリオにおけるカーボンプライシング導入による影響額については、国際エネルギー機関（ＩＥＡ）のWorld Energy Outlook（ＷＥＯ）2021で公表されているＮＺＥシナリオのカーボンプライス（2030年、2050年）を基に算出しています。

・電力購入金額による影響額（自社）
　2030年は、省エネ活動、創エネ活動などで17億円の削減を図りますが、再エネ由来電力のプレミアム価格によるコスト増加があり、20億円のコスト増加を想定しています。2050年は、同様に28億円のコスト増加を想定しています。

単位：億円

取り組み内容	2030年	2050年
電力単価上昇に伴う増加額	30	88
省エネ活動、創エネ活動等による削減額	▲17	▲71
再エネ由来電力購入に伴う増加額	7	11
合　計	20	28

　なお、現在実施している省エネ活動、創エネ活動、再エネ由来電力の購入などに加え、新たな技術や次世代エネルギーの積極的な導入などを織り込んだ移行計画（トランジションプラン）を策定しました。また、2021年度よりインターナルカーボンプライシング制度（1 t-CO_2当たり5,000円）を導入することで、カーボンプライシング本格導入後の円滑な対応に向けた準備も進めております。
※1.5℃シナリオにおける電力購入金額による影響額は、公益財団法人地球環境産業技術研究機構（ＲＩＴＥ）とＩＥＡ ＷＥＯ2018のＳＤＳシナリオの情報を基に算出しています。

（出所）明治ホールディングス株式会社「2023年3月期　有価証券報告書」より抜粋

第6節 サステナビリティリスクへの対応とモニタリング

1 リスクへの対応と経営戦略への組み込み

(1) 対応策の検討

　企業はサステナビリティに関する重要なリスクから優先して，適切な対応策を取っていくことが求められます。その際には，第5節で説明したシナリオ分析で用いた様々なシナリオに柔軟に対応できるように検討を進めていくことが望ましいと考えられます。

　リスクへの対応策の検討のプロセスは第3節で既に説明した通り，企業によって様々であり，正解はありません（詳しくは99ページを参照）。ただし，本章で何度も述べている通り，サステナビリティは企業が全社的に取り組んでいくものであるため，経営戦略や経営ビジョン，中期経営計画などに組み込まれた上で，各部での取り組みに落とし込まれていくことが適切であると考えます。

　また，サステナビリティ課題は短期的に発生するのではなく中長期的なリスクです。そのため，基本的には企業は起こったリスクに対処するだけではなく，事前に対応するための策を検討し，進めます。だからこそ，各部署がそれぞれに動くのではなく，経営戦略などに基づいて方向性をともにして取り組んでいくことが望ましいと考えられます。

　どのように対応を考えるのかについては，その対象となるリスクや機会によって異なるため，個別に説明することは難しいですが，企業全体の戦略の方向性と合致しているか，現実的に各部署の取り組みに落とし込むことが可能か，対応とその有効性に関するロードマップを想定することができるか，といったことがポイントになります。

　製品の製造に伴うGHGの排出量を削減するために，排出量の多い製品ラインを縮減するのか，排出量の少ない方法に切り替えるのか，経営戦略に鑑みた判断をする必要があります。また，脱炭素に関する取り組みを行っていく上で，技術，コスト，人材など，自社の様々な内情を踏まえて，実現可能であるかを

十分に検討しなければ，その対応策は表面上だけのものとなってしまいかねません。さらに，将来的に発生するリスクについて，顕在化するまでに有効性を発揮する対応策を立てるためには，しっかりと時間軸を考慮することが求められます。こうしたポイントを押さえて，重要なリスクに一つ一つ，実効性のある対応策を考えていくことが望ましいでしょう。

(2)　レジリエンスの説明

　サステナビリティに関するリスクへの対応策を検討する際にはその有効性，つまり対応策を実施した場合にリスクによる影響をどれだけ軽減することができるのか，企業のレジリエンスについて説明できるようにしなければなりません。サステナビリティに関するリスクを特定・評価し，重要性のあるものについてはその影響度とともにどのように対応するのかを開示しますが，対応策の有効性が示されなければ，投資家などの投資判断に資する開示にはならないでしょう。

　例えば，第5節の図表3－11では，明治ホールディングス株式会社が有価証券報告書において，主要なリスクへの対応策を実施した場合における影響額の削減について開示していることを示しました。このように，シナリオの定量的なデータを用いて影響額を算出したリスクについて，企業の対応策による効果を具体的に見積もることができる場合には，それを定量的に示すことは投資家などにとって有用なものと考えられます。

　しかし，リスクによってはその影響額を定量的に測ることができないものがあり，また企業の対応策についても定量化することができないことも考えられます。このような場合でも，シナリオの内容に基づいて，対応策の有効性に関する十分な説明を記載することが望ましいと考えられます。

(3)　サステナビリティリスクに関する企業の開示状況

　企業のサステナビリティリスクについて説明しましたが，ここでTOPIX500採用銘柄における開示状況を，これまで説明したものも含めて確認します（**図表3－12**）。

　まず，マテリアリティに関する開示は全体の<u>62％</u>の企業が行っています。ま

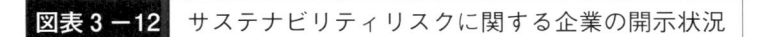

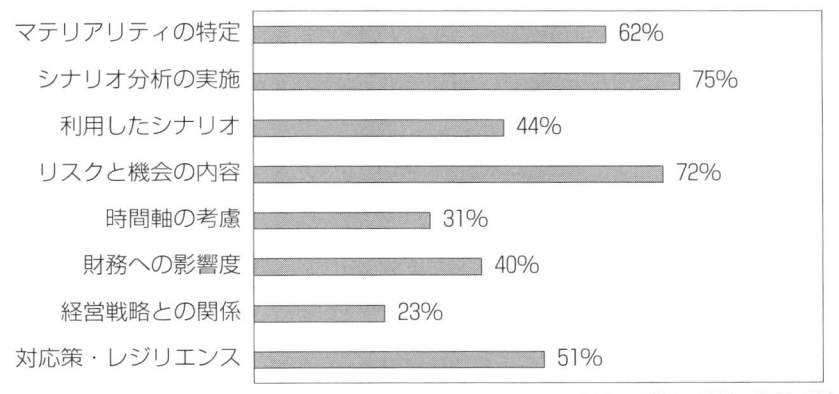

図表3－12　サステナビリティリスクに関する企業の開示状況

- マテリアリティの特定　62%
- シナリオ分析の実施　75%
- 利用したシナリオ　44%
- リスクと機会の内容　72%
- 時間軸の考慮　31%
- 財務への影響度　40%
- 経営戦略との関係　23%
- 対応策・レジリエンス　51%

0% 10% 20% 30% 40% 50% 60% 70% 80% 90% 100%

（出所）各企業の有価証券報告書より大和総研作成

た，全体の72%がどのようなリスクや機会があるのかを示しています。ただし，リスク・機会がいつ顕在化するのかといった時間軸を考慮した開示を行っている企業は31%でした。さらに，それらのリスク・機会が企業の財務状況にどれだけ影響するのかを記載している企業も，40%と限られています。リスク・機会やその対応策は経営戦略と連動していることが重要ですが，この関係性を示している企業は23%とまだ一部です。そのほか，対応策やレジリエンスを開示している企業は51%と全体の半分ほどでした。

　なお，第1節で述べた通り，多くの企業が有価証券報告書においてはサステナビリティに関して気候変動を中心に開示していた（詳しくは89ページを参照）ため，この集計でのリスク・機会は気候変動に関するものが多くを占めています。

　このように，マテリアリティやリスク・機会の特定などの開示は進んでいる一方で，影響の大きさや経営戦略を踏まえた対応策などについては開示が不十分であることが見て取れます。企業内におけるサステナビリティリスクへの対応とその開示がより進むことが期待されます。

　サステナビリティリスク・機会に関する開示の例として，西松建設株式会社

は有価証券報告書で，気候変動についてシナリオ分析を行い，リスク・機会と
その影響を開示しています。採用するシナリオや想定する環境を，移行リスク，

図表3－13	サステナビリティに関するリスク・機会とその対応策の開示（西松建設株式会社）

③戦略

（戦略/シナリオ分析の前提条件）

（採用シナリオ及び分析対象、時間軸）

　当社は、脱炭素社会への移行に伴い不確実性の高い将来を見据え、どのようなビジネス上の課題が顕在し得るかについて、産業革命以前と比較した気温上昇1.5℃と4℃のそれぞれの世界観においてTCFDが提言するシナリオ分析を行いました。シナリオ分析は、当社の主軸の事業である建設事業のほか、アセットバリューアッド事業、地域環境ソリューション事業を対象としており、これには協力会社や材料調達を含めたサプライチェーン全体を

考慮しています。

　また、気候関連リスクは長期間にわたり影響を与える可能性があるため、中期経営計画の年限にあたる2025年度までを「短期」、2026年度〜2030年度までの期間を「中期」、2031年度以降を「長期」と設定しました。

気温上昇推定幅	採用シナリオ	想定した環境	対象事業	分析時間軸（年度）
1.5℃	【移行】IEA NZE	世界の平均気温を産業革命以前の水準から1.5℃で安定させるための道筋を示す。クリーンエネルギー政策と投資が急進し、先進国を他国に先駆けて正味ゼロに到達するシナリオ。	● 建設事業（国内土木・建築、国際）● アセットバリューアッド事業● 地域環境ソリューション事業	短期：2020〜2025中期：2026〜2030長期：2031〜2050
	【物理】SSP 1-2.6	持続可能な発展の下で、産業革命以前の水準から温度上昇を2℃未満に抑える気候政策をとる。21世紀後半にCO₂排出正味ゼロの見込み。低位安定化シナリオ。		
4℃	【移行】IEA STEPS	現段階で各国が表明済みの具体的政策を反映したシナリオ。温度上昇が2℃を超える前提。		
	【物理】SSP5-8.5	化石燃料依存型の発展の下で、気候政策を導入しない高位参照シナリオ。		

（戦略/気候関連リスク及び機会）

気候関連のリスク

リスク分類		リスク内容	影響を受ける期間	該当シナリオ
移行リスク	規制	炭素税の導入（コスト増加）	中/長	1.5℃
	技術	木造専属建築トレンドへの技術対応の遅れ（売上減少）	中/長	1.5℃
		気温上昇に起因する労働力減少→プレキャスト化への対応遅れ（売上減少）	中/長	1.5℃/4℃
物理リスク	慢性	気温上昇に起因する労働生産性低下→工期の長期化に伴う売上機会の損失（売上減少）	中/長	1.5℃/4℃
		気温上昇に起因する労働生産性低下→工事原価の上昇（コスト増加）	中/長	4℃

気候関連の機会

機会分類		機会内容	影響を受ける期間	該当シナリオ
資源効率		保有不動産における脱炭素ニーズ（省エネ化・ZEB化・再エネ化）への対応（売上増加）	短/中/長	1.5℃
		建物のZEB化ニーズの高まり（売上増加）	中/長	1.5℃/4℃
製品およびサービス		再生可能エネルギー関連工事の拡大（売上増加）	中/長	1.5℃
		脱炭素関連事業（太陽光、小水力、木質バイオマス、地熱、バイオガス）の需要増加（売上増加）	短/中/長	1.5℃
		脱炭素関連まちづくり事業（スマートグリッド・蓄電関連技術）の需要増加（売上増加）	中/長	1.5℃
レジリエンス	強靱性	激甚化する自然災害に対する迅速な復旧対応（売上増加）	短/中/長	1.5℃/4℃
		防災、減災関連工事の増加（売上増加）	中/長	1.5℃/4℃

【分析時間軸（年度）】
短期：2020〜2025
中期：2026〜2030
長期：2031〜2050

（戦略/1.5℃シナリオに基づく事業インパクト評価）

　＜ウォーターフォールグラフを用いたインパクト評価＞

　　　2021年度の営業利益をインパクト評価の基点とし、2030年度及び2050年度時点における気候関連リスク及び機会の要素による影響額の増減を表しています。

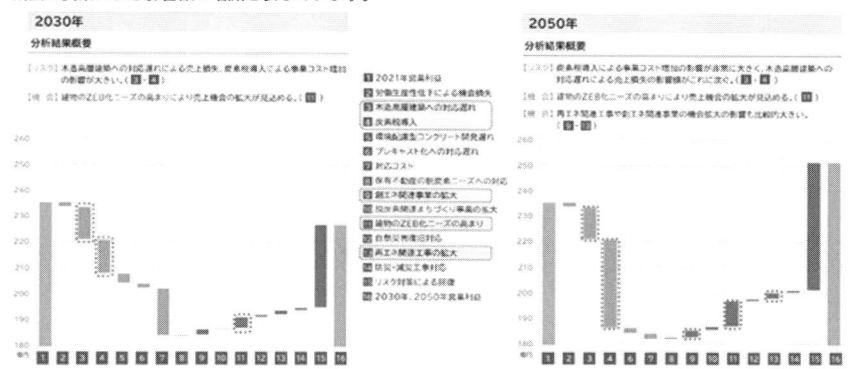

（戦略/4℃シナリオに基づく事業インパクト評価）

　＜ウォーターフォールグラフを用いたインパクト評価＞

　　　2021年度の営業利益をインパクト評価の基点とし、2030年度及び2050年度時点における気候関連リスク及び機会の要素による影響額の増減を表しています

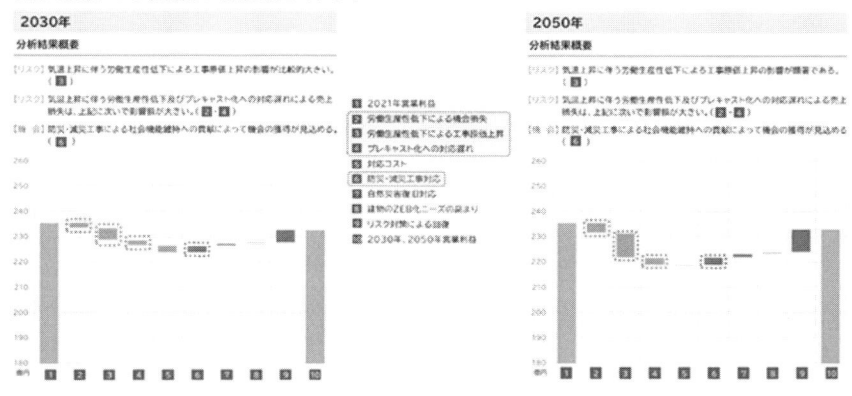

（戦略/事業インパクトへの対応）

　当社は、気候関連の事業インパクトへの対応策を定め、西松-Vision2030、中期経営計画2025にも掲げています。（https://ssl4.eir-parts.net/doc/1820/ir_material_for_fiscal_ym3/131751/00.pdf）

（戦略/シナリオ分析結果）

（出所）西松建設株式会社「2023年3月期　有価証券報告書」より抜粋

物理リスクごとに示しており，また，対象とする事業を「建設事業」，「アセットバリューアッド事業」，「地域環境ソリューション事業」としています。また，リスク・機会による影響の時間軸を中期経営計画などと関連付けていることも見て取れます。シナリオ分析の結果については事業ごとに，影響の内容や財務インパクトを大，中，小で表しているほか，その対応策と中期経営計画や2030年の Vision との関連性についても表の形で開示されています。シナリオ分析の過程や結果，対応策や経営戦略などとの関係がわかりやすい開示が望ましいものと考えられます。

2 ▌指標と目標の設定

(1)　取り組みの進捗をモニタリングするための指標の設定

サステナビリティに関する重要性の高いリスク・機会を特定し，対応策を実施していく際には，その効果を測るための指標を設定することが望ましいといえます。一定の指標に基づいて取り組みの進捗をモニタリングすることによって，企業として進捗状況に応じた行動の改善や方向性の検討を行っていくことができます。

まずはどのような指標を設定するのかを考えます。その際にポイントとなるのは，経営戦略などとの結びつきです。先述のように，サステナビリティに関するリスク・機会への対応策が中期経営計画などに落とし込まれていれば，その計画における目標と対応策の進捗をリンクさせることが可能になります。例えば，GHG 排出量を削減することに貢献するための製品に関する事業を拡大する経営戦略・計画がある場合においては，その取り組みの効果である GHG 排出量の削減貢献量や，取り組みの規模である当該製品の売上高を指標とすることが考えられます。経営者の考える取り組みの目的や企業価値との関係，ステークホルダーへの影響にも鑑み，指標を検討します。

また，指標が定量的か定性的かといった観点もあります。サステナビリティに関する取り組みとその効果は定量化することが難しいものもあり，定性的に表現することも想定されます。その取り組みを行うことでどのような効果が期待されるのか，望ましい状況に近づいているのかを見える化できる指標が求め

られます。

　さらに，企業が設定する指標とは別に，規制や基準などで指標の開示が求められている場合があります。有価証券報告書では女性管理職比率，男性育休取得率,男女間賃金格差といったダイバーシティ指標の開示が求められており（詳しくは68ページを参照），ISSB の気候変動に関する基準では Scope ごとの GHG 排出量や気候変動リスクによる資産への影響額などの開示が求められています（詳しくは146ページを参照）。開示が求められている趣旨を理解し，これらの指標についても重要性に応じて取り組みを進めていくことが求められます。ただし，指標の設定と開示は，規制への表面的な対応にとどまるのではなく，経営戦略等に根付いた取り組みの状況を企業が把握するためのものであり，ステークホルダーからの要請に応えるものでもあることに留意すべきでしょう。

(2)　データ収集の体制整備に向けた課題と対応

　サステナビリティに関する定量的な指標の設定を行う際には，そのデータを収集するための体制の整備やコストの勘案が必要です。しかし，サステナビリティに関するデータの収集は財務情報のように統一された基準がないことも多く，企業においては様々な課題が考えられます。

　経済産業省の「サステナブルな企業価値創造に向けたサステナビリティ関連データの効率的な収集と戦略的活用に関するワーキング・グループ」が2023年7月に公表した中間整理では，サステナビリティ関連データ収集における課題について，アンケートの結果とともにまとめられています。アンケートでは，バリューチェーンの情報収集，業務フローやマニュアルの整備，人材確保などが課題として特に挙げられていました（**図表3－14**）。

　サステナビリティ関連データを収集する上では，まずはそのための体制やフロー，マニュアル等の整備が課題となっているようです。アンケートでは，90％の企業がサステナビリティ関連データを取りまとめる組織体を設置している一方で，そのうち当該組織体と関連部署（財務経理，総務，人事，子会社，事業所等）との連携に改善余地があると答えた企業は85％となっていました。管理体制自体はあるものの，企業全体におけるサステナビリティへの理解や関心が不十分で連携ができていない，もしくはデータに関するシステムなどの体

| 図表3−14 | サステナビリティ関連データ収集における課題 |

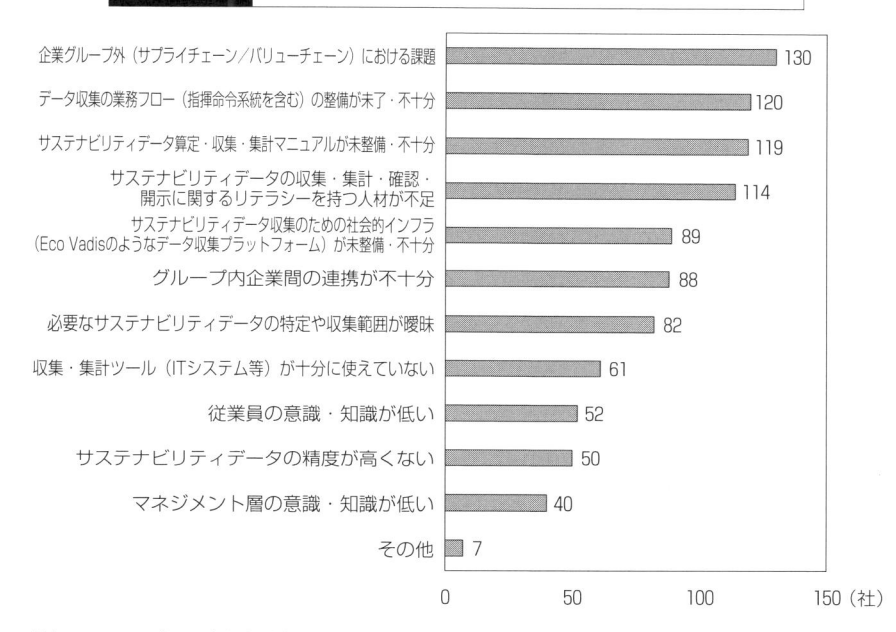

企業グループ外（サプライチェーン／バリューチェーン）における課題　130

データ収集の業務フロー（指揮命令系統を含む）の整備が未了・不十分　120

サステナビリティデータ算定・収集・集計マニュアルが未整備・不十分　119

サステナビリティデータの収集・集計・確認・開示に関するリテラシーを持つ人材が不足　114

サステナビリティデータ収集のための社会的インフラ（Eco Vadisのようなデータ収集プラットフォーム）が未整備・不十分　89

グループ内企業間の連携が不十分　88

必要なサステナビリティデータの特定や収集範囲が曖昧　82

収集・集計ツール（ITシステム等）が十分に使えていない　61

従業員の意識・知識が低い　52

サステナビリティデータの精度が高くない　50

マネジメント層の意識・知識が低い　40

その他　7

0　50　100　150（社）

（注）サステナブルな企業価値創造のためのサステナビリティデータの収集において，課題を認識している分野・項目について，上位5件を選択させたもの。回答社数は200社だが，回答なし，5件回答していない企業もあるため，合計した数値は一致しない。
（出所）経済産業省「サステナビリティ関連データの収集・活用等に関する実態調査のためのアンケート調査結果」（2023年7月）より大和総研作成

系化が進んでいないといった問題点が指摘されていました。また，サステナビリティ関連データの収集などに関するマニュアルを整備していない企業も66％と，全社で統一した取り組みには至っていない企業が多い様子がうかがえます。

　こうした課題に対応するためには，データを取りまとめる組織体（サステナビリティ委員会やサステナビリティ関連部署など）の役割を明確化することに加え，その役割の範囲を拡大し，権限を強化していくことが重要と考えます。データ関連組織体はデータの取りまとめや調整だけではなく，今後はマニュアル，システムの作成やデータの質の確保など，上記の課題への対応を先導するようになっていくことが求められるでしょう。その際には，経営戦略に関連する指標のためのデータが収集されていることが経営陣に適切に報告できるよう

な体制を整備し，データ関連組織体の権限をより明確化することが望ましいと考えられます。

　体制だけではなく，実務的なプロセスも整備します。設定した指標に応じて必要なデータを特定し，そのデータに関連する事業や部署を把握します。それぞれの部署でどのようにデータを算出するのかに係る具体的な手順などを文書化し，統一されたマニュアルとして共有することが求められます。ここにおいてはデータの定義等をそろえることがポイントとなります。さらに，プロセスの内部統制も必要と考えられます。

　データ収集時には，システムの存在も要点となります。「サステナビリティ関連データの収集・活用等に関する実態調査のためのアンケート調査結果」では，約70％が主に表計算ソフト Microsoft Excel を利用しており，自社・他社開発のシステムを主に利用している企業は24％でした。また，ツールに改善の余地を見出す企業も93％と大多数となっており，社内・社外で一貫して利用できるシステムの確立も課題となっています。

　さらに，図表3－14において課題として最上位に挙げられていますが，GHG排出量の Scope 3 をはじめとした様々なデータを，取引先企業を含むバリュー・チェーン（グループ外）から収集することは難しいと考えられています。Scope 3 排出量については，GHG プロトコルやそれを踏まえた環境省のウェブサイト（https://www.env.go.jp/earth/ondanka/supply_chain/gvc/estimate.html）を参考にすることができます。Scope 3 排出量を求めるには，例として原材料の購入先の企業から直接原材料の調達に伴う GHG 排出量のデータ（一次データ）を得るか，活動量×排出量原単位（例えば原材料の購入量×購入した原材料の単位あたりの GHG 排出量）を計算して推定するか，の二つの方法が考えられます。後者については排出量原単位として業界平均等の二次データを利用する場合が多いです。

　現状はバリュー・チェーンにおいて GHG 排出量を把握できていない企業があったり，データ算定の方法の一貫性が取れていないことから，一次データではなく二次データを用いて推定している場合が多いと想定されます。一次データの方が正確性は高いものの，収集先のデータの質やコストが課題となります。上流・下流の企業等と協力して排出量原単位を改善し，より正確な推定を可能

にする，もしくはデータ収集のシステムのバリュー・チェーン内での導入を進め，一次データの収集を容易にしていくといった対応が想定されます。

TOPIC　GHG 排出量の Scope 3

　GHG排出量は，Scope 1，Scope 2，Scope 3 の三つに分けられます。

　Scope 1 とは，企業が自ら所有・管理する排出源から直接排出したGHGのことを指します。企業が製品を作る過程において工場で直接排出したGHGなどがこれに当たります。

　Scope 2 とは，企業が使用した購入電力を発電するために排出されたGHGのことを指します。例えば，企業のオフィスで消費された購入電力の発電に伴うGHGの排出が該当します。

　Scope 3 とは，企業の事業活動によって生じるGHG排出ではあるものの，企業自身が所有・管理していない排出源から発生したもののことを指します。このScope 3 は，15のカテゴリーに分けられます（図表 3 −15）。自社のバリュー・チェーンのどこで排出量が大きいのかを把握するためにも，カテゴリーごとのデータの収集と開示が重要な点となります。ISSBの基準やSSBJの基準案でもカテゴリーごとの開示が求められており，今後さらに対応を進めていくことが期待されます。

図表 3 −15　Scope 3 排出量のカテゴリー

	カテゴリ	算定対象となるGHG排出量
①	購入した製品・サービス	報告年度に調達した原材料・サービスに関する製造等に伴う排出量
②	資本財	報告年度に建設・設置された施設・設備の建設・製造に伴う排出量
③	Scope1,2に含まれない燃料およびエネルギー関連活動	報告年度に自社が使用した電気・熱の製造過程での燃料調達等に伴う排出量
④	輸送，配送（上流）	報告年度に自社から委託した流通に伴う排出量
⑤	事業活動から出る廃棄物	報告年度に自社の事業活動から発生する廃棄物（有価のものは除く）の自社以外での輸送，処理に伴う排出量
⑥	出　張	報告年度に自社が常時使用する従業員の出張等，業務における従業員の移動の際に使用する交通機関における燃料・電力消費に伴う排出量

⑦	雇用者の通勤	報告年度に自社が常時使用する従業員の工場・事業所への通勤時に使用する交通機関における燃料・電力消費に伴う排出量
⑧	リース資産（上流）	報告年度に自社が賃借しているリース資産の操業に伴う排出量
⑨	輸送，配送（下流）	報告年度に製造・販売した製品・サービス等の流通に伴う排出量
⑩	販売した製品の加工	報告年度に製造・販売した製品・サービス等の加工に伴う排出量
⑪	販売した製品の使用	報告年度に製造・販売した製品・サービス等の使用に伴う排出量
⑫	販売した製品の廃棄	報告年度に製造・販売した製品・サービス等の廃棄時の輸送・処理に伴う排出量
⑬	リース資産（下流）	報告年度に自社が賃貸事業者として所有し，他者に賃貸しているリース資産の運用に伴う排出量
⑭	フランチャイズ	報告年度に報告事業者がフランチャイズ主宰者である場合，フランチャイズ加盟者におけるScope1,2の排出量
⑮	投　資	報告年度に投資（株式投資，債券投資，プロジェクトファイナンスなど）の運用に伴う排出量

（出所）環境省（2017）「サプライチェーン排出量算定の考え方」より大和総研作成

　最後に，人材不足も大きな課題です。マンパワー，専門性の両方の観点から，社内はもちろん，バリュー・チェーンにおいても足元では人材の確保は十分ではありません。アンケートでも95％の企業がサステナビリティに関するリテラシーを持つ人材の確保について改善の余地があるとしていました。ここまで見てきたそれぞれの課題に向き合い，取り組みの進捗をモニタリングできる環境を構築していくことが求められます。

(3)　経営ビジョンや経営計画と結び付くサステナビリティ目標
　サステナビリティに関する取り組みについて，指標の設定をするとともに，経営ビジョンや経営戦略，中期経営計画とリンクするものを中心に，当該指標に係る目標を定め，開示することが望ましいでしょう。進捗をモニタリングするだけではなく，ビジョン等の実現のためにはどの程度の取り組みが必要なの

かを明確化することが，企業，投資家の双方にとって有用と考えられます。

　どのようなものを目標の対象とするのかは企業の取り組みや戦略によって異なります。目標値の設定について，企業の過去の取り組みや他社の取り組み状況などの実績をベースとした目標値を設定するか，将来あるべき姿から逆算をして目標値を設定するか，の二つの方法が考えられます。

　前者であれば過去の積み上げをもとにしており，達成の確度が高い目標を設定することができるため，今後の取り組みの方針を立てやすくなります。しかし，実現可能な目標とすることに焦点を当てすぎると，チャレンジングな水準の高い目標を設定しづらく，取り組みが消極的であると投資家などに受け止められかねないというデメリットが考えられます。

　後者であれば企業によっては実現が困難な高い水準の目標値となる可能性がある一方で，投資家などが積極的な評価をしやすい，説得力のあるものとなります。

　実際には，上記の方法のいずれかを選択するのではなく，両者を組み合わせた形になるでしょう。規制や環境などの外部からの要請，経営者の考える方針や経営ビジョン，現在取りうる施策，投資家等の理解しやすさなど，様々な観点から目標の対象や具体的な目標値の設定を行うことが推奨されます。

⑷　サステナビリティ指標・目標を見える化することの重要性

　ここまで，指標と目標の設定について説明しましたが，有価証券報告書におけるサステナビリティに関する指標と目標の開示状況を見てみましょう（なお，88ページで述べた通り，今回は人的資本に関するものは集計対象としていません）。

　TOPIX500採用銘柄は有価証券報告書において，多くの場合は気候変動に関する開示を中心としており，指標と目標に関しても GHG 排出量の開示が多く見受けられました。なお，サステナビリティに関するその他の指標，目標を開示している企業はそれぞれ<u>31%</u>，<u>51%</u>でした。サステナビリティに関する取り組みや戦略の検討に応じて，その進捗をモニタリングするための指標と目標がより幅広くなっていくことが考えられます。

　GHG 排出量については，Scope 1，Scope 2 に比べ，Scope 3 排出量を開示

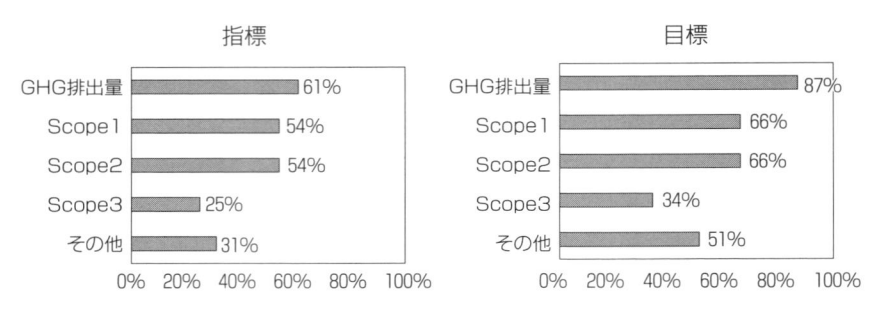

図表3−16　サステナビリティ指標・目標の企業の開示状況

（出所）各企業の有価証券報告書より大和総研作成

している企業は一部に限られました。Scope 3 についてはバリュー・チェーンに関するデータ収集が必要であるため，開示も十分には行われていない状況が見られます。なお，カテゴリーに関する開示をしている企業は12%，原単位を開示している企業は7 %とさらに少なくなっています。

　また，有価証券報告書でのサステナビリティに関する指標と目標の開示では，GHG 排出量を含め目標を開示している企業の方が指標を開示している企業よりも多いという特徴が見られます。統合報告書などの任意開示書類でデータを開示している企業でも，有価証券報告書にはその数値を記載しない場合も多く見受けられました。

　理由を断言することはできませんが，数値データとしてサステナビリティ指標を有価証券報告書で開示することに伴う，当該数値が間違っていた場合の虚偽記載の責任などを不安視している可能性が考えられます。

　しかし，投資家などは目標だけではなく，指標を見ることによって企業の取り組みの進捗を理解することができるため，指標の開示は投資判断において重要な情報です。(2)で述べたデータ収集の体制やプロセスの整備，システムの導入などを進め，指標も有価証券報告書において開示していくことが望ましいといえます。

　アンリツ株式会社は，3ヶ年の中期経営計画である GLP2023において，サステナビリティ目標を掲げており，有価証券報告書において，環境，社会，ガ

バナンスのそれぞれに関する目標とその進捗を開示しています（**図表3－17, 3－18**）。環境に関しては温室効果ガス排出量など，社会に関しては女性や高齢者の活躍推進やサプライチェーン・デューデリジェンスなど，ガバナンスに関しては社外取締役比率などが挙げられています。また，気候変動に関しては2030年までの目標も設定されています。特にGHG排出量については2050年までにカーボンニュートラルを目指すことが宣言されており，中長期の目標がうかがえます。Scope 3 排出量も，特に排出量の多くを占めるカテゴリー 1，カテゴリー 11について削減を図っています。目標に向けた具体的な取り組みの方向性が開示されています。

図表3－17　サステナビリティに関する指標と目標（アンリツ株式会社）

④指標と目標
　当社は、気候変動への対応や人権の尊重、多様性の推進など、社会の持続可能性を阻害するさまざまな課題の解決に向けて、積極的に取り組んでいます。GLP2023では、ESG分野におけるサステナビリティ目標を策定し、取り組みを進めています。

	KPI	GLP2023サステナビリティ目標 （2021〜2023年度までの目標）	2022年度の進捗
環境 （E）	温室効果ガス（Scope1+2）※1	2015年度比 23%削減	6.7%削減（参考値）
	温室効果ガス（Scope3）※1	2018年度比 13%削減	21.8%削減（参考値）
	自家発電比率（PGRE 30）※2	13%以上（2018年度電力消費量を基準）	算出中
社会 （S）	女性の活躍推進	女性管理職比率15%以上	10.5%（グローバル連結 2023年3月末）
	高齢者活躍推進	70歳までの雇用および新処遇制度確立	70歳までの雇用および新処遇制度運用開始
	障がい者雇用促進	職域開発による法定雇用率2.3%達成	障がい者雇用率2.36%（2023年3月末）
	サプライチェーン・デューデリジェンスの強化	3年累積10社以上	6社実施（2年累積で12社）
	CSR調達に係るサプライヤへの情報発信2回/年以上、教育1回/年以上		情報発信3回、教育1回実施
ガバナンス （G）	取締役会の多様性の推進	社外取締役比率50%以上	社外取締役比率50%継続（10名中5名）
	海外子会社の内部統制構築	全海外子会社が統制自己評価（CSA）の基準を満たす	全ての項目で基準を満たす会社：6% 9割の項目で基準を満たす会社：87%

※1　Scope1：事業者自らによる温室効果ガスの直接排出（燃料の燃焼、工業プロセス）/ Scope2：他社から供給された電気、熱・蒸気の使用に伴う間接排出/ Scope3：Scope1・Scope2以外の間接排出（事業者の活動に関連する他社の排出）/ 当社ではScope3のKPIにカテゴリ1および11を採用
※2　PGRE 30：（4）気候変動 に説明を記載

　なお、事業を通じて解決する社会課題のサステナビリティ目標は、通信計測セグメントでDX技術革新や強靭なITインフラ整備に貢献する「5G、Beyond 5G、5G利活用、400G/800G向け当社製品の提供増」とし、PQAセグメントで食品ロス低減や品質保証に貢献する「検査精度・感度・機能を向上した新製品の売上に占める割合増」としています。

（出所）アンリツ株式会社「2023年3月期　有価証券報告書」より抜粋

図表3－18	気候変動に関する指標と目標（アンリツ株式会社）

④ 指標と目標

　温室効果ガス（CO_2換算）排出量（Scope1+2およびScope3）と再エネ自家発電比率を指標としています。CO_2排出量の実績は，米国カリフォルニア州で配電会社から誤メーターの報告を受けたため，換算係数を再調査した結果，排出量を2015年度から訂正することにいたしました。2022年度の進捗は，購入した電力値の第三者検証前のため，参考値として記載しています。検証後の数値については，サステナビリティレポートや統合報告書に記載します。

　Scope1+2のCO_2排出量の削減については，その大部分がエネルギー消費によるものであるため，工場やオフィスでの省エネ活動および太陽光自家発電設備の増設が主な取り組みとなります。Scope3では，取引先さまとの協働や当社省エネ製品への切り替えを進め，Scope3総排出量の約8割を占める「購入した製品・サービス（Category1）」および「販売した製品を使用（Category11）」のCO_2排出量を削減することが主な取り組みとなります。

　主要拠点での再エネ自家発電の取り組みの一環として，東北アンリツ第二工場に1.1MWの太陽光発電設備の増設と400kWの蓄電池を設置しました。太陽光発電の開始は当初計画より遅れ，2023年1月から稼働しています。また蓄電池は電力会社の許可が5月に下り，6月から稼働しています。

　2022年12月に，2050年までに事業活動に伴う温室効果ガス排出量を実質ゼロにするカーボンニュートラルを目指す宣言を行い，UNFCCC（国連気候変動枠組条約事務局）のRace To Zeroに参加しました。これらに対応するため，2030年をターゲットとする中期目標を「産業革命前と比較して気温上昇を1.5℃に抑える」水準と整合した目標に引き上げ，2023年5月にSBTiに再申請しました。その際に高砂製作所等を含めるバウンダリーの変更を行っています。

KPI	目標	2022年度進捗
Scope1+2：温室効果ガス排出量の削減	2030年度までに2021年度比で42%削減する	2021年度比で6.2%増加（参考値）
Scope3：温室効果ガス排出量の削減	2030年度までに基準年度※1比で27%削減する	基準年度比で8.4%削減（参考値）
太陽光自家発電比率の向上	2018年度のアンリツグループの電力消費量※2を基準に、2030年ごろまでに0.8%から30%程度まで高める（PGRE 30）	算出中

※1 基準年度：2018年度から2021年度までの平均値
※2 アンリツ（株）の100%子会社ではないATテクマック（株）の電力消費量は除く。

（出所）アンリツ株式会社「2023年3月期　有価証券報告書」より抜粋

TOPIC　サステナビリティに関する指標の信頼性

　サステナビリティに関する指標については，そのデータの信頼性が投資家などから注目されています。企業がサステナビリティ関連データの信頼性を示すために，第三者からの保証を受けることがあります。

　TOPIX500採用銘柄のうち，有価証券報告書で開示しているサステナビリティに関する指標について，第三者保証を付していることを明言している企業は全体の7％と少数でした。任意開示書類などで第三者保証があることを開示している企業であっても，有価証券報告書ではそれに言及していない企業も複数見られました。投資家などに向けた法定開示において第三者保証を付した指標を開示することは，データの信頼性の観点からも重要な点となるでしょう。データに関するプロセス・フローにおける内部統制の体制整備と，保証を行う第三者との連携が求められます。

　また，サステナビリティに関する情報への監査や保証に関しては，例えば欧州では開示情報について保証が求められています（詳しくは189ページを参照）。また，

詳細は第6章第3節（220ページを参照）で解説しますが，国際的な基準の策定も進んでいます。これを踏まえて，わが国でも基準の策定が進められる可能性が考えられます。具体的に，どの範囲に対して（指標のみか，開示情報全体か），誰が（監査法人や会計監査人以外も対象となるのか）監査や保証を行うのか，といったことは今後議論されることが想定されます。将来的にサステナビリティに関する情報への信頼性が求められるようになることに鑑み，早期から内部統制の体制の整備などを進めることが推奨されます。

　本章では，サステナビリティ情報の開示への対応を，どのようなプロセスで進めていけばよいのかを，TOPIX500採用銘柄での開示状況を踏まえて解説しました。重要なポイントは，サステナビリティ情報の開示は規制に対応するためだけに行うのではないということです。企業の中長期的な価値向上や持続可能性の向上のために，経営戦略などと結び付けて質が伴ったサステナビリティに対する取り組みを行い，その内容を投資家などに向けて開示することが望ましいといえます。

　そのため，いきなり開示する内容を考えるのではなく，なぜ開示が求められているのかという趣旨や理念を理解し，監視，監督，執行体制やリスク管理のプロセスの整備，ビジネスモデルにおけるサステナビリティリスクの特定，評価，管理，経営戦略とリンクさせた対応策の検討や実施，指標と目標の設定といった行動を進めていくことが求められます。その上で，これらのつながりが分かるように開示を行うことが重要です。また，最初から全てを網羅した完璧な開示を目指すのではなく，将来的なロードマップを考え，開示情報とともにこのロードマップも併せて示すことが有用であると考えられます。

　企業ごとに業種，人材，コストを含むあらゆる状況が異なります。それぞれの状況に照らして，着実に開示に向けた取り組みを進めていくことが期待されます。また，その開示を踏まえた投資家などとのエンゲージメントを行い，さらに取り組みを深めていくことが企業価値の向上につながると考えられます。

　次章では，国際的なサステナビリティ情報の開示基準の策定，それに伴う開示の拡充などについて解説します。本章で確認した開示状況と照らし合わせて，将来に向けてどのような準備が必要なのかを改めて検討していくことがポイントとなります。

第4章

国際的な開示基準の統一に伴う わが国における開示拡充

POINT！

- ♤ サステナビリティ情報開示基準が乱立している状況を踏まえ，IFRS 財団が国際的なベースラインとなるサステナビリティ情報開示基準を開発するための機関として 2021 年に ISSB（国際サステナビリティ基準審議会）を設立しました。多くの基準設定機関が ISSB に統合されており，基準の整理が進んでいます。また，ISSB は 2023 年に最初の基準として，IFRS S1 と IFRS S2 の二つを最終化しました。

- ♤ わが国でも ISSB の設立を受け，SSBJ（サステナビリティ基準委員会）が 2022 年に設立されました。SSBJ は 2024 年 3 月に日本版のサステナビリティ開示基準案を公表しました。将来的には基準が最終化されたのちに，有価証券報告書でこの基準に沿った開示が求められるようになることが考えられます。

- ♤ そのほかの基準として，2021 年に設立された TNFD（自然関連財務情報開示タスクフォース）が，企業が自然に関する情報を開示するための基準である TNFD 提言を 2023 年に公表しました。TNFD 提言では企業の自然に対する「依存」，「影響」とそれに伴う「リスク」，「機会」に関する開示が求められています。TCFD（気候関連財務情報開示タスクフォース）のときと同様に，まずは自主的な開示から対応が広がっていくことが予想されます。

第１節　サステナビリティ情報開示基準の乱立から統一への動き

1 ｜ 従来の情報開示基準の概要

第１章第２節（39ページを参照）で述べましたが，企業がサステナビリティ情報を開示する上では，開示情報をゼロから考えるのではなく，国内の法律・規制で求められる情報を開示するほか，一定の機関によって定められた開示基準を参照することができます。

開示基準が存在することによって，企業は開示すべき情報を理解することができ，また，投資家側も企業の開示情報を比較することが可能になります。しかし，過去，複数の機関が開示基準を開発した結果，企業はどの基準を参考にしてよいか分からない，もしくは複数基準に対応するためのコストがかかっていました。利用者である投資家も，異なる基準を用いている企業を比較することが負担となりました。過去開発されてきた主な基準としては以下のものがあります。

①　GRIスタンダード

米国を拠点として投資家や環境保護団体を中心に結成された環境問題解決を推進する非営利団体である Ceres，環境問題や社会問題に関する学術的な非営利団体である Tellus Institute が，UNEP（国連環境計画）の支援を受けて1997年に GRI（グローバルレポーティングイニシアティブ）を設立しました。

GRI は，企業の環境に関する行動についての透明性を高めるために，2000年に企業の報告基準である GRI ガイドラインの第一版（G１）を公表しました。その後，社会・経済にも範囲を拡大し，GRI ガイドラインは第四版（G４）まで改訂され，2016年からは，報告基準を後継である「GRI スタンダード」に移行しました。

GRI スタンダードは，企業が経済・環境・社会に与えるインパクト（持続可能な発展への寄与）を，投資家だけでなくより広いステークホルダー（従業員，サプライヤー，社会的弱者，地域コミュニティなど）に「サステナビリティ報

告書」として開示することで，持続可能な発展を促すことを目的としています。

②　国際統合報告フレームワーク

　企業の価値創造に関する開示，投資家との対話の促進などのために，2010年に GRI 等によって，IIRC（国際統合報告評議会）が設立されました。

　IIRC は，商業的，社会的，環境的な側面からの企業の戦略，ガバナンス，業績，見通しなどの情報を統合して報告する，「統合報告」を促すために2013年に「国際統合報告フレームワーク」を公表しました。

　国際統合報告フレームワークは，企業が事業活動を通じて，財務資本や製造資本，自然資本など各種の資本を用いて，どのように長期的に持続可能な価値創造を行っているのかを投資家に伝えるための「統合報告書」の作成を促進することを目的としています。

③　SASBスタンダード

　SASB（サステナビリティ会計基準審議会）は，企業の非財務情報の評価・比較などを行いたいという投資家のニーズに応えるために，2011年に元サステナビリティ関連コンサルタントであった Jean Rogers 氏によって米国で設立されました。2018年には全77業種に対応した「SASB スタンダード」が公表されました。

　SASB スタンダードは，企業にとって財務的に重要な，環境・社会などの持続可能性に関する情報を，業種ごとの項目に沿って投資家に向けて開示することを求めています。

④　CDP

　2000年に英国の慈善団体の支援によって CDP が設立されました。CDP は，企業や都市（自治体）などが自身の環境への影響を管理するためのグローバルな情報開示システムを運営する機関です。はじめは主に二酸化炭素排出（カーボン）や気候変動に関する開示を促すことを目的としていたことから Carbon Disclosure Project が正式名称でしたが，カバー範囲がカーボンに限られなくなったことから2013年に（それまでの略称であった）CDP を正式名称に変更

しました。

　CDPは2002年から特定の企業に対して気候変動などに関する質問書を毎年送付し，質問への回答内容を開示するとともに，回答内容に基づいたレーティングを行い，結果を公表しています。2009年からは水，2012年からは森林もカバーするようになっています。

　CDPは質問書への回答内容，ESG格付の公表を通じて，投資家や企業に向けて環境に関する情報を提供することを目的としています。

⑤　CDSBフレームワーク

　年次報告書（有価証券報告書等）などにおける気候変動情報の開示を促進するために，2007年にCDPを事務局としてCDSB（気候変動開示基準委員会）が設立されました。

　2010年に気候変動報告フレームワークが公表され，2014年には気候変動に限らない，森林，生物多様性，水などを含む広い環境情報に関する開示を行うための「CDSBフレームワーク」が公表されました。

　CDSBフレームワークは気候変動，森林，生物多様性，水などの環境情報を財務情報に統合して投資家に伝えることで，投資家の意思決定を支援することを目的としています。

⑥　TCFD提言

　企業の気候変動リスク・機会を評価する上で投資家などが必要とする情報の特定を支援するため，2015年にFSB（金融安定理事会）がTCFDを設立しました。2017年には最終報告書を含む「TCFD提言」が公表されました。これは，気候変動に関するリスクや機会の情報，シナリオ分析について，企業が投資家などに一貫した枠組みで伝えることを目的としています（詳しくは60ページを参照）。

⑦　TNFD提言

　企業が自然に関する問題について開示・行動するためのフレームワークを開発することを目的に，UNEP FI（国連環境計画・金融イニシアティブ）や

WWF（世界自然保護基金）などによって，2021年に TNFD（自然関連財務情報開示タスクフォース）が設立されました。TNFD は，2023年9月に「TNFD 提言」を公表しており，企業の自然に関する「依存」，「影響」，「リスク」，「機会」に関する情報の開示を求めています（詳しくは172ページを参照）。

2 ▎開示基準は乱立から統一へ

(1)　ISSB（国際サステナビリティ基準審議会）の設立

　サステナビリティ情報の開示基準が複数存在している状況を踏まえ，IFRS（国際会計基準）の設定に関わる IFRS 財団は，2020年9月，IFRS 財団の会計基準設定における実績・専門知識や世界各国の政府等との関係を活かして，サステナビリティ報告に関する基準審議会を設立し，財務報告と整合性のあるサステナビリティ報告の基準を作ることを提案しました。そして，2021年11月の COP26（国連気候変動枠組条約第26回締約国会議）に合わせて ISSB（国際サステナビリティ基準審議会）の設立を公表しました。

　ISSB は IFRS 財団の下に IASB（国際会計基準審議会）と同格の審議会として置かれており，両者が連携をとることでシナジーを発揮し，財務情報とつながりのあるサステナビリティ情報の開示を求めることが考えられています。

　ISSB は，まずは投資家を主な利用者として考えたシングルマテリアリティの考え方で基準の検討を行い，より広範囲のステークホルダーを考慮するダブルマテリアリティの考え方も漸進的に採用していくことを提案しています。2024年4月時点においては，前者のシングルマテリアリティの方針で基準策定を進めていると考えられます。

　ISSB の策定する基準は，IFRS のように国際的な基準として広く利用されていくことが想定されています。わが国でも ISSB の基準を踏まえた，日本版のサステナビリティ情報の開示基準の策定を進めています（詳しくは149ページを参照）。サステナビリティ情報の開示においては，ISSB の動向は見逃すことのできないものといえます。

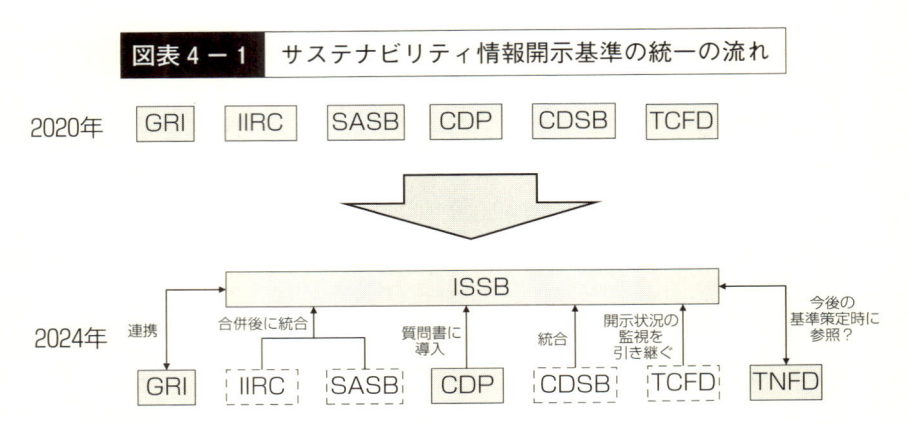

図表4－1　サステナビリティ情報開示基準の統一の流れ

（注）点線枠内の機関は2024年4月時点で解散・統合によってなくなっている。
（出所）各種資料より大和総研作成

(2)　ISSBへの統一の動き

　国際的・統一的なサステナビリティ情報の開示基準の設定機関である ISSB の登場に伴い，サステナビリティ情報の開示基準の状況には大きな変化が見られます（**図表4－1**）。

　まず，いくつかの機関が ISSB に統合されています。CDP が事務局を務める CDSB は，2022年に ISSB に統合されました。なお，CDSB フレームワークは ISSB が気候変動や水，生物多様性に関する基準を発効するまでの間，企業が有効に活用できるものとされており，ISSB のウェブサイトからも確認することができます。

　また，IIRC と SASB は2021年に合併し，VRF（価値報告財団）を設立しました。この VRF も2022年に ISSB に統合されました。IIRC の統合報告フレームワーク，SASB の SASB スタンダードはともに ISSB に移行されており，これらを活用した開示が奨励されています。特に SASB スタンダードについては，企業の業種別のサステナビリティ情報開示に係るものであり，ISSB が国際的な適用可能性を向上させるための修正を図っているほか，ISSB の基準においても企業に対して SASB スタンダードを参照することを求めています。

　TCFD については，66ページ「TOPIC」で既に述べた通り，2023年に解散し，今後の企業による気候変動に関する情報の開示のモニタリングを ISSB に委任

しています。TCFD 提言の開示に関する構成（「ガバナンス」，「戦略」，「リスク管理」，「指標と目標」）は，ISSB の基準に引き継がれています。ISSB の気候変動に関する基準（IFRS S 2 ）への移行までの間，今後も活用されるものと考えられます。

このように，多くの機関が ISSB に統合され，もしくは解散しており，基準や役割を移行しています。残っている機関として，GRI，CDP，TNFD があります。ダブルマテリアリティの考え方に基づく GRI は，シングルマテリアリティを採用している ISSB と統一に向かっているわけではないようですが，温室効果ガス（GHG）排出量に関する相互運用性を考えるなど，互いに連携を行っています。また，CDP は2024年の質問書から ISSB の基準と整合性をとることを示しています。さらに，TNFD 提言は，ISSB が将来的に自然に関する基準を検討する際には，TNFD の取り組みが参考にされると言及しています。いずれも ISSB と何らかの連携の意向を示しており，ISSB の基準が国際的に統一されたものとして利用されていくであろうことがよく分かります。現在は ISSB の基準設定は始まったばかりで移行段階であるため，TCFD 提言などを引き続き利用する企業も多いと思われますが，将来的な完全移行を見据え，ISSB の基準の適用に備えておくことが効果的と考えられます。

第 2 節　ISSB の基準に関する動向

1　ISSBが最初の基準を策定

ISSB は2023年 6 月に最初の基準として，「サステナビリティ関連財務情報の開示に関する全般的要求事項（IFRS S 1 ）」，「気候関連開示（IFRS S 2 ）」の二つを最終化しました。

このうち，IFRS S 1 は企業に対して，投資家の投資判断などに役立つ，サステナビリティ関連のリスクと機会に関する情報の開示を求めています。サステナビリティ全般に関する開示事項のほか，開示の場所やタイミングなど，ISSB の基準に沿ってサステナビリティ情報の開示を行う際の要件を定めてい

ます。

　ISSBの基準を適用する企業は，サステナビリティ情報の開示を行う際にIFRS S 1に従うこととなります。ただし，ISSBが特定のテーマに関するテーマ別の基準を策定している場合には，そのテーマに関する開示を行う企業は当該テーマ別の基準に沿った開示を行います。IFRS S 2は，このテーマ別の基準の一つであり，気候関連のリスクと機会に関する情報の開示にフォーカスしています。内容としては，主に気候関連の開示事項を定めたものとなっています。

　IFRS S 1，IFRS S 2の開示事項に関しては，大枠はTCFD提言を踏襲しており，「ガバナンス」（ガバナンス機関の情報や経営陣の役割など），「戦略」（リスクや機会がビジネスモデル，戦略，財務に与える影響など），「リスク管理」（リスク管理のプロセスなど），「指標と目標」（指標と目標の内容など）の四つの開示が求められます。それぞれについて詳細な開示事項が定められています。例えばIFRS S 2ではScope 1，Scope 2，Scope 3のGHG排出量について，GHGプロトコルに従って開示することを求めています（当局や上場している証券取引所において別の方法が指定されている場合を除く）。

　IFRS S 1，IFRS S 2は2024年1月1日以後に開始する会計年度から適用することができます（早期適用可）。開示のタイミングは，財務諸表と同時であることが原則ですが，経過措置として，適用初年度は少し遅れたタイミング（次の会計年度の第2四半期または半期の一般目的財務報告と同時）での開示が認められています。その他にも，適用初年度はScope 3のGHG排出量を開示する必要はない等，各種の経過措置があります。

　2024年から適用が可能とされていますが，これはあくまでも任意の適用であり，法定開示書面への基準の適用は，各国当局の対応（法令の改正など）次第です。第3節（149ページ）で後述しますが，わが国でもIFRS S 1，IFRS S 2に対応した日本版の基準の策定が進められています。日本版の基準は多くの部分がIFRS S 1，IFRS S 2と共通しているため，ここではIFRS S 1，IFRS S 2の具体的な内容には踏み込まず，第3節で日本版の基準を解説します。

　IFRS S 1，IFRS S 2は統一されたサステナビリティ情報の開示基準として，国際的に活用されていくことが想定されます。企業は国際的に統一された基準

を適用することによって，サステナビリティに関するリスクや取り組みを比較可能な形で国内・海外の投資家などに伝えることが可能になります。開示されるサステナビリティ情報がさらに充実し，ESG投資がより拡大していくことも考えられます。任意適用の段階でIFRS S1，IFRS S2を参照して開示を行う企業があらわれる可能性もあり，注目されています。

2 ▎今後検討され得るテーマ

1で確認した通り，現状ISSBはテーマ別の基準としては気候変動に関するIFRS S2のみを公表しています。しかし，サステナビリティに関する重要なテーマは気候変動に限られません。そのため，気候変動以外のテーマについてもISSBはテーマ別の基準を策定していくと考えられます。

この点に関連して，ISSBは2023年5月に今後2年間のアジェンダの優先度に関する意見募集（"Request for Information：Consultation on Agenda Priorities"）を公表しています。この中でISSBは，新たなテーマのリサーチや新たな開示基準の開発，ガイダンスの公表を含む基準の導入サポート，SASBスタンダードの改善など，作業計画の内容に言及し，その優先度についての意見募集を行いました。このうち，新たなテーマのリサーチや新たな開示基準の開発に関して，特に優先度の高いプロジェクトとして，①生物多様性，生態系，生態系サービス，②人的資本，③人権，④報告における統合，の四つが挙げられています。

まず，①生物多様性，生態系，生態系サービスはTNFD提言がフォーカスする「自然」と近いものといえます。生物多様性，生態系，生態系サービスと人間活動の依存，影響，リスク，機会に対する投資家からの注目を踏まえ，優先すべきテーマに挙げられています。当テーマには，水，土地利用および土地利用の変化，汚染，資源開発，外来種の侵入といったトピックが含まれ得ると考えられています。

次に，②人的資本については，第2章で解説した通りわが国の有価証券報告書でも開示が求められるようになっており（詳しくは81ページを参照），企業価値との関連を含め，投資家からのニーズが高いテーマです。人的資本に関しては，ウェルビーイング，多様性・公平性・包摂性（DEI），従業員エンゲー

ジメント，労働力への投資，代替労働力，バリュー・チェーンにおける労働条件，労働力の構成とコストといったトピックが含まれ得るとされています。

　続いて，③人権に関するリスクも注目度が高まっており，テーマの候補として挙げられています。ただし，人権と人的資本は深くつながっているため，両者のつながりについては注意深く検討する必要があります。例えば人的資本に関するトピックであるバリュー・チェーンにおける労働条件は，強制労働や児童労働といった人権に関わる問題と考えられます。ISSBが意見募集で提案している人的資本，人権に関するプロジェクトは，両者の境界やつながりを明確にすることも含まれます。

　最後に，④報告における統合とは，①〜③のような具体的なサステナビリティテーマに関するものではなく，財務情報とサステナビリティ情報のつながりについてフォーカスしたものです。投資家などがより理解しやすい方法で，財務パフォーマンスとサステナビリティパフォーマンスの関連性を明示的，効率的，効果的に伝えることを可能とすることが検討されます。

　ISSBは2024年4月に，このうち①生物多様性，生態系，生態系サービス，②人的資本に関連するリサーチプロジェクトを開始することを公表しています。今後，特に①，②に関する新たな開示基準が策定されることも予想されます。いずれのテーマも重要性が高く，また，ISSBが新たなテーマ別基準を策定すれば，わが国でも日本版の基準が策定される可能性もあり，企業としては準備を検討することが有効と考えられます。

TOPIC　人的資本と人権

　人的資本と人権は重なる部分が多く，ISSBでもプロジェクトとして取り組んでいく場合には両者の境界やつながりを明確にすることが考えられています。有価証券報告書でも，人的資本に関する一つの項目として人権について開示されていることも多くあります。「社内環境整備方針」の一環として，人権に関する企業の方針や研修の実施状況，人権デューデリジェンスの実施などについて記載している場合があります。

　ただし，人的資本と人権は完全に重なり合っているものではありません。サプライチェーンを含む従業員の人権という意味のほか，消費者や地域社会の住民の人権

といったこともサステナビリティ課題の一つとして挙げられます。日本企業においても，こうした人権問題を重要な課題としてとらえ，有価証券報告書における人的資本に関する項目とは別個に開示しているケースも見受けられました。

企業においても，人的資本と人権の両者について境界やつながりを考慮し，取り組みや開示を進めていくことが要点であると考えられます。

第3節 日本版サステナビリティ情報開示基準への対応が求められる

1 SSBJ（サステナビリティ基準委員会）の設立と活動

ISSBで策定される国際的なサステナビリティ情報の開示基準はベースラインとしてそれぞれの国・地域で採用されるとともに，必要に応じて規制を上乗せできるように考えられています。わが国でもISSBの設立を受け，これに対応することができるようにSSBJ（サステナビリティ基準委員会）が2022年7月に設立されました（**図表4－2**）。ISSBがIFRS財団の下でIASBと並んでいるのと同様に，SSBJもFASF（財務会計基準機構）の下にASBJ（企業会計基準委員会）と並ぶ形で設立されています。

SSBJの役割としては，一つが国際的なサステナビリティ情報の開示基準開

図表4－2 ISSBとSSBJ

（出所）各種資料より大和総研作成

発への貢献です。わが国の考え方を国際的な基準に反映しつつ，国際的な基準を高品質なものとすることに積極的に貢献すべく意見発信する方針を持っています。

　また，わが国におけるサステナビリティ情報の開示基準の策定や導入のサポートも役割として挙げられます。ISSBの基準を踏まえて，わが国でも高品質で国際的に整合性のある日本版の開示基準の策定が図られています。さらに，開示基準についての理解を深めるために，研修等の実施や情報発信などを行うことが考えられています。

　日本版の開示基準を策定する上でのポイントとして，SSBJもISSBと同様に，シングルマテリアリティの考え方を採用しています。すなわち，投資家が意思決定を行う際に有用なサステナビリティ情報を開示するための開示項目を定めることを基本的な考えとしています。また，企業のサステナビリティに関するリスク・機会の情報は企業の財務諸表に含まれる情報を補足，補完するためのものであり，財務諸表と併せて開示することが重要と考えられています。

　SSBJは既に活動を進めており，前者の役割については例えばISSBに対してIFRS S1，IFRS S2の案や今後2年間のアジェンダの優先度に関する意見募集（"Request for Information：Consultation on Agenda Priorities"）に関するコメントを送っています。なお，新たなテーマのリサーチや新たな開示基準の開発に関して，最も優先度の高いプロジェクトとしては人的資本を提案しています。

　また，後者の役割については，IFRS S1，IFRS S2に相当する日本版の基準の開発を進め，2024年3月に公開草案を公表しています。2以降で，筆者の解釈に基づき，これら日本版の基準について解説します。

2 ▍わが国のサステナビリティ情報開示基準案の公表

(1) SSBJの基準案の構成

　2024年3月にSSBJが「サステナビリティ開示基準の適用（案）」，「一般開示基準（案）」，「気候関連開示基準（案）」の三つの基準の公開草案を公表しました。これらは，サステナビリティ情報を開示する上での基本となる事項（例

図表4-3 SSBJの基準案の構成

SSBJ	ISSB（参考）
ユニバーサル基準	IFRS S1
サステナビリティ開示基準の適用（案）	✓サステナビリティ全般の情報開示に関する基本となる事項
✓サステナビリティ全般の情報開示に関する基本となる事項	✓サステナビリティ全般に関する開示事項
テーマ別基準	テーマ別基準
一般開示基準（案）	IFRS S2
✓サステナビリティ全般に関する開示事項	✓気候に関する開示事項
気候関連開示基準（案）	
✓気候に関する開示事項	

（出所）SSBJ，ISSBより大和総研作成

えば情報の記載場所や報告のタイミングなど）を定める「ユニバーサル基準」と，開示すべき事項を定めた「テーマ別基準」に分けられます（**図表4-3**）。ユニバーサル基準に該当するのが「サステナビリティ開示基準の適用（案）」であり，テーマ別基準にはサステナビリティ全般に関する開示事項を定めた「一般開示基準（案）」と，気候に関する開示事項を定めた「気候関連開示基準（案）」があります。

(2) ユニバーサル基準

ユニバーサル基準に該当する「サステナビリティ開示基準の適用（案）」は，企業がSSBJの基準に従ってサステナビリティ情報を開示する上で適用すべき，基本となる事項を定めています。ここではその中でも筆者がポイントと考える部分について解説します。

① 開示すべき情報と開示する必要のない情報

基準案は，「サステナビリティ関連財務開示」に対して適用すべきものとし

て定められています。これは，企業の見通しに影響を与えると合理的に見込み得る，報告企業のサステナビリティ関連のリスク及び機会に関する情報の開示を指します。具体的には，短期，中期又は長期にわたり，企業のキャッシュ・フロー，当該企業のファイナンスへのアクセス又は資本コストに影響を与えると合理的に見込み得る，すべてのサステナビリティ関連のリスク及び機会をあわせたものに関する情報のことです。

　ただし，開示すべき情報は重要性があるものに限られます。「重要性がある」とは，開示にあたり，ある情報を省略したり，誤表示したり，不明瞭にしたりした場合に，一般目的財務報告書の主要な利用者（現在の及び潜在的な投資者，融資者及びその他の債権者）の意思決定に影響を与えると合理的に見込み得ることを指します。こうした情報でなければ開示する必要はありません。利用者として投資者などを想定していることから，シングルマテリアリティの考え方を採用しているといえます。

　重要性の判断においては，情報の主要な利用者の特性や企業自身の状況，サステナビリティ関連のリスク及び機会の規模や性質などを含む定量的・定性的な要因を考慮することが求められます。また，将来起こり得る事象については，事象の潜在的な影響や範囲，発生可能性などを考慮する必要があります。なお，重要性の判断は企業に固有のものであり，量的閾値などは特定されていません。

　情報に重要性があっても，開示する必要がない場合があります。一つが，企業が活動する法域の法令によって開示が禁止されている場合です。この場合，開示しない情報の種類及び開示しない根拠となる法令の名称を開示しなければなりません。

　もう一つが，サステナビリティ関連の機会に関する情報が，商業上の機密に当たる場合です。この場合もやはり，商業上の機密に当たるため開示していない旨を開示しなければなりません。具体的には，(a)その情報が一般に利用可能ではない，(b)その情報を開示することにより，機会を追求することで実現できる経済的便益を著しく毀損すると合理的に見込み得る，(c)機会を追求することで実現できる経済的便益を著しく毀損することなく，開示に関する定めの目的を満たすことができるように当該情報を集約して開示することができないと企業が判断している，の三つを満たす場合には開示する必要はありません。ただ

し，商業上の機密として開示しないことが認められるのは，あくまでも機会に関する情報です。リスクに関する情報やその他の幅広いサステナビリティ情報は，上記に該当しても，重要性があるものについては開示が求められると考えられるため，注意が必要です。

② **有用な情報の質的特性**

　サステナビリティ情報が利用者にとって有用である上では，その情報の「質的特性」がポイントとなります（**図表4－4**）。サステナビリティ情報は図表4－4に示す基本的な質的特性を有していることが必要であり，補強的な質的特性によってその有用性が高められます。詳細は，「サステナビリティ開示基準の適用（案）」の「別紙A：有用なサステナビリティ関連財務情報の質的特性」をご参照ください。

図表4－4	**サステナビリティ情報の質的特性**

基本的な質的特性	関連性	・主要な利用者の意思決定に相違を生じさせることができる（「予測価値」，「確認価値」，またはこれらの両方を有している） 予測価値：主要な利用者が将来の結果を予測するために用いるプロセスへのインプットとして使用できる 確認価値：過去の評価に関するフィードバックを提供する
	忠実な表現	・描写が完全で，中立的で，正確なものである 完全：主要な利用者がリスク又は機会を理解するうえで必要なすべての重要性がある情報が含まれる 中立的：情報の選択や開示に偏りがない 正確：事実に基づく情報に重要性がある誤謬がないなど，情報が正確である
補強的な質的特性	比較可能性	・自社の過去の情報や，他の企業（特に同業他社など）の情報との比較が可能であること
	検証可能性	・その情報自体又はそれを導き出すために利用したインプットのいずれかを裏付けることが可能である
	適時性	・意思決定者の意思決定に影響を与えることができるように遅滞なく情報を利用可能にする
	理解可能性	・開示情報が明瞭かつ簡潔である

（出所）SSBJ「サステナビリティ開示基準の適用（案）」より大和総研作成

③　開示の範囲

　サステナビリティ関連財務開示は，関連する財務諸表と同じ報告企業に関するものでなければならず，報告企業が連結財務諸表を作成している場合は，親会社及びその子会社のサステナビリティ関連のリスク及び機会が理解できるものでなければならないとされています。つまり，連結ベースでの開示が求められているものと解釈できます。

　また，サステナビリティ関連のリスク及び機会のそれぞれに関連して，バリュー・チェーンの範囲の決定をしなければならないとされていますが，ここでいうバリュー・チェーンは「報告企業のビジネス・モデル及び当該企業が事業を営む外部環境に関連する，相互作用，資源及び関係のすべて」と定義されています。定義は幅広いですが，情報の網羅的な探索が求められているわけではありません。バリュー・チェーンの範囲の決定では，企業が過大なコストや労力をかけずに利用可能な，合理的で裏付け可能な情報を用いることとされています。企業のコストや労力，主要な利用者にとっての便益をバランスよく考慮することが求められます。

④　情報の間のつながり

　開示に当たっては，下記のつながりを理解できるように情報を開示しなければなりません。例えば，気候に関するあるリスクと他のリスクとの関連性を開示することで，(ア)のつながりを理解できると考えられます。また，サステナビリティに関する目標とそれを監督するガバナンス体制や役員報酬との関連性を開示することで，(イ)のつながりを理解できると考えられます。さらに，サステナビリティに関するリスク及び機会による財務状況への影響と，財務諸表に表示される数値との関連性を開示することで，(ウ)のつながりを理解できると考えられます。このように，さまざまなつながりに注意した開示を心がける必要があります。

(ア)　その情報が関連する項目の間のつながり（サステナビリティ関連のリスク及び機会の間のつながりなど）

(イ)　サステナビリティ関連財務開示内の開示の間のつながり（ガバナンス，戦略，リスク管理並びに指標及び目標に関する開示の間のつながりなど）

(ウ)　サステナビリティ関連財務開示と，その他の一般目的財務報告書（関連する財務諸表など）の情報との間のつながり

⑤　リスク及び機会の識別とSASBスタンダード

　サステナビリティ関連財務開示の作成の際には，(i)企業の見通しに影響を与えると合理的に見込み得るサステナビリティ関連のリスク及び機会を識別し，(ii)それらのリスク及び機会に関して重要性がある情報を識別します。(i)の識別の際には，バリュー・チェーンの範囲の決定のときと同様に，企業が過大なコストや労力をかけずに利用可能な，合理的で裏付け可能な情報を用いることとされています。

　また，(i)の識別をする場合や，(ii)の識別に当たってリスクや機会に適用されるSSBJの基準が存在しない場合は，IFRS財団（ISSBを設立した機関）が公表する「SASBスタンダード」の開示トピックやこれに関連する指標を参照し，その適用可能性を考慮しなければなりません。ただし，あくまでも考慮することが求められているのであり，SASBスタンダードを必ず適用しなければならないわけではありません。SASBスタンダードは業種ごとに，どのようなトピックについて開示するのか，当該トピックに関連してどのような指標を開示するのかといったことを示しています。業種によって異なるリスクや機会についてSASBスタンダードの参照が求められているものと解釈することができます。

　また，SASBスタンダードとは別に，参照し，適用可能性を考慮することができる基準（IFRS財団が公表する「水関連開示のためのCDSBフレームワーク適用ガイダンス」及び「生物多様性関連開示のためのCDSBフレームワーク適用ガイダンス」など）についても定められています。少なくとも考慮しなければならない基準であるSASBスタンダードについては，あらかじめ目を通しておくことが必要になるでしょう。

⑥ 開示の場所・タイミング

　開示の場所（情報の記載場所）について，サステナビリティ関連財務開示は，関連する財務諸表とあわせて開示しなければなりません。ただし，(a)SSBJの基準に従い開示を要求又は容認する法令が，あわせて開示することを禁止しているか，あわせて開示しないことを容認している場合，または，(b)任意でSSBJの基準に従った開示をする場合には，あわせて開示しないことができます。

　また，開示のタイミングについては，サステナビリティ関連財務開示は，関連する財務諸表と同時に報告しなければなりません。ただし，(a)SSBJの基準に従い開示を要求又は容認する法令が，同時に報告することを禁止しているか，同時に報告しないことを容認している場合，または，(b)任意でSSBJの基準に従った開示をする場合には，同時に報告しないことができます。さらに，サステナビリティ関連財務開示は，関連する財務諸表と同じ報告期間を対象とする必要があります（テーマ別基準で別段の定めがある場合などを除く）。

　これらに関連して，次の全ての要件を満たす場合には，相互参照によりサステナビリティ関連財務開示に含めることができます。

・サステナビリティ開示基準に従い開示を行うことを要求又は容認する法令が，相互参照により開示を行うことを禁止していない
・サステナビリティ開示基準の定めに準拠している
・相互参照される情報が，サステナビリティ関連財務開示と同じ条件で利用可能であり，サステナビリティ関連財務開示が利用可能となる時点で利用可能となっている
・サステナビリティ関連財務開示が，相互参照により情報を含めることによって理解が難しくならない

　要件を満たせば，統合報告書の開示内容を相互参照することも可能であると考えられますが，実際には困難であることが予想されます。現状，開示府令では有価証券報告書での開示を補足するために，統合報告書を参照することも認められており，その補足的な参照においては，前年の統合報告書や将来公表予定の統合報告書を参照することも可能であると考えられます。しかし，SSBJ

の基準の有価証券報告書と統合報告書の相互参照を考える上では，上記要件の通り，サステナビリティ関連財務開示が利用可能となる時点で，相互参照される情報が利用可能となっている必要があります。そのため，将来公表予定の統合報告書を相互参照することはできないでしょう。また，サステナビリティ関連財務開示は関連する財務諸表と同じ報告期間を対象としなければならないため，前年の統合報告書を相互参照することも認められないと考えられます。詳細なサステナビリティ情報の開示を統合報告書で行っていた企業にとっては，今後 SSBJ の基準による詳細な情報開示が求められることによって，そうしたサステナビリティ情報の開示タイミングが早まるとも考えられ，注意が必要です。

⑦　比較情報

　企業は開示するすべての数値について，前報告期間に係る比較情報を開示しなければなりません。例えば，テーマ別基準ではサステナビリティ関連のリスク及び機会の財務的影響や，指標及び目標の開示が求められていますが，これらに関する数値が比較情報の開示の対象に含まれます。また，数値に限らず，サステナビリティ関連財務開示を理解する上で有用である場合には，説明的・記述的な情報についても同様です。ただし，(a)SSBJ の基準適用を要求又は容認する法令や SSBJ のテーマ別基準が比較情報の開示を禁止しているか，比較情報を開示しないことを容認している場合，もしくは，(b)任意で SSBJ の基準に従った開示をする場合には，比較情報を開示しないことができます。

⑧　その他

　企業は SSBJ の基準に従って開示を行う場合，(a)法令の要請に従って基準を適用する場合はその法令の名称，(b)任意で基準を適用する場合はその旨，を開示しなければなりません。なお，SSBJ の全ての基準の定めに準拠しない限り，サステナビリティ関連財務開示が SSBJ の基準に準拠していると記述してはいけないので，準拠の際には一部だけではなく全ての基準をクリアする必要があります。

　ここまで記載したポイント以外にも，測定の不確実性や誤謬などさまざまな規定が設けられています。本書はあくまでも筆者が重要だと考えるポイントを

記載しているものですので，詳細はサステナビリティ開示基準の適用（案）をご参照ください。

(3)　テーマ別基準

「一般開示基準（案）」，「気候関連開示基準（案）」はそれぞれ，一般目的財務報告書の主要な利用者（現在の及び潜在的な投資者，融資者及びその他の債権者）の意思決定において有用な，サステナビリティ関連，気候関連のリスク及び機会に関する情報の開示について定めています。開示しなければならない情報は，「ガバナンス」，「戦略」，「リスク管理」，「指標及び目標」の四つに分かれています（**図表 4 − 5**）。なお，図表 4 − 5 はあくまでも開示項目の一部を示したもので，全てを網羅するものではありません。開示すべき事項を全て確認する際には，「一般開示基準（案）」と「気候関連開示基準（案）」をそれぞれご参照ください。

　以下では，開示項目の中でも筆者がポイントと考える部分について解説します。

図表 4 − 5	一般開示基準（案），気候関連開示基準（案）における開示事項の概要

	一般開示基準（案）	気候関連開示基準（案）
ガバナンス	ガバナンス機関（もしくは個人） ・サステナビリティ（気候）関連のリスク及び機会の監督に責任を負うガバナンス機関の名称又は当該責任を負う個人の役職名 ・サステナビリティ（気候）関連のリスク及び機会に関する責任が，ガバナンス機関（もしくは個人）に与えられた役割，権限及び義務などの記述及びその他の関連する方針にどのように反映されているか ・ガバナンス機関（もしくは個人）が，サステナビリティ（気候）関連のリスク及び機会に対応するために定めた戦略を監督するための適切なスキル及びコンピテンシーが利用可能であるかどうか又は開発する予定であるかどうかについて，どのように判断しているか など	
	サステナビリティ（気候）関連のリスク及び機会をモニタリングし，管理し，監督するために用いるガバナンスのプロセス，統制及び手続における経営者の役割	

	・役割が具体的な経営者等又は経営者等が関与する委員会その他の機関に委任されている場合，次の事項（委任されていない場合，その旨） ✓経営者等の役職名又は委員会その他の機関の名称 ✓経営者等又は委員会その他の機関に対し，どのように監督が実施されているか など	
	企業の見通しに影響を与えると合理的に見込み得るサステナビリティ（気候）関連のリスク及び機会 ・識別された，企業の見通しに影響を与えると合理的に見込み得るサステナビリティ関連のリスク及び機会 ・識別したサステナビリティ（気候）関連のリスク及び機会のそれぞれについて，その影響が生じると合理的に見込み得る時間軸（短期，中期，長期） など	
	―	・識別した気候関連のリスク及び機会のそれぞれについて，物理的リスク又は移行リスクのいずれであるか
戦 略	サステナビリティ（気候）関連のリスク及び機会が企業のビジネス・モデル及びバリュー・チェーンに与える影響 ・サステナビリティ（気候）関連のリスク及び機会が現在・将来の企業のビジネス・モデル及びバリュー・チェーンに与えている・与えると予想される影響 ・企業のビジネス・モデル及びバリュー・チェーンにおいて，サステナビリティ（気候）関連のリスク及び機会が集中している部分	
	サステナビリティ（気候）関連のリスク及び機会の財務的影響（注1） ・サステナビリティ（気候）関連のリスク及び機会が，当報告期間において，企業の財政状態，財務業績及びキャッシュ・フローに与えた影響 など	
	サステナビリティ関連のリスク及び機会が企業の戦略及び意思決定に与える影響 ・企業の戦略及び意思決定において，サステナビリティ関連のリスク及び機会にどのように対応してきたか，また，今後対応する計画であるか など	気候関連のリスク及び機会が企業の戦略及び意思決定（気候関連の移行計画を含む）に与える影響 ・企業の戦略及び意思決定において，気候関連のリスク及び機会にどのように対応してきたか，また，今後対応する計画であるか（企業が設定した気候関連の目標及び企業が活動する法域の法令により満たすことが要求されている目標がある場合，当該目標をどのようにして達成する計画であるかを含む） など
	レジリエンス（サステナビリティ関連のリスクか	気候レジリエンス（気候関連の変化，進展又は不確実性に対応する企業の能力）

戦略	ら生じる不確実性に対応する企業の能力） ・サステナビリティ関連のリスクに関連する，報告期間の末日における戦略及びビジネス・モデルのレジリエンスに関する定性的評価 など	・実施した気候関連のシナリオ分析の手法及び実施時期 　✓用いたインプットに関する情報 　✓分析の前提とした主要な仮定 　など ・報告期間の末日における気候レジリエンスの評価 　✓気候関連のシナリオ分析の結果が企業の戦略及びビジネス・モデルについての評価に影響がある場合，当該影響 　✓気候レジリエンスの評価において考慮された重大な不確実性の領域 　など
リスク管理	企業がサステナビリティ（気候）関連のリスクを識別し，評価し，優先順位付けし，モニタリングするために用いるプロセス及び関連する方針に関する情報（下記を含む） ・企業が用いるインプット等に関する情報 ・サステナビリティ（気候）関連のリスクを識別するためのシナリオ分析に関する次の情報 　✓サステナビリティ（気候）関連のリスクを識別するためにシナリオ分析を用いている場合，その利用方法に関する情報（シナリオ分析を用いていない場合，その旨） ・サステナビリティ（気候）関連のリスクの優先順位付けに関する次の情報 　✓他の種類のリスクと比べてサステナビリティ（気候）関連のリスクに高い優先順位を付けている場合，どのように高い優先順位を付けているかに関する情報（高い優先順位を付けていない場合，その旨） など	
	サステナビリティ関連の機会を識別し，評価し，優先順位付けし，モニタリングするために用いるプロセスに関する情報	気候関連の機会を識別し，評価し，優先順位付けし，モニタリングするために用いるプロセスに関する情報（下記を含む） ・気候関連の機会を識別するためにシナリオ分析を用いている場合，その利用方法に関する情報（シナリオ分析を用いていない場合，その旨）
	サステナビリティ（気候）関連のリスク及び機会を識別し，評価し，優先順位付けし，モニタリングするために用いるプロセスが，全体的なリスク管理プロセスに統合され，用いられている程度，並びにその統合方法及び利用方法に関する情報	
指標及び目標	指標 ・適用されるサステナビリティ開示基準が要求している指標（注2） ・サステナビリティ関連	産業横断的指標等 ・当報告期間中に生成した温室効果ガス排出の絶対総量 　✓Scope 1温室効果ガス排出（注3） 　✓Scope 2温室効果ガス排出（ロケーション基準

指標及び目標	のリスク又は機会，もしくはこれらに関連する企業のパフォーマンスを測定し，モニタリングするために企業が用いている指標（注2） ・企業が作成した指標を開示する場合，その定義や第三者認証に関する情報等 など	によるもの）（注3） ✓Scope 3温室効果ガス排出（カテゴリー別に分解して開示する） ✓Scope 1，2，3の合計値 など ・気候関連の物理的・移行リスクに対して脆弱な資産又は事業活動に関する金額及びパーセンテージ，もしくは規模に関する情報，又はその両方 ・気候関連の機会と整合した資産又は事業活動に関する金額及びパーセンテージ，もしくは規模に関する情報，又はその両方 ・気候関連のリスク及び機会に投下された資本的支出，ファイナンス又は投資の金額 ・内部炭素価格を意思決定に用いている場合，その適用方法などに関する情報（用いていない場合，その旨） ・気候関連の評価項目が役員報酬に組み込まれている場合，その方法などに関する情報（組み込まれていない場合，その旨）
		産業別の指標 企業に関連する産業別の指標のうち，主なもの （ISSBが公表する「IFRS S 2号の適用に関する産業別ガイダンス」に記述されている，開示トピックに関連する産業別の指標を参照し，その適用可能性を考慮しなければならない）
		その他の気候関連の指標 ・企業が作成した指標を開示する場合，その定義や第三者認証に関する情報等 など
	目標（注4） ・目標に関する指標 ・企業が設定したか，企業が満たすことを要求されている，定量的又は定性的目標 ・目標が適用される期間 など	
	─	・目標が適用される企業の部分（例えば，目標が企業全体に適用されるのか，企業の一部のみ（特定の事業単位，特定の地理的地域など）に適用されるのか） など
		温室効果ガス排出目標（上記に従って温室効果ガス

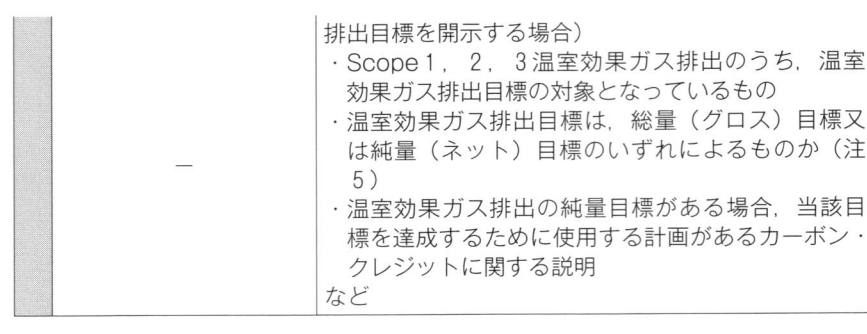

—	排出目標を開示する場合） ・Scope 1，2，3 温室効果ガス排出のうち，温室効果ガス排出目標の対象となっているもの ・温室効果ガス排出目標は，総量（グロス）目標又は純量（ネット）目標のいずれによるものか（注5） ・温室効果ガス排出の純量目標がある場合，当該目標を達成するために使用する計画があるカーボン・クレジットに関する説明 など

（注 1 ）影響を区分して識別できない，もしくは影響を見積るにあたり測定の不確実性の程度があまりにも高いためにもたらされる定量的情報が有用でないと判断する場合は，定量的情報を開示する必要はない。また，企業が定量的情報を提供するスキル，能力又は資源を有していない場合は，予想される財務的影響の開示において定量的情報を提供する必要はない。ただし，定量的情報を提供していない理由，当該財務的影響に関する定性的情報などの開示が求められる。
（注 2 ）開示指標には，企業に関連する産業別の指標のうち，主なものを含めなければならない。
（注 3 ）報告企業（連結財務諸表を作成している場合，非連結子会社を除く）に関するものと，その他の投資先に関するものとに分解して開示しなければならない。
（注 4 ）気候関連開示基準（案）では，目標を設定し，当該目標の達成に向けた進捗をモニタリングするために用いる指標を識別し，開示するにあたり，産業横断的指標等及び産業別の指標を参照し，その適用可能性を考慮しなければならないと規定している。
（注 5 ）純量目標を開示する場合，関連する総量目標を別個に開示しなければならない。
（出所）SSBJ「一般開示基準（案）」，「気候関連開示基準（案）」より大和総研作成

①　ガバナンスとリスク管理

　「一般開示基準（案）」，「気候関連開示基準（案）」では，それぞれガバナンス機関に関する情報や，リスク管理のプロセスなどの開示が求められています。両方の基準案で求められている開示事項はほぼ同じです。SSBJ の基準案はこれらを別々に開示することを求めているわけではなく，むしろ不必要な繰り返しを避けることを求めています。サステナビリティ全般に関するガバナンス・リスク管理と気候に関するガバナンス・リスク管理が統合されている企業も少なくないと想定されますが，このような場合，サステナビリティ全般及び気候に関する統合されたガバナンス・リスク管理の開示を提供することにより，繰り返しを避けることが考えられます。

　また，2024年 3 月29日に金融庁が公表した「令和 5 年度 有価証券報告書レビューの審査結果及び審査結果を踏まえた留意すべき事項等」では，ガバナンス・リスク管理について，企業全体に関するものやその基本的な考え方が開示

されているのみで，サステナビリティに関するものが開示されていない場合があることが指摘されています。SSBJ の基準案で求められる，「サステナビリティ（気候）関連のリスク及び機会の監督に責任を負うガバナンス機関」に関する情報や，「サステナビリティ（気候）関連のリスクを識別し，評価し，優先順位付けし，モニタリングするために用いるプロセス及び関連する方針」においても，企業はサステナビリティ課題をどのような体制・プロセスでガバナンス，リスク管理しているかの開示に努める必要があります。

②　バリュー・チェーン

テーマ別基準では，リスク及び機会が企業のバリュー・チェーンに与える影響の開示が求められ，気候に関しては Scope 3 の温室効果ガス排出量も開示する必要があります。つまり，基準を適用する上では，適用対象企業に限らずバリュー・チェーン内の企業の情報が必要となり，そのデータ収集が課題になります（データ収集に関して，詳しくは128ページを参照）。

ただし，バリュー・チェーンの範囲の決定では，企業が過大なコストや労力をかけずに利用可能な，合理的で裏付け可能な情報を用いることとされており，網羅的な探索が求められているわけではありません。企業は，どのようなデータが必要なのか，収集にどれだけの労力が必要なのか，収集できる体制はあるのかなど，整理する必要があると考えられます。また，バリュー・チェーンに関するデータについては，その情報の信頼性，つまり第三者保証も論点として挙げられます。第三者保証について，詳しくは第 6 章（219ページ）で解説します。

③　シナリオ分析

気候に関しては，企業の状況に見合ったアプローチを用いたシナリオ分析に基づき，気候レジリエンスを評価しなければならないとされています。シナリオ分析に対して用いるアプローチは，合理的で裏付け可能な情報を考慮することができるようなものとしなければならず，その決定に当たっては，気候関連のシナリオ分析に対して用いるインプットの選択，気候関連のシナリオ分析の実施方法に関する分析上の選択，の二つを検討しなければなりません。

　そのほか，気候関連のリスク及び機会に対する企業のエクスポージャー，気候関連のシナリオ分析のために企業が利用可能なスキル，能力，資源の考慮も求められます。具体的なアプローチについては，「気候関連開示基準（案）」の「別紙A：気候関連のシナリオ分析に対して用いるアプローチ」をご参照ください。

　第3章（115ページ）で述べた通り，TOPIX500採用銘柄のうち，有価証券報告書でシナリオ分析の実施について記載していたのは75％，利用したシナリオについて記載していたのは全体の44％でした。まだシナリオ分析を実施していない企業については SSBJ の基準の適用に向けて改めてシナリオ分析の実施を検討する必要があります。また，シナリオ分析を実施している企業も，その手法や実施時期に関する情報を開示することに努めることが望ましいでしょう。

④　温室効果ガス排出量

　「気候関連開示基準（案）」で開示が求められる温室効果ガス排出量については，GHG プロトコルに従って測定しなければなりません。ただし，法域の当局又は企業が上場する取引所が，温室効果ガス排出量を測定する上で異なる方法を用いることを要求している場合は，当該方法を用いることができます（その方法やそれを選択した理由の開示が求められます）。

　例えば，「地球温暖化対策の推進に関する法律」に基づく「温室効果ガス排出量の算定・報告・公表制度」によって温室効果ガス排出量を測定している場合には，これに該当します。この場合，当局に提出した直近のデータを用いなければなりません（データの算定期間とサステナビリティ関連財務開示の報告期間の差が1年超である場合には，その旨や算定期間などを開示します）。なお，GHG プロトコルと異なる方法で測定した Scope 3 の温室効果ガス排出量について，カテゴリー別に分解して開示することができない場合には，報告企業の活動に関連するカテゴリーの名称を開示する必要があります。

　Scope 2 の温室効果ガス排出量に関しては，ロケーション基準で測定したものを開示します。ロケーション基準とは，特定の場所におけるエネルギー生成に関する平均的な排出係数を用いる方法を指します。ほかに，電気等の購入契約及び分離された契約証書の内容を反映する方法であるマーケット基準があり

ます。なお，Scope 2 の温室効果ガス排出量を開示する際には，少なくとも以下のいずれかの事項の開示が求められます。

> ・契約証書を企業が有している場合，Scope 2 の温室効果ガス排出を理解するうえで必要な，当該契約証書に関する情報
> ・マーケット基準による Scope 2 の温室効果ガス排出量

温室効果ガス排出量に関しては，特に Scope 3 など自社だけではなくバリュー・チェーン上の他社の排出に関するデータも必要になります。しかし，他社の温室効果ガス排出量の算定期間が，自社の算定期間と異なる場合も考えられます。そのような場合でも，以下のすべての要件を満たす場合には，算定期間が異なる情報を使用することができます。

> ・過大なコストや労力をかけずに利用可能な，バリュー・チェーン上の各企業の最も直近のデータを使用する
> ・バリュー・チェーン上の各企業から入手した情報の算定期間の長さが，報告企業の報告期間の長さと同じである
> ・バリュー・チェーン上の各企業から入手した情報の算定期間の末日と，報告企業の一般目的財務報告書の報告期間の末日との間に発生した，報告企業の温室効果ガス排出に関連する重大な事象又は状況の重大な変化がある場合，その影響を開示する

また，企業が次のいずれか一つ以上の活動を行う場合，Scope 3 温室効果ガス排出に加えて「ファイナンスド・エミッション」に関する情報を開示する必要があります（それらを業として営むことについて企業が活動する法域の法律等により規制を受けていない場合を除く）。

> <u>資産運用に関する活動</u>：機関投資家，個人投資家及び富裕層の投資家のために手数料又は報酬と引換えにポートフォリオを運用する活動

> 商業銀行に関する活動：預金を受け入れ，個人及び企業に対して融資を実
> 　行したり，インフラ，不動産及びその他のプロジェクトに対して融資を
> 　実行したりする活動
> 保険に関する活動：保険関連の商品（伝統的なものも非伝統的なものも含
> 　む）を提供する活動

　ファイナンスド・エミッションとは，報告企業が行った投資及び融資に関連して，投資先又は相手方による温室効果ガスの総排出のうち，当該投資及び融資に帰属する部分をいいます。開示事項の概要は**図表4－6**の通りですが，詳細については「気候関連開示基準（案）」の「別紙C：ファイナンスド・エミッション」をご参照ください。

　そのほか，温室効果ガス排出量の範囲を決定する方法（持分割合アプローチ，経営支配力アプローチ，財務支配力アプローチ）や測定方法（直接測定，見積り），利用するデータ（1次データ，2次データ）などの選択や開示事項等に関しては，「気候関連開示基準（案）」の規定や「別紙B：スコープ3 測定フレームワーク」をご参照ください。

　温室効果ガス排出量の測定や開示に関する対応の途上にある企業も多く，第3章で分析をしたTOPIX500採用銘柄の有価証券報告書における温室効果ガス排出量の開示は，Scope 1が54％，Scope 2が54％，Scope 3が25％と一部に限られます（詳しくは134ページを参照）。特にScope 3の温室効果ガス排出量については，カテゴリーに関する開示をしている企業は12％となっています。有価証券報告書は法定開示書類であるため，虚偽記載の責任などを不安視している可能性も考えられますが，SSBJの基準を適用した有価証券報告書での開示に向けて，上記を検討し，測定・開示に関する取り組みをさらに進めていくことが求められます。

| 図表4－6 | ファイナンスド・エミッションに関する開示事項の概要 |

資産運用	(ア)　Scope1，2，3の温室効果ガス排出量に分解された，ファイナンスド・エミッションの絶対総量 (イ)　(ア)のファイナンスド・エミッションに関連する運用資産残高の総額 (ウ)　運用資産残高の総額に対する(イ)の割合（割合が100%未満の場合，ファイナンスド・エミッションに関連する資産に，運用資産残高の一部を含めていないことについて説明する情報（含めていない資産の種類及び関連する運用資産残高の金額を含む） (エ)　ファイナンスド・エミッションを計算するために用いた方法（投資の規模に関連して，企業に帰属する排出量を決定するために用いた配分方法を含む）
商業銀行	(ア)　ファイナンスド・エミッションの絶対総量（下記のように開示） 　　A)　Scope1，2，3の温室効果ガス排出量に分解する 　　B)　報告期間の末日において入手可能な，最新の「世界産業分類基準」（GICS）の6桁の産業レベルのコードを用いて，産業別に分解する 　　C)　融資，プロジェクト・ファイナンス，債券，株式投資，未実行のローン・コミットメント，その他の資産に分解する（注2） (イ)　グロス・エクスポージャー（下記のように開示）（注3） 　　A)　報告期間の末日において入手可能な，最新の「世界産業分類基準」（GICS）の6桁の産業レベルのコードを用いて，産業別に分解する 　　B)　融資，プロジェクト・ファイナンス，債券，株式投資，未実行のローン・コミットメント，その他の資産に分解する 　　C)　未実行のローン・コミットメントに関するグロス・エクスポージャーは，実行済みのローン・コミットメントと区別して，コミットメントの総額を開示する (ウ)　グロス・エクスポージャーに関する次の事項（注4） 　　A)　グロス・エクスポージャーの総額に対する，ファイナンスド・エミッションに関連するグロス・エクスポージャーの割合 　　B)　A)の割合が100%未満の場合，ファイナンスド・エミッションに関連する資産にグロス・エクスポージャーの一部を含めていないことについて説明する情報（含めていない資産の種類を含む） 　　C)　ファイナンスド・エミッションに関連するグロス・エクスポージャーのうち，未実行のローン・コミットメントの割合 (エ)　ファイナンスド・エミッションを算定するために用いた方法（グロス・エクスポージャーの規模に関連して，企業に帰属する排出量を決定するために用いた配分方法を含む）
保険	(ア)　ファイナンスド・エミッションの絶対総量（下記のように開示） 　　A)　Scope1，2，3の温室効果ガス排出量に分解する 　　B)　報告期間の末日において入手可能な，最新の「世界産業分類基準」（GICS）の6桁の産業レベルのコードを用いて，産業別に分解する 　　C)　融資，債券，株式投資，未実行のローン・コミットメント，その他の資産に分解する（注5）

保険	(イ)　グロス・エクスポージャー（下記のように開示）（注3） A）　報告期間の末日において入手可能な，最新の「世界産業分類基準」（GICS）の6桁の産業レベルのコードを用いて，産業別に分解する B）　融資，債券，株式投資，未実行のローン・コミットメント，その他の資産に分解する C）　未実行のローン・コミットメントに関するグロス・エクスポージャーは，実行済みのローン・コミットメントと区別して，コミットメントの総額を開示する (ウ)　グロス・エクスポージャーに関する次の事項 A）　グロス・エクスポージャーの総額に対する，ファイナンスド・エミッションに関連するグロス・エクスポージャーの割合 B）　A）の割合が100%未満の場合，ファイナンスド・エミッションに関連する資産にグロス・エクスポージャーの一部を含めていないことについて説明する情報（含めていない資産の種類を含む） C）　ファイナンスド・エミッションに関連するグロス・エクスポージャーのうち，未実行のローン・コミットメントの割合 (エ)　ファイナンスド・エミッションを算定するために用いた方法（グロス・エクスポージャーの規模に関連して，企業に帰属する排出量を決定するために用いた配分方法を含む）

（注1）グロス・エクスポージャーの定義はSSBJの基準案には示されていないが，保有する金融資産のうち，リスクにさらされている金額の総額を指すものと考えられる。
（注2）「その他の資産」をさらに分解して，融資，プロジェクト・ファイナンス，債券，株式投資，未実行のローン・コミットメントに含まれない資産クラスを追加する場合，当該追加の資産クラスを設けることが主要な利用者の意思決定に関連性がある情報を提供することとなる理由について説明する。
（注3）グロス・エクスポージャーは，関連する財務諸表の作成にあたり準拠した会計基準にかかわらず，貸借対照表価額（該当ある場合，貸倒引当金を控除する前の金額）を開示しなければならない。
（注4）グロス・エクスポージャーの貸借対照表価額に，リスクを軽減するための取組みの影響が反映されている場合は，それらの影響を含めてはならない。
（注5）「その他の資産」をさらに分解して，融資，債券，株式投資，未実行のローン・コミットメントに含まれない資産クラスを追加する場合，当該追加の資産クラスを設けることが主要な利用者の意思決定に関連性がある情報を提供することとなる理由について説明する。
（出所）SSBJ「気候関連開示基準（案）」より大和総研作成

⑤　産業別の指標

指標の開示にあたっては，企業に関連する産業別の指標のうち，主なものを開示する必要があります。その際，サステナビリティ関連のリスク又は機会に具体的に適用されるテーマ別基準が存在しない場合には「SASB スタンダード」，気候関連のリスク又は機会については ISSB が2023年6月に公表した「IFRS

S 2 号の適用に関する産業別ガイダンス」（産業別ガイダンス）の開示トピックに関連する産業別の指標を参照し，その適用可能性を考慮しなければなりません。この産業別ガイダンスは ISSB が IFRS S 2 を設定する上で，企業が気候関連リスクや機会の開示に当たって参照すべきものとして SASB スタンダードをもとに作ったものです。そのため，SSBJ の「気候関連開示基準（案）」でも参照が求められているものと考えられます。産業別ガイダンスについても SASB スタンダードと同様，確認しておく必要があります。

　両者とも考慮が求められているのみで，必ず適用しなければならないものではありません。しかし，産業別の指標を開示するにあたって，同業他社との比較可能性を確保することは，情報の利用者にとって有用なものと考えられるため，適用を前向きに検討することも一案であると思われます。

⑷　適用時期と経過措置

　「サステナビリティ開示基準の適用（案）」，「一般開示基準（案）」，「気候関連開示基準（案）」は公表日以後終了する年次報告期間から適用することができるとされています。SSBJ は確定基準を2024年度末までに公表することを目指しているため，仮に確定基準が2025年 3 月に公表された場合， 3 月決算企業であれば2025年 3 月期に係る有価証券報告書から任意適用することができると考えられます。強制適用の時期については， 3 で解説します。

　各基準案には経過措置も定められています。まず，適用初年度は比較情報を開示しないことができます。なお，SSBJ の基準を任意適用している場合には，そもそも比較情報を開示しないことが認められているため，これは法令に従って SSBJ の基準を適用した開示を行う場合に関する経過措置になります。

　また，適用初年度はサステナビリティ全般ではなく気候関連のリスク及び機会のみについての情報を開示することができます。本来は SSBJ の全ての基準の定めに準拠しない限り，サステナビリティ関連財務開示が SSBJ の基準に準拠していると記述してはいけないとされていますが，この経過措置を適用することで，「一般開示基準（案）」に基づいたサステナビリティ全般に係る開示がなくとも，準拠しているといえることになると考えられます。SSBJ の基準適用 2 年目に初めて「一般開示基準（案）」を適用したサステナビリティ全般に

係る開示を行う際には，その年は気候関連のリスク及び機会以外のサステナビリティ関連のリスク及び機会に関する比較情報を開示しないことができます。

　さらに，温室効果ガス排出量について，適用初年度はGHGプロトコル又は法域の当局もしくは企業が上場する取引所が要求している方法以外の測定方法で測定することができ，加えて，Scope 3の温室効果ガス排出量（ファイナンスド・エミッションに関する追加的な情報を含む）を開示しないことができます。

　なお，これらの経過措置は，SSBJの基準を任意適用していた企業がその適用初年度に利用していたとしても，法令に従ってSSBJの基準を適用した開示を行う初年度には改めて利用することができます。

3 ┃ 今後のスケジュール

　SSBJの基準案では，適用時期は各基準の公表日以後終了する年次報告期間から，つまり，遅くとも2025年3月期からと考えられています。ただし，これはあくまでも基準を適用することができる時期であり，法令等に基づいて義務的な開示が求められる時期については，当局が定めるものとなります。

　SSBJの基準の適用が義務化される時期やその対象となる企業について，2024年3月に始動した金融庁の金融審議会「サステナビリティ情報の開示と保証のあり方に関するワーキング・グループ」（サステナビリティWG）で検討されています（保証については第6章（219ページ）を参照）。第2回の事務局説明資料（**図表4−7**）では，適用対象はプライム市場上場企業のうち時価総額の大きい企業から順次拡大することが提案されています。

　具体的には，プライム市場上場企業のうち時価総額3兆円以上の企業は2027年3月期から，時価総額1兆円以上の企業は2028年3月期から，時価総額5,000億円以上の企業は2029年3月期から，SSBJの基準の義務化を開始することが提案されています。また，将来的にはSSBJの基準をプライム市場上場企業のすべてに適用することが考えられているように見受けられます。プライム市場上場企業は，SSBJの基準の適用が義務化されることを見据えておく必要があります。

図表4－7	サステナビリティ開示基準の適用時期の検討（サステナビリティ WG）

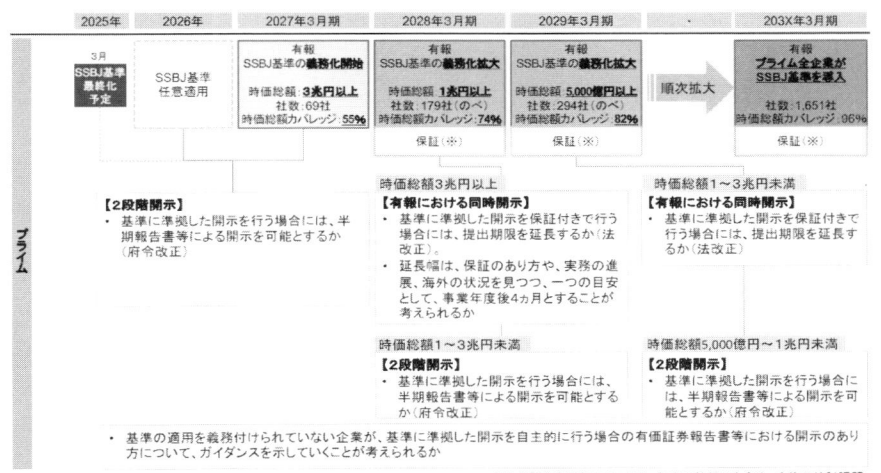

（出所）金融審議会「サステナビリティ情報の開示と保証のあり方に関するワーキング・グループ」
　　　（第2回）（2024年5月14日）資料1「事務局説明資料」より抜粋

　なお，スタンダード市場やグロース市場の上場会社については，サステナビリティ WG（第1回）の事務局説明資料でも，「開示の好事例を通じた促進」などによって開示を底上げするという方向性について記載はありますが，SSBJ の基準の適用を義務化するという提案は見られません。そのため，当面適用の義務化はないものと予想されます。

　ただし，スタンダード市場やグロース市場の上場会社も，SSBJ の基準を任意適用することはできると考えられます。投資家などとの対話を通じてサステナビリティ情報に対するニーズをくみ取り，必要に応じて SSBJ の基準に沿った開示に向けた取り組みを先行的に進めていくことも有効でしょう。

　最終的な適用時期や対象企業については，今後のサステナビリティ WG で検討されていくものであり，上記の提案内容は確定事項ではないことには注意が必要です。市場区分にかかわらず，将来的な強制適用の可能性に備えて，基準の完全な準拠に限らず，一部の事項の開示にトライすること，その開示につ

いて投資家と対話することを含め，早いうちに SSBJ の基準に積極的に対応していくことが推奨されます。

<table>
<tr><td>第4節</td><td>その他の基準に関する状況</td></tr>
</table>

1 TNFD提言

(1) TNFDの設立とTNFD提言の公表

第2章（63ページ）で確認しましたが，わが国では多くの企業が TCFD に賛同し，TCFD 提言に沿った気候変動に関する情報開示を行っています。この TCFD に続く形で2021年に設立された組織が，TNFD（Taskforce on Nature-related Financial Disclosures：自然関連財務情報開示タスクフォース）です。TCFD が気候変動にフォーカスしていたのに対して，TNFD は自然にフォーカスしています。社会，経済，金融システムは自然の中にあるものであり，自然の悪化，生物多様性の損失により，企業，投資家，金融システム，経済にリスクがもたらされます。こうした考えに基づき，ネイチャーポジティブ（自然を回復させるために生物多様性の損失を止め，反転させること）に資金の流れを移行させることを目的としています。

TNFD は2023年9月に TNFD 提言とそれに係る複数のガイダンスを公表しました。ここでは，その概要について解説します。

(2) TNFD提言を理解するための用語の整理

TNFD 提言では，自然に関する情報の開示が求められます。そのため，企業はまず「自然」やそれに関する用語の定義を理解する必要があります（**図表4-8**）。

自然の四つの領域（陸地，海洋，淡水，大気）を，社会が横断しており，自然に対して影響を与えるとともに，自然の損失によって社会も影響を受けます。生物多様性があることによって，自然資本や生態系の持続性，適応性が高まり，自然資本や生態系は生態系サービスを社会にもたらしています。逆に，自然資

本の減少，生物多様性の喪失，生態系の破壊が生じると，企業にもたらされる
生態系サービスに悪影響が及びます。このように，社会の中にある企業は，自
然に「依存」しているとともに，自然に対して「影響」を与えています。これ
らの関係は，企業に対して自然に関する「リスク」（**図表4－9**）と「機会」（**図
表4－10**）をもたらします。

図表4－8　TNFD提言における自然に関する用語の定義（例）

自然	人間を含む生物の多様性と，生物同士および生物と環境との相互作用に重点を置いた自然界。陸地，海洋，淡水，大気の四つの領域で構成される。
自然資本	再生可能および再生不可能な天然資源（植物，動物，空気，水，土壌，鉱物など）のストック。組み合わせによって人々に利益のフローをもたらす。
生物多様性	自然の各領域にわたる生物間の多様性。これには，種内における多様性，種間の多様性，生態系の多様性が含まれる。
生態系	機能単位として相互作用する，植物，動物，微生物群集と非生物環境の動的な複合体。
生態系サービス	経済活動やその他の人間活動の利益に対する，生態系の寄与。供給サービス（作物，木材，水の供給など），調整・保守サービス（気候調整など），文化サービス（観光の機会など）の三つに分類される。

（出所）TNFD "Recommendations of the Taskforce on Nature-related Financial Disclosures"（2023），"Glossary" Version 1.0（2023）より大和総研作成

図表 4 - 9	自然に関するリスクの分類

物理的リスク		自然の劣化と，その結果としての生態系サービスの損失から生じる企業にとってのリスク
	急性リスク	自然状態を変化させる短期的で特定の事象の発生（油の流出，森林火災，収穫に影響を与える害虫など）
	慢性リスク	自然状態のゆるやかな変化（農薬の使用に起因する汚染や気候変動など）
移行リスク		様々な経済主体による自然への悪影響の防護・回復・軽減を目的とした行動の不調和から生じる企業へのリスク
	政策リスク	自然にプラスの影響を与える，もしくはマイナスの影響を軽減するための政策の変化
	市場リスク	消費者の嗜好の変化などを含む，市場全体の動向の変化
	技術リスク	自然への影響や依存を軽減する製品・サービスへの転換
	評判リスク	地域，経済，社会レベルを含む，企業の自然への影響に関する認識の変化
	責任リスク	法的請求から生じるリスク（例えば，自然関連の規制などの厳格化に伴うもの）
システミックリスク		個々の問題ではなく，システム全体のブレークダウンから生じる企業へのリスク
	生態系安定性リスク	重要な自然システムが不安定になり，従来と同じように生態系サービスを提供できなくなるリスク（例えば，何らかの転換点に達し，体制の変化や生態系の崩壊が発生し，様々な物理的リスクや移行リスクが生じるリスク）
	金融安定リスク	物理的リスクや移行リスクの顕在化および複合化が，金融システム全体の不安定化につながるリスク

（出所）TNFD "Recommendations of the Taskforce on Nature-related Financial Disclosures"（2023）より大和総研作成

図表4－10　自然に関する機会の分類

企業	市場	新しい市場などへのアクセスなど，市場全体の動向の変化
	資本フロー・資金調達	資本市場へのアクセス，自然への影響に関連した融資条件や金融商品の改善
	資源効率	自然への影響や依存を回避または軽減し，運用効率の向上やコスト削減にもつながる行動
	製品・サービス	自然を保護，管理，復元する製品・サービスの創造・提供に関連する価値提供
	評判	企業の本質的な影響に関する認識の変化
自然	天然資源の持続的な利用	天然資源をリサイクルや再生可能なもので代用すること
	生態系の保護，再生，復元	生態系の保護，再生，復元を支援する活動

（出所）TNFD "Recommendations of the Taskforce on Nature-related Financial Disclosures"（2023）より大和総研作成

(3)　開示を行う上での要件

　TNFD 提言では，開示を行っていくための様々な要件が定められています。まず，企業はバリュー・チェーンのうち対象とする開示の範囲や範囲決定のプロセスを説明する必要があります。また，企業が考慮する短期，中期，長期の期間についての説明も求められます。さらに，気候変動に関する情報を含む他のサステナビリティ情報との統合を考える必要があります。

　加えて，重要な要件の一つとして，マテリアリティが挙げられます。TNFD提言ではマテリアリティについて，各法域（特定の法令が適用される地域）の規制におけるアプローチに従うとされていますが，規制等がない場合にはTCFD や ISSB と同様にシングルマテリアリティの考えを採用します。ただし，必要に応じてダブルマテリアリティの考えを採用することも認められています。

　自然に特徴的な要件もあります。自然に関するリスクや機会は企業と自然の接点である地理的な位置によって異なるため，自社の直接業務および上流・下流のバリュー・チェーンを通じて，企業と自然との接点である地理的位置を考慮することが求められています。

　さらに，ステークホルダーとのエンゲージメントについても要件とされてい

ます。特に，自然と直接的な関わりが大きい先住民や地域社会は，企業活動による自然への影響に応じてその人権がリスクにさらされ得るため，こうしたステークホルダーとのエンゲージメントは，企業の自然問題の理解・管理や，ステークホルダーとの信頼関係の確立につながり，重要とされています。こうしたステークホルダーとのエンゲージメントのプロセスを説明する必要があります。

(4) 開示事項

　TNFD 提言では，TCFD 提言における開示事項の四つの柱を踏襲し，「ガバナンス」，「戦略」，「リスクと影響の管理」，「指標と目標」の開示が求められています（**図表4－11**）。大きな違いとしては，TCFD 提言では「リスク」と「機会」についての開示が求められていたのに対し，TNFD 提言ではこれに加えて「依存」と「影響」の開示も必要とされています。

① 　ガバナンス

　取締役会の監督について，自然に関する依存，影響，リスク，機会について取締役会が報告を受ける頻度やプロセス，目標への進捗の監督方法，役員報酬との関係の開示が求められます。また，経営陣の役割に関して，経営陣が自然に関する依存，影響，リスク，機会について，情報を得て監視するための管理や手順などを開示します。さらに，自然については先住民や地域社会などとの関わりが大きいため，ステークホルダーに関する人権方針，エンゲージメントや，それに関する取締役会や経営陣の監督を説明することなどが求められています。開示に際しては，先住民や人権に関する国連の宣言や指導原則などを参照します。

② 　戦　　略

　企業において自然に関するどのような依存，影響，リスク，機会があるのか，それらが企業のビジネスモデル，バリュー・チェーン，財務などにどのような影響を及ぼすのかといったことを開示します。また，TCFD 提言と同様にシナリオ分析を行い，自社の戦略のレジリエンスや，使用したシナリオについて

図表4−11　TNFD提言の開示事項

ガバナンス	戦　略	リスクと影響の管理	指標と目標
自然に関する依存，影響，リスク，機会に係る企業のガバナンスを開示する	企業の事業，戦略，財務計画において，自然に関する依存，影響，リスク，機会の実際的・潜在的なインパクトが重要性を持つ場合にはこれを開示する	企業の自然に関する依存，影響，リスク，機会の特定・評価・優先付け・監視のためのプロセスを開示する	自然に関する依存，影響，リスク，機会を評価・管理する指標と目標を開示する
A.　自然に関する依存，影響，リスク，機会に関する取締役会の監督について説明する	A.　企業が特定した，短期，中期，長期の自然に関する依存，影響，リスク，機会について説明する	A(i).　企業の直接業務における自然に関する依存，影響，リスク，機会を特定・評価・優先付けするためのプロセスを説明する	A.　企業が戦略およびリスク管理プロセスに沿って，重要な自然に関するリスクと機会を評価・管理するために使用している指標を説明する
B.　自然に関する依存，影響，リスク，機会の評価・管理における経営者の役割について説明する	B.　自然に関する依存，影響，リスク，機会が，企業のビジネスモデル，バリュー・チェーン，戦略，財務計画に与えた影響，移行計画や分析について説明する	A(ii).　上流・下流のバリュー・チェーンにおける自然に関する依存，影響，リスク，機会を特定・評価・優先付けするためのプロセスを説明する	B.　自然に関する依存と影響を評価・管理するために企業が使用している指標を説明する
C.　自然に関する依存，影響，リスク，機会に対する企業の評価と対応において，先住民，地域社会，影響を受ける人々，その他のステークホルダーに関する企業の人権方針とエンゲージメント活動，取締役会と経営陣による監督について説明する	C.　様々なシナリオを考慮して，自然に関するリスクと機会に対する企業の戦略のレジリエンスについて，説明する D.　企業の直接業務，および可能な場合は上流・下流のバリュー・チェーンにおいて，優先地域に関する基準を満たす資産や活動がある場所を説明する	B.　自然に関する依存，影響，リスク，機会を管理するためのプロセスを説明する C.　自然に関するリスクの特定・評価・管理のプロセスが，企業全体のリスク管理にどのように組み込まれているかを説明する	C.　企業が自然に関する依存，影響，リスク，機会を管理するために使用している目標，それに係る企業の実績を説明する

（出所）TNFD "Recommendations of the Taskforce on Nature-related Financial Disclosures"（2023）より大和総研作成

説明をする必要があります。さらに，資産のある場所や活動地域が「優先地域」に該当する場合には，その場所を開示することが求められます。ここでいう優先地域とは，マテリアリティに基づいて企業が自然に関する依存，影響，リスク，機会を特定した地域，もしくは自然に関してセンシティブな地域（例えば，生物多様性にとって重要である地域や水リスクが高い地域など）のことを指します。企業の自然に関するリスク・機会は，特定の地理的な位置によって異なるため，こうした場所に関する開示も必要となります。

③　リスクと影響の管理

　自社もしくはバリュー・チェーンにおける自然に関する依存，影響，リスク，機会を特定，評価，優先付け，監視，もしくは管理するためのプロセスを開示します。この際，特定，評価，優先付け等の方法や使用するデータ，バリュー・チェーンの範囲の説明なども求められます。また，こうしたプロセスが企業全体のリスク管理にどのように統合されているかも併せて開示します。

④　指標と目標

　自然に関する依存，影響とリスク，機会に関する主要な指標などを開示します（**図表4－12**）。また，セクター別の指標も設定されている場合には開示が求められます。さらに，企業が設定している自然に関する目標も開示します。ただし，いずれも企業にとって関連性がない，重要性がない，データが不十分であるなどの場合には，それを説明することで開示しないことも認められています（コンプライ・オア・エクスプレイン）。

⑸　開示に向けたLEAPアプローチ

　TNFD提言における自然に関する用語などを理解し，要件を踏まえた上で，求められている事項を開示していきます。TNFDはこうした開示を行う企業のために複数のガイダンスを公表しています。具体的には，シナリオ分析やステークホルダーとのエンゲージメントに関するガイダンス，金融機関向けのセクター別のガイダンスなどがあります。

　これらのガイダンスの一つとして，「LEAPアプローチ」に関するものがあ

| 図表4−12 | TNFD 提言における自然に関する主要な開示指標 |

	自然変化の要因		指　標
依存と影響	陸地，淡水，海洋の利用の変化	総空間専有面積（フットプリント）	・企業が制御，管理する総面積 ・支障が起こされた総面積 ・修復された総面積
		陸地，淡水，海洋利用の変化の範囲	・陸地，淡水，海洋生態系の変化の範囲※ ・保全，復元された陸地，淡水，海洋生態系の範囲（任意か義務かで分類） ・持続的に管理される陸地，淡水，海洋生態系の範囲※ ※生態系や事業活動の種類別
	汚染・汚染除去	種類別の土壌に放出された汚染物質	種類別の土壌に放出された汚染物質（セクター別ガイダンスを参照）
		排水量	・排水量（合計，淡水，その他で分類） ・排水中の主要な汚染物質の濃度（種類別） ・関連する場合，排水の温度
		廃棄物の発生と処分	・種類別の有害，無害廃棄物の重量（セクター別ガイダンスを参照） ・廃棄方法別の有害，無害廃棄物の重量 ・再利用，リサイクル，その他に使われる有害，無害廃棄物の重量
		プラスチックによる汚染	使用，販売されるプラスチックの総重量で測定した原材料の含有量に分類されたプラスチックのフットプリント
		非温室効果ガスである大気汚染物質	種類別の大気汚染物質（粒子状物質，窒素酸化物，揮発性有機化合物，硫黄酸化物，アンモニア）
	リソースの使用・補充	水不足地域からの取水・消費	取水量・消費量（水源の特定を含む）
		陸地，海洋，淡水から調達する高リスクの天然資源の量	・陸地，海洋，淡水から調達する高リスクの天然資源の量，天然資源全体に占める割合（種類別） ・持続可能な管理計画などに基づいて調達された高リスクの天然資源の量，天然資源全体に占める割合（種類別）
	侵略的外来種など	意図しない侵略的外来種の侵入への対策	侵略的外来種の意図しない侵入を防ぐための適切な措置の下で運営された高リスク活動，または低リスクに設計された活動の割合
	自然の状態	生態系の状態	生態系の状態のレベル（生態系や事業活動の種類別）
		種の絶滅のリスク	種の絶滅のリスク
リスクと機会	カテゴリー		指　標
	リスク		自然に関する移行リスクに対して脆弱であると評価される資産，負債，収益，費用（合計・割合）
			自然に関する物理的リスクに対して脆弱であると評価される資産，負債，収益，費用（合計・割合）
			自然に関する悪影響による罰金や訴訟などの額・説明

機会	自然に関する機会のための設備投資，資金調達，投資額（関連する場合，分類に関する規制などを参照）
	自然にプラスの影響をもたらす製品・サービスからの収益の増加と割合，影響に関する説明

（出所）TNFD "Recommendations of the Taskforce on Nature-related Financial Disclosures"（2023）より大和総研作成

ります。LEAP アプローチとは，企業が TNFD 提言に沿った開示を行う上で自然に関する問題を評価・管理するために，TNFD によって開発されたものです。Locate, Evaluate, Assess, Prepare の四つのフェーズに沿って，自然に関する問題を評価・管理するというものであり，それぞれのフェーズの頭文字をとって LEAP アプローチと呼称されています（**図表4－13**）。

図表4－13 LEAPアプローチの概要

Locate 企業と自然の接点を特定する	Evaluate 依存・影響を評価する	Assess リスク・機会を評価する	Prepare 対応と報告の準備をする
L1：ビジネスモデルとバリューチェーンの範囲 企業の活動がセクター，バリュー・チェーン，地域ごとにどのようなものか，直接業務はどこで行われるかを特定する	E1：環境資本，生態系サービス，影響要因の特定 分析対象となる企業の活動などに関連する環境資産，生態系サービス，影響要因を特定する	A1：リスク・機会の特定 自然に関する依存・影響に基づいて，リスク・機会を特定する	P1：戦略とリソース配分の計画 分析をもとに，リスク管理，戦略，リソース配分の決定を検討する
L2：依存・影響のスクリーニング L1で特定したもののうち，自然への中度・高度の依存や影響と潜在的に関連しているものを特定する	E2：依存・影響の特定 自然に関する依存・影響を特定する	A2：既存リスクの軽減とリスク・機会の管理の調整 既存リスクの軽減とリスク・機会の管理プロセスなどを確認・調整する	P2：目標設定と実績管理 目標設定，進捗測定のための指標を検討する

L3：自然との接点	E3：依存・影響の測定	A3：リスク・機会の測定と優先順位付け	P3：報告
中度・高度の依存や影響が潜在的にあるセクター，バリュー・チェーン，直接業務の地理的な位置，接しているバイオームや生態系を特定する	自然に対する依存・影響の規模と範囲を測定する	リスク・機会を測定し，優先付けを行う	TNFD提言に沿った開示を検討する
L4：センシティブな地域との接点	E4：影響の重要性の評価	A4：リスク・機会の重要性の評価	P4：公表
企業の活動に中度・高度の依存・影響がある場合，環境的にセンシティブな地域にあるもの，直接業務のうちセンシティブな地域にあるものを特定する	影響のうち重要なものを特定する（ダブルマテリアリティの考え方を採用する場合）	リスク・機会のうち重要性があり，開示すべきものを特定する	開示場所や方法を検討する

（出所）TNFD "Guidance on the identification and assessment of nature-related issues: The LEAP approach Version 1.0" (2023) より大和総研作成

　企業は，LEAP のフェーズに入る前に，Scoping（範囲設定）を行います。具体的には，①依存，影響，リスク，機会がある可能性がある事業活動にどのようなものがあるか（地域，セクターなど）の仮説を立て，②問題を評価していく上で必要な財務・人材・データのリソースや時間に関する調整を行います。

　その上で，LEAP の各フェーズを実行します。まず，自社の活動の地理的な位置やそれと関連する自然との接点を特定します（Locate）。続いて，企業の自然に対する依存・影響を特定・評価します（Evaluate）。そして，依存・影響に基づいて，企業におけるリスク・機会を特定・評価します（Assess）。最後に，これらの情報について，戦略，リソース配分，目標設定といった対応や，開示について準備します（Prepare）。

　なお，LEAP アプローチを使用するか否かは任意であり，企業が独自の方法で開示に取り組むこともできます。また，厳密に LEAP の順番に沿って使用することが求められているわけではありません。ただし，あらゆる規模・セクター・地域で利用できるように TNFD が設計したものであり，TNFD 提言に

沿った開示を行う場合には確認することが推奨されます。

　TNFD 提言に基づく自然に関する情報開示は，TCFD 提言の時と同様に今後拡大していくことが予想されます。TNFD 提言に沿った開示を2024年もしくは2025年の会計年度から開始することを宣言している早期導入企業・機関は国際的には320社，わが国では80社あります（2024年1月16日時点）。

　例えば，キリンホールディングス株式会社も早期導入を宣言している企業の一つです。既に TNFD 提言に対応する取り組みを進めており，「環境報告書2023」では TNFD 提言公表前のベータ版時点における LEAP アプローチに沿った分析が開示されています。Locate のフェーズでは，製品の原材料について依存度が高い農園の生態系などの調査を行っています。その上で地域の特徴や懸念点，優先される保全活動が開示されています。また，Evaluate のフェーズでは，環境資産と生態系サービスの特定を行っています。これに基づき，依存と影響に係るリスク，機会，既に行われている対応を示しています。今後，さらにフェーズを進めていくことが考えられています。

　わが国では TCFD 提言に基づく開示が早期から進んでおり，有価証券報告書でも気候変動については既に多くの企業が開示しています。SSBJ の基準が導入されたとしても，TCFD 提言に基づく開示をしていた企業はそうでない企業と比べて，よりスムーズに対応を進めることができると考えられます。自然に関する情報開示もこれと同様に，TNFD 提言に沿った開示に早期に取り組んでおくことで，将来的に ISSB で自然に関するテーマ別基準が策定され，これを踏まえた日本版基準が適用されることになったとしても，より迅速に対応できると予想されます。第3章でサステナビリティ情報の開示に向けた取り組みについて解説していますが，これをベースにした上で，LEAP アプローチも参考にし，開示に向けた検討をすることが望ましいと考えられます。

図表４－14　LEAPアプローチに沿った自然に関する情報開示（キリンホールディングス株式会社）

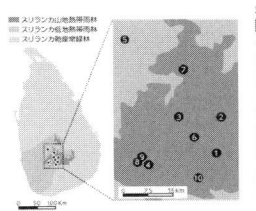

LEAPアプローチによる自然資本のリスクと機会の分析

キリングループでは、TNFDフレームワークβ版 v0.1で提案された自然関連リスクと機会を評価する「LEAPアプローチ」による試行的な開示を、2022年7月に環境報告書2022年版の中で世界に先駆けて行いました。その後、LEAPはTNFDフレームワークβ版の一部としてβ3版にいたり改訂されています。

キリングループはパイロットテストに参加し、TNFD開発者とも意見交換を行う中で、相互に複数に関連する多くのステークホルダーが存在する自然資本について、現段階で事業全般にわたって網羅的に評価するのは困難であると判断しました。既存の取り組みによる「対象とする「場所」と「依存性」を切り分けし、多くの関係者ともコミュニケーションを取り合ってアプローチができる準備について、LEAPによる分析を行い、十分な知見を得たうえで対象を広げていくことが確実的であり効果的であると考えています。

今回は、原料を産地として地域の依存保全が高いスリランカの紅茶農園について、LEAP（TNFDフレームワークβ版 v0.2）を使って評価を実施しました。

「キリン午後の紅茶」はキリンビバレッジの主力商品であり、発売から30年以上スリランカの紅茶葉を使い、そのことをマーケティングに利用しています。その他の多くの商品と比べても、原料生産地への依存度は極めて高い商品と言えます。

LEAPの（Locate：発見）フェーズでは、スリランカの中でも自然公園などに近い10農園を選択し、その緯度・経度を調べ、Global Map of Ecoregions[*1]やIUCN Global Ecosystem Typology[*2]を使って、紅茶農園周辺の生態系を把握しました。さらに、所在地のバイオームの調査を行いました。L3（優先地域の特定）フェーズでは、IBAT[*3]やAqueduct Water Risk Atlas[*4]などを使い、検討対象地域の生態系がどれくらい入り組む影響を受けているか、保護上の重要性、水ストレスを除算し総合的に評価を行いました。

その結果、紅茶農園は固有種が多数生息している山地熱帯雨林や低地熱帯雨林に位置していることが分かりました。集約的な土地利用である紅茶農園は、熱帯雨林の生態系への影響低減・保全に責任があります。しかし、近隣にホートン・プレインズ国立公園やヌッガラ空港により分断されているにも関わらず、生物多様性の保全に貢献する有効な対策がないことも確認できました。

この課題の解決方法としては、森林パッチと呼ばれる残存するモザイク状の貴重な生息地を緑の回廊でつないだり、保護地域と結合するなどしてより大きな面積を形成することなどが考えられます。

E（Evaluate：診断）のフェーズでは、スリランカで現実実装されている各種ビジネスを使って、関連する環境資産[*5]と生態系サービス[*6]を行い、依存度と影響を把握した分析・評価結果は以下の表の通りです。A（Assess：評価）フェーズの実施にはこれらのであるもので、この結果からはキリングループが2013から続けているより持続可能な農園経営及び地域のトレーニングによって自然資本へのインパクトの緩和に寄与できる項目が多くあり、スリランカの固有種の課題の解決にも寄与できると考えます。

紅茶農園近辺においては、水と土壌は品質を支える存在度の大きい要素です。分析の結果から、水の利用や化学肥料・農薬の利用を通じて、生態系の自然に影響を与えていることがわかりました。肥料により排出されるN_2Oの温室ガスへの影響、農薬等が適切に管理されていない場合は土壌農薬より周辺の汚染につながることも把握できました。近隣のスリランカの紅茶農園内外で、多くな生き物への影響リスクにもなっています。

スリランカでは、突発的な規制によるステイック・リスクについても小さくない自然関係の影響も経験しています。2021年に当時の政府が突然「スリランカを世界初の100%有機農業の国にする」と宣言し、化学肥料や農薬が禁止されました。大きな混乱と農業関係者の反対によって影響されたものの、その懸念は大きく、生産量は半減したといわれています。紅茶葉栽培は重要産業として政府からさまざまな支援を受け大きな影響は免れましたが、紅茶農園が経営破たんするなどして葉の放棄が放置される場合には、木材用の植林地に転換される場合があり、その場合は水を大量に消費することが知られているユーカリが植えられることが多く、コミュニティで使う水の供給に問題が発生する場合もあることも懸念されています。

今回の混乱の中で、レインフォレスト・アライアンスは有機肥料の利用の切り替えを活用し、大きな混乱と農薬使用を受けないような支援を実施しています。レインフォレスト・アライアンス認証取得のためのトレーニングでは、有機肥料と土壌流出を防ぐようなカバークロップで適切な農薬や肥料の使い方を学ぶことができるため、土壌汚染や劣化、生態系への影響を軽減し、単位面積当たりの収量を上げることが出来ます。過剰な農薬や肥料使用が抑えられることで、農園の収入も増えます。現在の茶園の中で十分な収量を確保できるようになることで、茶園の不用意な拡大による熱帯雨林の伐採防止、土地改変の影響低減に寄与しています。このように、認定された2013年から継続している認定取得支援の活動評価はマッチしています。今後、スリランカの紅茶農園を対象に、LEAPのA・P（Prepare：準備）フェーズに進み、活動の有効性をより詳細に分析・評価する予定です。2020年から認証取得支援を行っているベトナムのコーヒー農園でも、同様の分析・評価を行い、取り組みの方向性を確認していきたいと考えています。

LEAPの方法で、E以降のフェーズについては地域ごとの要因が異なるため個別に確認する必要があり、日付だけではなくサプライヤーも巻き込んだ調査が必要となります。

上記以外の食資物に関しては食農情報まで全て把握しきれていないため、引き続きサプライヤーへのヒアリング調査・現地調査の上で、同様の課題把握と対応策について検討を進めていきます。

[*1] Global Map of Ecoregionsを用いてスリランカの生態系区分を把握、紅茶農園に該当する自然の生息地の生態系を把握することができる
[*2] IUCN Global Ecosystem Typology (IUCN-GET) を使い地域上の生態系を把握する
[*3] Integrated Biodiversity Assessment Tool の略

対象とした10農園の分析・評価結果

スリランカ山地熱帯雨林		スリランカ低地熱帯雨林
ツバ、メウラエリア、ディンブラ	調査範囲の農園地域	キャンディ
	農園の地理	

今回の調査・分析で準備したTNFDフレームワークの「優先地域」判断基準

	優先地域の判断基準		各判断基準に活用できると考えられるデータベース
生態系の完全性			IBATによる調査地点の半径50km範囲内のレッドリスト種
生物多様性の重要性		保護地域との近接性 KBA（生物多様性重要地域）との近接性	IBATによる調査地点の半径50km範囲内の保護地域・KBA数
水ストレス		ベースラインストレス	Aqueduct Water Risk Atlasにより調査地点の水ストレスレベルを算出

LEAP

「依存」に係るリスクと機会、既存の活動

カテゴリー	生態系サービス	リスク	機会	既存の活動
供給サービス	水の供給	●水の供給量の低下による収量減少 ●地域コミュニティの水利権をめぐる対立	●水源地保護による持続可能な水利用の推進	●農園内の水源地保全活動
調整・維持サービス（生産を助ける機能）	遺伝資源 水の浄化 水の調節	●降水不順による収量の減少 ●災害発生	●自然に基づく解決策としての水源涵養、流域性保全	●農業・工業・居住地などの適切な排水処理 ●水資源涵養機能向上
調整・維持サービス（影響からの保護）	土壌の質の調節 土壌・堆積物の保持 細胞的な病気制御	●土壌流出による肥沃度・収量の低下 ●災害発生 ●病害発生・拡大	●自然に基づく解決策による農薬や肥料量削減	●農園へのカバークロップ ●密生が進む植物駆除

「影響」に係るリスクと機会、既存の活動

カテゴリー	影響ドライバー	リスク	機会	既存の活動
生態系の利用	陸生/淡水系利用	●土地利用による生物多様性の損失 ●森林の伐採採掘	●適切な土地利用、農業慣行管理による森林保全	●森林伐採防止、カバークロップ、農業・肥料緩衝
資源の利用	水使用	●過剰利用による水資源劣化 ●地域コミュニティとの水利権をめぐる対立	●水源地保護による持続的な水利用管理、収量増大	●農園内の水源地保全活動
汚染	土壌汚染	●化学肥料・農薬使用による長期的な土壌汚染 ●農薬規制による短期的な収量減少	●有機肥料の利用による農薬低減、収量増加	●農薬・化学肥料の適切な使用・記録
	固形廃棄物			●廃棄物管理
気候変動	温室効果ガス排出			●農業・工業・居住地の適切な排水処理
侵略的外来種など	撹乱			

（出所）キリンホールディングス株式会社「環境報告書 2023」より抜粋

2 ┃GRIスタンダード

　GRI に関しては145ページで述べた通り，ダブルマテリアリティの方針をとっていることから，現状ではシングルマテリアリティの考え方に基づく ISSB との統合の様子はうかがえません。ただし，両者は連携の姿勢を見せており，企業が両方の基準を適用する際に参考になる資料の公表等を行っています。

　GRI スタンダードは，利用する際の基本となる「共通スタンダード」，経済，環境，社会についての開示項目を定めた「項目別スタンダード」（**図表4－15**），

図表4－15　GRIスタンダードの「項目別スタンダード」

経　　済	環　　境	社　　会
経済パフォーマンス	原材料	雇用
地域経済でのプレゼンス	エネルギー	労使関係
間接的な経済的インパクト	水と廃水	労働安全衛生
調達慣行	生物多様性	研修と教育
腐敗防止	大気への排出	ダイバーシティと機会均等
反競争的行為	廃棄物	非差別
税金	サプライヤーの環境面のアセスメント	結社の自由と団体交渉
		児童労働
		強制労働
		保安慣行
		先住民族の権利
		地域コミュニティ
		サプライヤーの社会面のアセスメント
		公共政策
		顧客の安全衛生
		マーケティングとラベリング
		顧客プライバシー

（出所）GRI「GRIスタンダード」より大和総研作成

セクターごとに従うことを定めた「セクター別スタンダード」の三つで構成されます。セクター別スタンダードは順次開発が進められています。そのほか，気候変動や生物多様性に関するプロジェクトも進められています。これらのスタンダードを通じて，企業はサステナビリティに関するインパクトを開示します。

　GRI スタンダードについては，EU におけるサステナビリティ情報開示の規制と連動を図っていることが大きなポイントといえます。第 5 章（188ページ）で後述しますが，欧州ではサステナビリティ情報の開示に関して，新たな指令と基準が策定されています。これらは GRI スタンダードと同様にダブルマテリアリティの考え方を採用しており，GRI スタンダードを適用する企業が EU で多いことも踏まえ，二重の開示になることがないように相互運用性の確保が進められています。

　シングルマテリアリティに基づく開示を求める ISSB，ダブルマテリアリティに基づく開示を求める EU や GRI，という構図がうかがえ，今後の動向が注目されます。ただし，両者は対立しているわけではなく，相互運用性を図るものと考えられる点には注意が必要です。

3　CDP

　CDP の質問書に回答して格付を付与される企業は年々増加しています。2023年には既に過去最多の23,000社超の企業が CDP を通じて環境情報を開示していることが公表されています。わが国でも，プライム市場上場会社1,100社以上を含む約2,000社が開示していることが示されています。

　CDP は企業の開示負担軽減や投資家にとっての情報の比較可能性確保のために，各種基準や規制と質問書との整合性を重視しています。CDP は TCFD 提言との整合性に加えて，2024年の質問書からは ISSB の IFRS S 2 と整合性をとることを示しています。

　また，TNFD 提言に関しても，2024年以降に整合させる予定であるとしています。さらに第 5 章で説明する EU や米国のサステナビリティ情報に関する規制も反映の可能性が考えられています。

　このように国際的に活用されている，影響力の大きい開示基準や規制について，CDP はその要件を取り入れていくことを目指しています。比較可能性が確保された開示情報に基づき企業に対して付与される CDP の評価は，質の高い ESG 格付・ESG スコアの一つとして，投資家が参考にする重要な存在であると捉えられます。

第5章

他国でのサステナビリティ
情報の開示規制

POINT！

- EU では，サステナビリティ情報の開示を求める新たな規制である CSRD（企業サステナビリティ報告指令）が，早ければ 2024 年から適用されます。CSRD の対象企業は ESRS（欧州サステナビリティ報告基準）に沿った各種テーマに関する情報開示が求められます。開示するサステナビリティ情報への第三者保証が求められる点や，ダブルマテリアリティの考え方が採用されている点が特徴となっています。

- 米国では，2020 年から人的資本に関する開示が求められているほか，2024 年に気候関連情報の開示に関する規制が最終化されています。この規制では，TCFD 提言に沿った気候変動に関する情報を開示するとされており，大規模な企業には Scope1，Scope2 の温室効果ガス（GHG）排出量の開示とそれに対する第三者保証が求められます。ただし，米国内では反 ESG の動きが強まっており，今後の動向が注目されます。

- 英国，香港，シンガポール，オーストラリアなどの国・地域において，広く ISSB の基準を踏まえたサステナビリティに関する情報開示の規制拡充が検討されています。企業としては投資判断に資する比較可能性のある情報を提供するために，ISSB の基準（もしくはそれを踏まえた SSBJ の基準）に沿った開示を行うことが重要となります。

第1節　EUではダブルマテリアリティの考えに基づく開示が求められる

1 ▎CSRD（企業サステナビリティ報告指令）の発効

(1)　従来の規制であるNFRD（非財務情報開示指令）

　サステナビリティ情報の開示に関しては，特に EU において先行的に進められています。2018年から，NFRD（非財務情報開示指令）が施行されており，従業員が500人超の大企業（大企業の定義は従業員が250人超，総資産額2,500万ユーロ超，純売上高5,000万ユーロ超の二つ以上を満たす企業）である上場会社，銀行，保険会社などは，事業を理解する上で必要な非財務情報の開示が求められていました。

　具体的には，ESG（少なくとも環境保護，社会的責任，従業員待遇，人権尊重，腐敗防止と贈収賄防止等の事項を含む）に関連する，**図表5－1**に挙げられている情報を年次報告書に含まれる経営報告書（management report）で開示します。また，GRI スタンダードや TCFD 提言のような国際的な開示基準に準拠している場合は，準拠している基準についても開示する必要があります。

図表5－1　NFRDで開示が求められる情報

①	事業のビジネスモデルの概要
②	ESGに関する企業の方針（デューデリジェンスプロセスを含む）
③	②の方針の成果
④	事業におけるESGに関するリスク（当該リスクのマネジメント方法等を含む）
⑤	特定のビジネスに関連する非財務KPI

（出所）EU法令等より大和総研作成

(2)　NFRDからCSRDへの改訂

　EU では，企業のサステナビリティ情報の開示をさらに進めるべく，2023年1 月に CSRD（企業サステナビリティ報告指令）が発効しました。CSRD は NFRD を改訂したものであり，対象企業の範囲拡大，第三者保証の要求，開

示内容の詳細化，の三つが大きな変更点です。

　まず，対象企業の範囲について，CSRDでは上場会社（従業員10人以下，総資産額45万ユーロ以下，純売上高90万ユーロ以下のうち，二つ以上を満たす零細企業を除く）または大企業（従業員250人超，総資産額2,500万ユーロ超，純売上高5,000万ユーロ超のうち，二つ以上を満たす企業）などが対象となります。

　続いて，第三者保証の要求については，NFRDが監査人による意見表明等が不要であったのに対して，CSRDでは開示するサステナビリティ情報に関する限定的保証業務に基づいた意見表明が必要とされています。

　最後に，開示内容については，NFRDよりも開示事項が細かく定められています。具体的には，サステナビリティ要素（環境，社会，従業員の問題，人権尊重，腐敗防止，贈収賄防止を含む，環境，社会，人権，ガバナンスに関する事項），および当該事項が事業の発展，業績，ポジションにどのように影響するかを理解するために必要な情報を経営報告書に含めるとされています（**図表5－2**）。なお，開示に際しては，2で解説するESRS（欧州サステナビリティ報告基準）に沿って，定められた各種テーマに関する情報の開示も必要になるため，こちらも確認する必要があります。

図表5－2　CSRDで開示が求められる情報

①	ビジネスモデルと戦略	サステナビリティリスクに対する企業のビジネスモデルと戦略のレジリエンス
		サステナビリティに関する事業の機会
		ビジネスモデルと戦略が下記を両立することを確実にするための，行動計画や財務・投資計画を含む事業計画 ・パリ協定での1.5℃目標や2050年までのカーボンニュートラル目標など ・持続可能な経済への移行
		企業のビジネスモデルと戦略において，ステークホルダーの利益とサステナビリティに対する企業の影響がどのように考慮されているか
		サステナビリティに関して企業の戦略がどのように実施されているか

②	目　標	企業が設定したサステナビリティ関連の期限付き目標（温室効果ガス排出量の目標を設定することが適切な企業については，少なくとも2030年と2050年の温室効果ガス排出量絶対値の削減目標を含む）
		上記目標の達成に向けた企業の進捗状況
		（環境に関連する企業の目標が）決定的な科学的証拠に基づいているかどうかの説明
③	ガバナンス	サステナビリティに関するガバナンス機関の役割
		上記役割の遂行に関連する専門知識とスキル
		ガバナンス機関が専門知識とスキルにアクセスできることの説明
④	方　針	サステナビリティに関する企業の方針
⑤	インセンティブ	ガバナンス機関のメンバーに提供される，サステナビリティに関するインセンティブスキームの存在に関する情報
⑥	影響への対処	サステナビリティに関して企業が実施するデューデリジェンスプロセス（デューデリジェンスプロセスの実施に関するEUの要件に該当する場合，それに沿ったもの）
		自社の事業，製品，サービス，取引関係，サプライチェーンを含む，バリュー・チェーンに関連する実質的・潜在的な悪影響
		影響を特定・モニタリングするためにとられた措置
		デューデリジェンスプロセスを実施する企業に関する他のEUの要件に従って，企業が特定する必要があるその他の悪影響
		実質的・潜在的な悪影響を防止，軽減，修復，終結させるために企業が講じた措置，およびそのような措置の結果
⑦	リスク	サステナビリティに関する主要なリスクの説明（サステナビリティ事項への企業の主な依存関係，および企業がそれらのリスクをどのように管理するかを含む）
⑧	指　標	上記の各事項に関連する指標

（出所）EU法令等より大和総研作成

(3)　CSRDの適用時期と域外適用

　CSRD の適用時期は企業の規模などによって段階的に適用されます（**図表 5－3**）。NFRD の対象となっていた企業は最も早く，2024年開始会計年度から適用されます。

　注意点としては，わが国の企業であっても CSRD に沿った情報の開示が必

図表5－3　CSRDの適用時期

企業の種類	適用時期
① NFRD対象企業	2024年以降に開始する会計年度
② ①を除く大企業	2025年以降に開始する会計年度
③ ①，②を除く上場会社（零細企業を除く）	2026年以降に開始する会計年度
④ EU域外企業で，EU域内での純売上高が1億5,000万ユーロ超であり，下記の条件を満たす (i)　EU域内子会社が上場会社または大会社 (ii)　EU域内の支店によるEU域内での純売上高が4,000万ユーロ超	2028年以降に開始する会計年度

（出所）EU法令等より大和総研作成

要になり得るということです。まず，わが国の企業が直接図表5－3の①～③に該当する大企業や上場会社であれば適用が求められます。次にEU域内子会社が①～③に該当する場合は，子会社単体についてCSRDに沿った開示がそれぞれの適用時期から求められます。

　最も影響が大きいと考えられるのは，④です。①～③に直接・間接的に該当する日本企業は，数としてはさほど多くないことが予想されます。しかし，④に関しては，企業のEU域内での純売上高が大規模であり，EU域内子会社が上場会社か大会社である，もしくはEU支店の域内での純売上高が一定以上であれば，2028年開始会計年度から，連結ベースでCSRDに沿った開示が求められます。この場合，EU域外企業は，EU加盟国の規定に従い，サステナビリティ報告書を決算日から12カ月以内に利用者からアクセス可能な形で開示する必要があります。

　EU域内での純売上高が高い場合においては，2で解説するESRSを踏まえ，CSRDに沿った開示が必要になる可能性があり，内容を押さえておくことが望ましいと考えられます。

2 ┃ ESRS（欧州サステナビリティ報告基準）の概要

(1) ESRSの全体像

CSRD で求められるサステナビリティ情報を企業が開示する上では，具体的な開示事項を定めた ESRS（欧州サステナビリティ報告基準）に沿う必要があります。ESRS は2023年12月に官報に掲載され，CSRD とともに2024年から適用されます。

ESRS は大きく分けて，横断的基準とテーマ別基準（環境，社会，ガバナンス）からなり，それぞれについて細かく基準が設定されています（**図表5－4**）。なお，今回の ESRS はあくまでも第一弾であり，今後，セクター別基準や中小企業向け基準などの作成が見込まれています。

図表5－4 ESRSの構成

第一弾	横断的基準	ESRS 1 全般的要件	ESRS 2 全般的開示	—		
	環境	ESRS E 1 気候変動	ESRS E 2 汚染	ESRS E 3 水と海洋資源	ESRS E 4 生物多様性と生態系	ESRS E 5 資源利用とサーキュラーエコノミー
	社会	ESRS S 1 自社の労働者	ESRS S 2 バリュー・チェーンの労働者	ESRS S 3 影響を受けるコミュニティ	ESRS S 4 消費者とエンドユーザー	—
	ガバナンス	ESRS G 1 事業活動	—			
第二弾以降		セクター別基準，中小企業向け基準など				

（出所）EU法令等より大和総研作成

(2) 横断的基準

① ESRS 1：全般的要件

横断的基準は，企業がサステナビリティ情報を開示する上でのベースライン

となる考え方や，環境，社会，ガバナンスといった分野にかかわらず全ての事業に適用される開示項目を定めたものです。このうち，ESRS 1（全般的要件）はESRS全体の構成や基本となるコンセプト，情報開示に当たっての全般的要件を示すものとなっています。

　ESRS 1 のうち，特筆すべきと考えられるものは次ページの**図表5－5**の通りです。注目すべき点は，重要性評価においてダブルマテリアリティの考え方が採用されていることです。ステークホルダーとして，企業から影響を受ける者とサステナビリティ報告の利用者の二種類を考慮し，「影響の重要性」と「財務上の重要性」の二つの面からサステナビリティ情報の重要性の評価を行います。

　前者については，短期，中期，長期にわたって，事業が人や環境に与える重大な影響（環境，社会，ガバナンスの問題に関連した影響を含む）に関係する場合，その情報は重要性があると考えます。影響の重要性の判断においては，発生の可能性や規模，範囲などが考慮されます。

　後者については，企業のサステナビリティ報告に基づいて，投資家などがリソースの提供に関する意思決定を行う際に，サステナビリティ情報が影響を与えることが合理的に予想される場合，重要性があると考えられます。また，事業に対する重大な財務的影響（事業の発展，財務状況，財務実績，キャッシュフロー，資金調達などへの影響）を引き起こす（もしくは引き起こすことが合理的に予想される）場合，重要性があると考えられます。リスク，機会の重要性は，発生の可能性と財務上の影響の潜在的な規模が考慮されます。

②　ESRS 2：全般的開示

　ESRS 2では，企業がサステナビリティ情報を開示する上で，分野にかかわらず，全ての事業やサステナビリティのテーマ全体に横断的に適用される開示項目が定められています（**図表5－6**）。開示の基礎となる情報に加え，TCFD提言を参考に「ガバナンス」「戦略」「影響，リスク，機会の管理」「指標と目標」の四つの柱に基づき，詳細な開示が求められています。

　ISSBやSSBJの基準で求められる開示事項と重なる部分も多く見られますが，やはりダブルマテリアリティであることによる違いがあります。ESRSでは，

図表5－5　ESRS 1の概要

開示の構成	開示項目は「ガバナンス」,「戦略」,「影響,リスク,機会の管理」,「指標と目標」で構成される
	「影響」とは企業の事業に関連するサステナビリティに係るプラス・マイナスの影響を指し,「リスク,機会」とは企業のサステナビリティに関連する財務リスクと機会を指す
質的特性	開示情報は関連性,忠実な表現,比較可能性,検証可能性,理解可能性といった質的特性を満たす
重要性評価	ダブルマテリアリティの原則に基づいてサステナビリティ情報を開示する
	重要性を評価する上で考慮するステークホルダーには,企業やそのバリュー・チェーンから影響を受け得る者と,投資家などを含むサステナビリティ報告の利用者の二種類がある
	重要性評価を行い,開示すべき影響,リスク,機会を特定する
	重要性評価の結果,重要でないと判断した情報は開示を省略することができる(一部事項を除く)
	ダブルマテリアリティには,「影響の重要性」と「財務上の重要性」の二つの側面がある
バリュー・チェーン	サステナビリティ情報の開示の際には,バリュー・チェーン内の全ての関係者に関する情報が求められているわけではなく,重要性があるバリュー・チェーンに関する情報が求められる
報告期間	サステナビリティ情報の報告期間は財務諸表の報告期間と同じものとする
	サステナビリティ情報に関して,短期(財務諸表の報告期間),中期(短期終了から最大5年),長期(5年以上)という時間軸を採用する(例外も認められている)
比較情報	開示された全ての定量的指標・金額について,前期に関する比較情報を開示する
測定の不確実性	定量的指標・金額に影響を与える最も重大な不確実性を利用者が理解できるように情報を開示する
誤記	可能な限り,開示された前期の比較金額を再表示することにより,前期の重大な誤りを修正する
機密情報	企業は機密情報に当たる情報の開示を省略することができる

(注)上記はESRS 1の全てを網羅したものではない。また,バリュー・チェーンや比較情報など,一部経過措置が設けられている。
(出所)EU法令等より大和総研作成

事業のサステナビリティに対する影響に関する情報の開示が求められています。

　企業はこの ESRS 2 を基礎にサステナビリティ情報の開示を行いますが，気候変動などの個別テーマについてはテーマ別基準に基づいて開示を行います。

図表5－6　ESRS 2の概要

基礎	全般的基礎	・報告が連結か単体か，連結の範囲 ・バリュー・チェーンのカバー範囲 ・機密情報の開示を省略したか　など
	特定の状況に関する開示	・情報の不確実性に関する説明 ・前期からの情報の変更や誤りに関する説明 ・参照情報による開示の説明　など
ガバナンス	ガバナンス機関の役割	・ガバナンス機関の構成，ダイバーシティ情報 ・重要な影響，リスク，機会を管理するプロセスを監督する際のガバナンス機関の役割と責任（経営者の役割を含む） ・ガバナンス機関のサステナビリティに関する専門知識，スキル（またはそれらへのアクセス）
	ガバナンス機関に提供される情報	・ガバナンス機関が情報を受け取るプロセスや頻度等 ・企業の戦略，主要な取引に関する意思決定，リスク管理方針を監督する際に，ガバナンス機関が影響，リスク，機会をどのように考慮しているか ・ガバナンス機関が対処した重要な影響，リスク，機会のリスト
	インセンティブ制度	・ガバナンス機関のメンバーのサステナビリティに関するインセンティブ制度の主な特徴 ・パフォーマンスが特定のサステナビリティ目標，影響に照らして評価されているか ・サステナビリティ指標が報酬方針に組み込まれているか，その割合　など
	デューデリジェンス	・デューデリジェンスプロセスに関するサステナビリティ報告で提供される情報のマッピング
	リスク管理と内部統制	・サステナビリティ報告に関連するリスク管理および内部統制のプロセス等 ・リスク評価アプローチ　など
戦略	戦略，ビジネスモデル，バリュー・チェーン	・基礎的情報（地域別従業員数等） ・インプットの説明，バリュー・チェーンにおける企業のポジション　など

	ステークホルダー	・主要なステークホルダー ・ステークホルダーとの対話の説明　など
	重要な影響，リスク，機会と戦略，ビジネスモデルの関係	・重要な影響，リスク，機会と，企業による対応やその計画 ・重要なリスクと機会がビジネスモデル，戦略，財務などに与える影響 ・レジリエンスに関する説明　など
影響，リスク，機会の管理	特定・評価プロセス	・プロセスに適用される方法論と仮定の説明 ・デューデリジェンスプロセスに基づく影響の特定，評価，優先順位付け，監視のプロセス ・財務上の影響があるリスク，機会の特定，評価，優先順位付け，監視のプロセス ・事業全体のリスク管理プロセスにどの程度，どのように統合されるか　など
	ESRSの開示要件	・重要性評価の結果に基づいてサステナビリティ報告を作成する際に遵守された開示要件のリスト
	方針	・重要なサステナビリティ事項に関する方針や行動の説明
指標と目標	指標	・サステナビリティに関する指標を開示する場合，その方法論と重要な仮定，第三者検証の有無等
	目標	・サステナビリティに関する目標を開示する場合，その範囲，期間，基準年，進捗等

（注）上記はESRS 2の全ての開示項目を網羅しているわけではない。各項目について，さらに細かい開示項目が設定されているものもある。
（出所）EU法令等より大和総研作成

（3）環　　境

　テーマ別基準のうち，環境については「ESRS E1：気候変動」，「ESRS E2：汚染」，「ESRS E3：水と海洋資源」，「ESRS E4：生物多様性と生態系」，「ESRS E5：資源利用とサーキュラーエコノミー」の五つが設けられています。それぞれにおいて，個別に開示項目が設定されています（**図表5－7**）。ただし，ガバナンスに関しては「ESRS E1：気候変動」のみ開示項目が設定されるなど，基準によって開示項目は異なります。

　例えば，ESRS E1では，まずガバナンスについて温室効果ガス（GHG）排出量を含めた気候関連の考慮事項がガバナンス機関のメンバーの報酬に織り込まれているかどうか，どのように織り込まれているかを開示します。

　戦略については，企業の戦略とビジネスモデルが持続可能な経済への移行と

図表5－7　ESRS E1～E5の概要

		ESRS E1 気候変動	ESRS E2 汚染	ESRS E3 水と海洋資源	ESRS E4 生物多様性と生態系	ESRS E5 資源利用とサーキュラーエコノミー
ガバナンス		・気候関連の考慮事項の報酬への織り込み	—	—	—	—
戦略	移行計画に関する説明	○	—		○	—
	重要な影響，リスク，機会，それらと戦略，ビジネスモデルとの相互作用	○	—		○	—
影響，リスク，機会の管理	影響，リスク，機会を特定，評価するプロセス	○	○	○	○	○
	重要な影響，リスク，機会に対処する方針	○	○	○	○	○
	行動とその実施に割り当てられたリソース	○	○	○	○	○
指標と目標	設定した目標	○	○	○	○	○
	指標	・エネルギー消費量 ・GHG排出量（Scope1,2,3） ・カーボンクレジット ・ICP（内部炭素価格）	・大気，水，土壌に排出される汚染物質，マイクロプラスチックの排出量 ・懸念物質，高懸念物質の排出量	・水の消費量	・保護地域等の内部や近くで，企業が悪影響を与えている地域の数，面積 ・土地，淡水，海洋利用の変化 ・侵略的外来種 ・種の状態，生態系の状態	・リソースの流入（レアアースを含む原材料，水など） ・リソースの流出（製品の耐久性や廃棄物の量など）
	予想される財務上の影響	○	○	○	○	○

（注）上記はESRS E1～E5の全ての開示項目を網羅しているわけではない。各項目について，さらに細かい開示項目が設定されているものもある。
（出所）EU法令等より大和総研作成

パリ協定に沿った1.5度目標と適合性があるのか，その移行計画を示します。また，企業の気候変動リスク（物理的リスクか移行リスクかの分類）やシナリオ分析とレジリエンスの説明が求められています。

　影響，リスク，機会の管理については，気候関連の影響，リスク，機会を特定・評価するプロセスや，気候変動の緩和と適応に関する方針，具体的な行動とそのリソースを説明します。

　指標と目標については，GHG 排出量をはじめとした各種指標と，設定している目標を開示します。特に GHG 排出量に関しては，GHG プロトコルに基づいて Scope 1，Scope 2，Scope 3 と，それらを合計した総排出量の開示が求められています。Scope 3 はカテゴリー別に開示します。さらに，リスクや機会による財務上の影響についても開示の必要があります。

　なお，環境に関するテーマに限らず，テーマ別基準では，基準ごとの相互作用も考慮されています。例えば「ESRS E 1：気候変動」について，一定の物質（NOX，SOX など）の大気排出は気候変動に関連しますが，「ESRS E 2：汚染」の対象でもあります。また，気候変動の緩和と適応は，「ESRS E 3：水と海洋資源」，「ESRS E 4：生物多様性と生態系」で取り上げられるテーマと密接に関係しています。さらに，気候変動に係る経済の移行によって生じる人々への影響は，次の ESRS S 1 ～ S 4 の社会に関するテーマでカバーされます。

⑷　社　　会

　社会に関するテーマ別基準は，「ESRS S 1：自社の労働者」，「ESRS S 2：バリュー・チェーンの労働者」，「ESRS S 3：影響を受けるコミュニティ」，「ESRS S 4：消費者とエンドユーザー」の四つで，開示項目は**図表 5 − 8** の通りです。

　例えば，ESRS S 1 では，まず戦略について，自社の労働者の利益，見解，および人権の尊重を含む権利が，戦略とビジネスモデルにどのように影響するかを開示します。また，労働者に対する依存，影響やそれによるリスク，機会の情報が求められています。

　影響，リスク，機会の管理については，自社の労働者に対する重大な影響，リスク，機会を管理するための方針に加えて，影響について労働者やその代表

者と対話（エンゲージメント）するためのプロセスを説明します。加えて，労働者に対する悪影響の是正に関するプロセスと，労働者が懸念やニーズを企業に提起し，企業に対応を求めるに当たり，利用できるチャネルに関する情報を開示します。さらに，労働者に対するマイナスの影響を抑える，もしくはプラスの影響を与えるための取り組みや，その有効性を評価する方法などを開示する必要があります。

図表 5 － 8　ESRS S 1 ～ S 4 の概要

		ESRS S 1 自社の労働者	ESRS S 2 バリュー・チェーンの労働者	ESRS S 3 影響を受けるコミュニティ	ESRS S 4 消費者とエンドユーザー
ガバナンス		―			
戦略	ステークホルダー	○	○	○	○
	重要な影響，リスク，機会，それらと戦略，ビジネスモデルとの相互作用	○	○	○	○
影響，リスク，機会の管理	重要な影響，リスク，機会に対処する方針	○	○	○	○
	対話のプロセス	○	○	○	○
	悪影響の是正のためのプロセス，懸念・ニーズを伝えるためのチャネル	○	○	○	○
	重要な影響，リスク，機会に関する取り組みとその有効性	○	○	○	○
指標と目標	設定した目標	○	○	○	○
	指　　標	・従業員数（国別，男女別，正規・非正規別）等 ・非従業員（派遣会社などによって提供される労働者など）の数等	―		

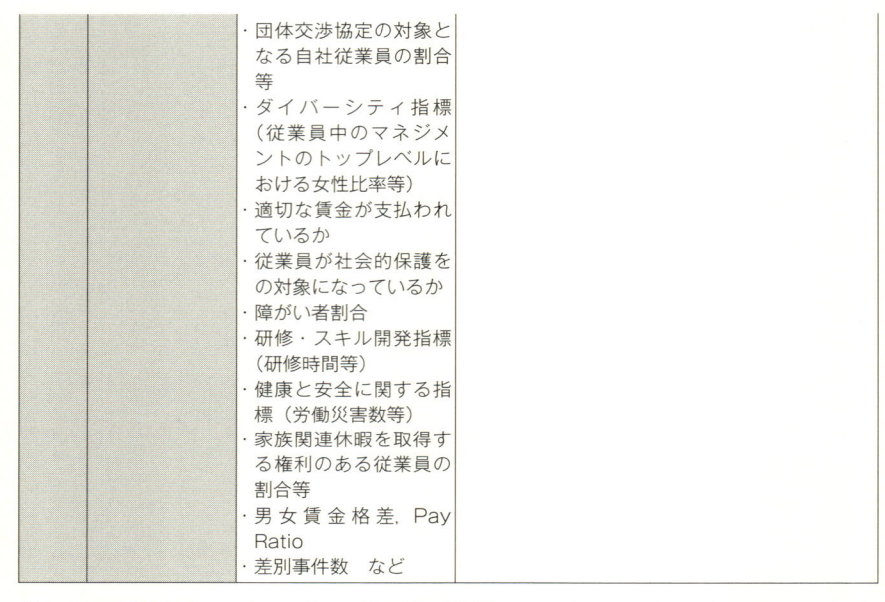

| | | ・団体交渉協定の対象となる自社従業員の割合等
・ダイバーシティ指標（従業員中のマネジメントのトップレベルにおける女性比率等）
・適切な賃金が支払われているか
・従業員が社会的保護をの対象になっているか
・障がい者割合
・研修・スキル開発指標（研修時間等）
・健康と安全に関する指標（労働災害数等）
・家族関連休暇を取得する権利のある従業員の割合等
・男女賃金格差，Pay Ratio
・差別事件数　など | |

（注）上記はESRS S1～S4の全ての開示項目を網羅しているわけではない。各項目について，さらに細かい開示項目が設定されているものもある。
（出所）EU法令等より大和総研作成

　指標と目標については，労働者へのマイナスの影響を抑える，プラスの影響を与える，リスク・機会を管理することに関連する目標や，ダイバーシティ，育成，健康と安全などに関連する各種指標を開示することが求められています。

⑸　ガバナンス

　サステナビリティに関する全社的なガバナンス体制などの開示とは別に，ガバナンスにおけるサステナビリティ要素についての開示を求める「ESRS G1：事業活動」のみが基準として設けられています（**図表5－9**）。ここでいう事業活動（または事業活動に関する事項）とは，202ページの通りです。

| 図表 5 － 9 | ESRS G 1 の概要 |

		ESRS G 1 事業活動
ガバナンス	ガバナンス機関の 役割	・事業活動に関連するガバナンス機関の役割， 専門知識
戦　　略		-
影響，リスク， 機会の管理	特定・評価 プロセス	・場所，活動，セクター，取引の構造など，プ ロセスで使用される全ての関連基準
	事業活動方針と 企業文化	・企業文化をどのように確立，発展，促進，評 価するか ・違法行為などについて特定，報告，調査する ためのメカニズム ・内部告発者をどのように保護するか　など
	サプライヤーとの 関係の管理	・特に中小企業に対する支払い遅延を防止する ための方針 ・リスクや影響を考慮した，サプライヤーとの 関係に対するアプローチ ・サプライヤーの選択における社会的，環境的 基準の考慮
	汚職，贈収賄に 対処する手続	・調査員，調査委員会が，問題に関与する一連 の経営陣から分離されているか ・結果を報告するプロセス ・汚職防止，贈収賄防止の研修プログラム　など
指標と目標	汚職，贈収賄	・汚職防止，贈収賄防止に係る法律の違反によ る有罪判決の数と罰金の額 ・汚職防止および贈収賄防止の手続，基準の違 反に対処するために講じられた措置　など
	政治的影響力， ロビー活動	・活動の監督を担当するガバナンス機関の代表者 ・政治献金に関する情報（額等） ・ロビー活動の主なテーマと企業の立場　など
	支払い慣行	・契約上または法定の支払い期間の計算開始日か ら請求書に対する支払いまでにかかる平均時間 ・サプライヤーの主要カテゴリごとの標準的な 支払い条件の日数 ・支払い遅延に関して現在未処理の訴訟手続の 数　など

（注）上記はESRS G 1 の全ての開示項目を網羅しているわけではない。各項目について，さらに細か
い開示項目が設定されているものもある。
（出所）EU法令等より大和総研作成

- 汚職防止，贈収賄防止，内部告発者の保護，動物福祉を含む企業倫理と企業文化
- 特に中小企業への支払い遅延に関する支払い慣行を含む，サプライヤーとの関係の管理
- ロビー活動を含む，政治的影響力の行使に関連する企業の活動，コミットメント

　ここまで解説した開示事項について，一部の事項には経過措置が設けられています。従業員数が750名以下の企業は，適用初年度は GHG 総排出量，Scope 3 排出量，ESRS S 1 の各項目の開示を省略することができるほか，適用後 2 年間は ESRS E 4，ESRS S 2 ～ S 4 の各項目の開示を省略できます。また，従業員数にかかわらず，企業は ESRS E 1 ～ E 5 における，予想される財務上の影響についても適用初年度は開示を省略でき，適用後 3 年間は定性的情報のみの開示が認められます。そのほかにも経過措置があり，適用初年度から全ての事項を開示する必要はありません。

　もし CSRD の域外適用を受ける場合には，ESRS の横断的基準とテーマ別基準を理解し，個別のテーマごとの開示事項についても準備の必要があると考えられます。域外適用は2028年以降であり経過措置もあるため，開示時期は先になるものの，ISSB や SSBJ の基準とは異なるダブルマテリアリティの考え方に基づく開示が求められるため，早期からの状況把握が望ましいでしょう。

TOPIC　EU タクソノミーと SFDR

　EUでは，他にも企業のサステナビリティ情報開示に関連し，把握しておくべき制度があります。その一つとして，EUタクソノミーが挙げられます。EUタクソノミーとは，経済活動が環境的な観点から持続可能＝グリーンであるかどうかを判断・分類するための枠組みに係る規制のことを指し，2020年 6 月に官報に掲載されました。NFRD（もしくはCSRD）の対象企業については，2022年開始会計年度からEUタクソノミーで「グリーン」に分類される経済活動に関連する売上高の割合などの開示が求められています。

図表5−10	EUタクソノミーにおける六つの環境保護目的

①	気候変動の緩和
②	気候変動への適応
③	水資源や海洋資源のサステナブルな使用・保護
④	サーキュラーエコノミーへの移行
⑤	汚染（公害）の予防と防止
⑥	生物多様性及び生態系の保護，回復

（出所）EU法令等より大和総研作成

　EUタクソノミーにおいて，「グリーン」に分類される基準は主に①六つの環境保護目的（図表5−10）のうち一つ以上に多大な貢献をすること，②他の環境保護目的を著しく阻害しないこと（DNSH: Do No Significant Harm），③ミニマムセーフガード（OECD多国籍企業行動指針，国際連合「ビジネスと人権に関する指導原則」等）を遵守していること，④技術的な基準を満たしていること，の四つです。EUタクソノミーに基づきグリーンな活動に関する情報を企業が開示することで，グリーンな企業への投資が促されるとともに，グリーンウォッシュを防ぐことが期待されています（グリーンウォッシュについて，詳しくは214ページを参照）。

　EUタクソノミーは，資産運用サービスを提供する投資業者や投資助言をする投資業者などの金融事業者に対する規制であるSFDR（資産運用会社等のサステナビリティ開示規制）にも適用されています。SFDRでは，対象となる金融事業者に対して，事業体におけるサステナビリティに係るリスクへの方針やサステナビリティへの悪影響などの開示が求められます。また，資産運用サービスを提供する投資業者などに対しては，金融商品に関するサステナビリティへの悪影響などの開示が求められます。加えて，EUタクソノミーに沿って金融商品レベルで出資先に占める「グリーン」な経済活動への投資の割合も開示します。

　SFDRは2021年から段階的に適用が開始されており，2023年から細則も適用されています。このように，企業に対する情報開示の規制だけではなく，金融事業者に対しても規制をかけることによって，両面からESG投資を促進するとともに，グリーンウォッシュを防ぐことが考えられています。

第2節　米国におけるサステナビリティ情報開示規制をめぐる議論

1 人的資本に関する開示規制

　米国では，2020年8月に米国証券取引委員会（SEC）が，記述情報の開示に関する規制である Regulation S-K Item 101を改正しました。これにより，上場会社は人的資本に関する情報を，日本の有価証券報告書に相当する年次報告書である Form 10-K で開示することが求められています。

　上場会社は「事業の説明」において，事業の理解に重要な人的資本に関する情報を開示することとされています。具体的には，従業員数を含む人的資本についての説明，経営において重視する人的資本の指標・目標（例えば，自社の事業や労働力の性質に応じて，人材開発，獲得，維持に対応するための施策や目的など）の開示がこれに含まれます。

　このように，米国における人的資本に関する開示規制は，あくまでも原則を定めたものであり，詳細な開示項目を設けているわけではありません。EU の ESRS では個別に指標などの開示が求められていることと比較して，米国では開示する項目については企業の判断に委ねられています。

2 気候変動に関する開示規制

(1)　気候関連情報の開示に関する規制

　人的資本だけではなく，気候変動に関する企業の情報開示についても，米国ではかねて検討が進められています。2010年には SEC は気候変動の開示に関するガイダンス（"Commission Guidance Regarding Disclosure Related to Climate Change"）を公表しています。これは，先述の Regulation S-K に沿った非財務情報の開示において，気候変動による影響を開示するためのガイダンスです。

　さらに，国際的な気候変動に関する情報開示へのニーズの高まりを踏まえ，SEC は2022年3月に気候関連情報の開示に関する規制（The Enhancement and Standardization of Climate-Related Disclosures for Investors）の案を公表

しました。同規制案は2024年 3 月に最終化されました。なお，最終化された規制は，パブリックコメント等を踏まえ，当初の案に比べ求められる開示事項が一部縮小されるなど，変更が行われています。

　気候関連開示規制では，TCFD 提言などと同様に，「ガバナンス」，「戦略」，「リスク管理」，「指標と目標」の開示が求められます。まず，ガバナンスに関しては，気候関連リスクに対する取締役会の監督や，重大な気候関連リスクの評価と管理における経営陣の役割に関する情報を開示することが求められます。

　戦略に関しては，企業に重大な影響を与える気候関連リスクに関する説明，気候関連リスクの戦略やビジネスモデル，見通しに対する重大な影響，気候関連リスクが企業の事業，経営成績，財務状況に与える重大な影響などの開示が求められます。また，移行計画やシナリオ分析，内部炭素価格を使用している場合は，それらに関する説明が求められます。

　リスク管理に関しては，重大な気候関連リスクを特定，評価，管理するプロセス，当該プロセスが企業全体のリスク管理プロセスとどのように統合されているかについて説明が求められます。

　指標と目標に関しては，まず目標について，企業の事業，経営成績，財務状況に重大な影響を与える目標についての説明や進捗，カーボンオフセットに関する情報を開示します。一方，指標としては GHG 排出量の開示が求められています。具体的には，規模の大きい企業は Scope 1 ，Scope 2 の GHG 排出量を開示する必要があります。なお，この GHG 排出量の開示は案からの大きな変更点の一つに挙げられます。当初の案では企業の規模にかかわらず Scope 1 ，Scope 2 の GHG 排出量を開示するとされていたほか，重要な場合は Scope 3 の GHG 排出量も開示する必要がありましたが，最終化された規制ではこれらの部分が緩和されています。

　このように，米国の気候関連開示規制の「ガバナンス」，「戦略」，「リスク管理」，「指標と目標」に関する各種項目の開示を求めるという方向性は，TCFD 提言を含む各種基準，他国法令と大きく異なるというものではありません。ただし，GHG 排出量について開示する範囲が異なるなど，いくつか特徴が挙げられます。

　他の特徴の一つとして，気候関連開示規制では「リスク」の情報開示が求め

られている一方で,「機会」についての開示要請は明確に記載されていない点が挙げられます（ただし,「機会」の情報を開示することが禁止されているわけではありませんので,任意で開示することはできると考えられます）。

また,Scope 1,Scope 2 の GHG 排出量の開示に対する第三者保証が求められています。保証に関しては,まずは四半期財務諸表に対して提供される保証と同等の水準である限定的保証を得ることとされていますが,最終的には通年の連結財務諸表に対して提供される保証と同等の水準である合理的保証が求められます。ただし,合理的保証の要求は特に規模の大きい一部の企業に課されるものです（第三者保証に関する対象企業や適用時期は(2)で解説します）。

さらに,セーフハーバールールの適用可能性があることも気候関連開示規制の特徴です。ここでいうセーフハーバールールとは,将来予測に関する記述について,発行体が誤解を招くものであることを知りつつ記載したことなどを原告が立証できない場合,発行体の責任が免除されるという規定です。移行計画,シナリオ分析,内部炭素価格や目標に関する説明について,このセーフハーバールールが適用される可能性があります。

(2) 気候関連情報の開示に関する規制の適用時期と展望

気候関連開示規制の適用時期は企業の規模などによって異なります（**図表5－11**）。早ければ2025年会計年度から適用され,2026年に適用された開示が行われます。ただし初年度は（早期提出会社の場合は2年目も）Scope 1,Scope 2 の GHG 排出量を開示する必要はありません（非早期提出会社などは開示自体が免除されます）。また,第三者保証については,限定的保証は GHG 排出量の開示から3年後,合理的保証は7年後から求められます。

なお,気候関連開示規制に対しては米国内で反発の声も多く,訴訟対象となり現在は執行停止の状態になっています（2024年4月時点）。今後,同規則は無効になる可能性も考えられ,企業のサステナビリティ情報の開示拡充が進むわが国や欧州とは異なる米国の動向への注目度は高いと考えられます。

図表5−11	米国の気候関連情報の開示に関する規制の適用時期

	気候関連情報（注1）	Scope1，2排出量	第三者保証
大規模早期提出会社 （注2）	2025年開始会計年度	2026年開始会計年度	限定的保証：2029年開始会計年度 合理的保証：2033年開始会計年度
早期提出会社（注3）	2026年開始会計年度	2028年開始会計年度	限定的保証：2031年開始会計年度
その他非早期提出会社 など	2027年開始会計年度	免除	

（注1）一部の財務上の見積りと仮定に関する情報等については，次年度から開示が求められる。
（注2）事業年度末において，直近第2四半期の最終営業日の非関連会社が保有する議決権付および無議決権株式の時価総額が7億ドル以上であるなどの要件を満たす会社。
（注3）事業年度末において，直近第2四半期の最終営業日の非関連会社が保有する議決権付および無議決権株式の時価総額が7,500万ドル以上7億ドル未満であるなどの要件を満たす会社。
（出所）SEC "The Enhancement and Standardization of Climate-Related Disclosures for Investors" より大和総研作成

TOPIC　米国で見られる反ESGの動き

　EUではESGに関する政策が先導的に行われており，わが国もESGについては前向きな姿勢で取り組みが進められています。一方で米国では反ESG運動が活発化しています。民主党のバイデン大統領は，気候変動対策を最優先課題の一つとし，SECは気候関連開示規制の策定を進めました。一方で，共和党などを中心にESGを考慮する投資への反発が起きています。

　SECの気候関連開示規制が執行停止の状態にあるほか，例えば共和党主導の州政府であるテキサス州やフロリダ州では，ESG投資を制限するための反ESG法が成立しています。反ESG法は，州の年金基金等に対し，化石燃料に関連する企業へのネガティブスクリーニングを行うような金融機関との取引を禁じたり，投資や議決権行使においてESGを考慮することを制限したりするような内容になっています。

　このように，米国ではESGをめぐって，社会が分断されている状況にあります。こうした中，2024年11月には大統領選挙が行われる予定であり，気候変動を含むESGも一つの大きな争点になります。大統領選挙の結果によっては，米国でのサステナビリティ情報の開示に関して大きな揺り戻しが起きる可能性も考えられます。国際的にはサステナビリティ情報開示が進む中，米国の動きが注目されます。

第3節　その他の国・地域の状況

1 ｜ 多くの国・地域でサステナビリティ情報の開示が拡充する

(1) 英　国

　英国では，2019年に「グリーンファイナンス戦略」(Green Finance Strategy) が公表されました。この中では，サステナビリティ情報開示について，2022年末までに全ての上場会社等に TCFD 提言に沿った開示を求めることが示されています。また，2021年には「サステナブル投資に関するロードマップ」(Greening Finance : A Roadmap to Sustainable Investing) が公表され，サステナビリティ情報開示に関する長期的な戦略が示されています。

　「グリーンファイナンス戦略」に基づき，ロンドン証券取引所のプレミアム市場（より厳しいガバナンスなどが求められる市場)，スタンダード市場の上場企業に対して，TCFD 提言に沿った開示を行うか，行わない場合はその理由を説明する（コンプライ・オア・エクスプレイン）ことが求められています。また，会社法においても上場会社および一定の要件を満たす大会社などに対して2022年4月から開始する会計年度から TCFD 提言に沿った開示が義務付けられています。

　TCFD から ISSB への移行を踏まえて，英国のサステナビリティ情報の開示に関する規制はさらに拡充されます。2023年3月に新たな「グリーンファイナンス戦略」が公表されました。この中で，ISSB の基準を踏まえた対応について言及されています。

　上記の新たな戦略を踏まえ，UK SRS（英国サステナビリティ報告基準）の策定が進められています。UK SRS は気候変動を含むサステナビリティに関するリスクと機会について開示するための基準として，英国の法律や規制におけるサステナビリティ情報開示のベースを形成することになります。比較可能性を確保し，投資家の意思決定に資するために ISSB の基準をベースラインとします。

(2) 香　　港

HKEX（香港証券取引所）では，ESG に係る各種の指標や方針についての開示が推奨されており，一部の環境や社会に係る項目について，コンプライ・オア・エクスプレインによる開示が求められています。2019年12月には ESG に関する取締役会による声明を開示項目に加える等の改訂を行い，2020年 7 月以降から適用されています。

さらに HKEX は2023年 4 月に ISSB の IFRS Ｓ 2 に沿った新たな気候変動に関する情報開示を導入することを提案しました（2024年 4 月に結果が公表されました）。当初は2024年開始会計年度から新たな基準が適用されることが考えられていましたが，2025年開始会計年度に延期することが示されています。

(3) シンガポール

SGX（シンガポール取引所）では，2016年 6 月に上場規則が改訂され，上場会社に対して2017年12月31日以降に終了する会計年度からサステナビリティ報告書の提出が義務化されました。サステナビリティ報告書においては，TCFD 提言に基づく気候変動に関する情報開示が段階的に求められています。2022年開始会計年度から，上場会社に対してコンプライ・オア・エクスプレインによる開示が義務付けられ，その後，業種によってはコンプライ・オア・エクスプレインではなく，強制的な開示が求められるようになっています。

また，2023年 7 月には SRAC（サステナビリティ報告諮問委員会）による，気候変動に関する情報の開示を推進するための提案について，公開協議（パブリックコメントの募集）が開始されました（2024年 2 月に回答が公表）。全ての上場会社に対して2025年度から ISSB の基準に基づいた気候変動に関する情報開示が義務化されます。これに加えて，非上場会社であっても，年間売上高が10億シンガポールドル以上，総資産が 5 億シンガポールドル以上の大規模な会社であれば，2027年度から気候変動に関する情報開示を義務化するとされています。

第三者保証についても提案されています。気候変動に関する情報開示の義務がある企業について，上場会社は2027年度から，非上場会社は2029年度からScope 1 ，Scope 2 の GHG 排出量について第三者保証を取得する必要があると

されています。この保証は，監査法人や一定の認証を受けた企業によって提供されます。そのほか，投資家などとのタイムリーなコミュニケーションのために，気候変動に関する情報開示は，財務諸表と同じタイミングで開示する必要があるとされています。

　このように，開示の義務化，範囲の拡大，ISSBの基準への移行，第三者保証の要求と，気候変動については情報開示の規制が強化される提案となっています。

⑷　オーストラリア

　オーストラリアでは，上場会社は2020年開始会計年度以降，TCFD提言に沿った開示を検討することが奨励されていました。2023年6月には，オーストラリアの財務省が気候変動に関する情報開示に係る協議文書を公表しました。協議文書では，TCFD提言やISSBの基準を踏まえた開示が考えられており，2024年以降，段階的に開示が義務付けられるとされています。また，AASB（オーストラリア会計基準委員会）はISSBの基準を踏まえた基準の策定を進めています。

2 ┃ISSBの基準が基礎となるか

　本章でここまで確認してきた通り，各国・地域でサステナビリティ情報の開示に対する規制が拡充されています。各国の基準の基礎となっていくのは，やはりISSBの基準でしょう。従来はTCFD提言に基づいた，主に気候変動に関する情報開示が求められていたところ，TCFDなどの機関が解散し，もしくはISSBに統合されたことを受け，ISSBの基準に沿った開示を求めることで国際的な比較可能性を確保しようとしているものと捉えられます。わが国をはじめ，英国，香港，シンガポール，オーストラリアなど，幅広い国・地域でISSBの基準を踏まえたサステナビリティ（もしくは気候変動）に関する情報開示を進めていくことが検討されています。これは上記に限らない他の国や地域でも見られる動向です。

　ただし，これは全ての国・地域で完全に共通する開示基準が利用されるとい

うことではありません。EU では CSRD（もしくは適用の際の基準である ESRS）が2024年開始会計年度から段階的に適用されます。本稿執筆時点で ISSB の基準は IFRS　S1（サステナビリティ全般），IFRS　S2（気候関連）しか公表されていませんが，ESRS は環境，社会，ガバナンスの各テーマ別の10の基準が既に公表されています。また，ISSB がシングルマテリアリティを採用しているのに対して，CSRD や ESRS はダブルマテリアリティを採用しており，投資家にとって重要な情報だけではなく，企業が影響を与え得るステークホルダーにとって重要な情報を開示することを求めています。多くのテーマについて，ダブルマテリアリティの考え方で開示を求めるという点で共通する GRI スタンダードとの相互運用性が図られています。ISSB との相互運用性もさらに図られていくと考えられますが，上記のような点が異なることには注意が必要です。

　また，米国では気候変動に関する情報開示を求める規制が公表されていますが，執行が停止されています。これは，共和党などを中心とした反 ESG 運動が活発化しているためと考えられます。国際的にはサステナビリティ情報の開示が広がる中，これに反する動きも見受けられることは注目すべきでしょう。

　こうした状況を踏まえ，企業はどのように対応を考えれば良いのでしょうか。基本的には幅広い国・地域で ISSB の基準をベースラインとした開示が求められます。そのため，投資家などにとっては，ISSB の基準に沿った開示が国際的に比較可能な情報となることが予想されます。企業は投資判断に資する比較可能性のある情報を提供するために，ISSB の基準を最低限クリアすることが重要となります。基準や規制の適用に備え，わが国の企業においても，ISSB や SSBJ の基準を十分に理解し，開示のための体制の整備や情報の収集などを進めていくことが推奨されます。

第6章

開示の拡充に対応する上での論点や課題

POINT！

- ♤ サステナビリティ情報の開示に関しては，法令や基準を理解すること以外にも，様々な注意点があります。例えば，実態を伴わない発信にならないようにすることや，開示の目的や対象に応じて開示方法を検討することなどが必要になります。

- ♤ サステナビリティ情報の開示を行う上では，情報の信頼性を確保するために，第三者からの保証を得ることが可能です。サステナビリティ情報に関する第三者保証については，IAASB（国際監査・保証基準審議会）やIESBA（国際会計士倫理基準審議会）による国際的な基準の策定が進められています。わが国でもこれらを参考に，今後保証が求められる可能性があり，企業は第三者保証について検討することが推奨されます。

- ♤ サステナビリティ情報の開示については，このほかにも企業の負担など様々な課題が考えられます。こうした課題への対応に関しては，国内外，官民，企業と投資家といった様々なレベルでの連携や人材の育成が必要になります。企業としては，投資家とのエンゲージメントを通じて取り組みを洗練させつつ，企業内でのスキルを醸成していくことがポイントとなります。

第1節　実態に基づく開示が必要

1 "××ウォッシュ"になる危険性

(1)　グリーンウォッシュ（ウォッシング）とは

　「グリーンウォッシュ（ウォッシング）」とは，具体的な取り組みやその効果といった実態が伴わないのに，あたかも環境負荷の低減に取り組んでいるかのように外部への発信（開示や広告など）を行うことを指します。もともとは表面を取り繕うことを意味するホワイトウォッシュという言葉にかけた造語で，ここから派生してSDGsウォッシュやESGウォッシュといった用語も使われることがあります。

　例えば，企業が各種報告書やウェブサイト等でSDGsの17目標に係るアイコンを示して目標の達成に向けて活動しているように見せながら，具体的な取り組みが行われていない，もしくは検討されていない場合は，"SDGsウォッシュ"として市民団体や消費者団体などから批判される懸念があります。広告などでも同様で，製品紹介において環境や社会を考慮したものであるという説明をしていながら，その科学的根拠がない場合なども"ウォッシュ"に該当します。取り組みを行っている，いないというだけではなく，程度の問題として実態以上に取り組みをしている，効果があるように見せかけることも，"ウォッシュ"に該当し得ます。

　また，サステナビリティに関連する取り組みは，バリュー・チェーン全体を考慮する必要があります。自社の中では労働環境の是正，自然への影響軽減がなされていても，原材料の調達先において強制労働や児童労働といった人権問題があったり，自然に大きな悪影響を与えたりしていれば，その企業がビジネスを通じて持続可能な社会の実現に貢献しているとは言いがたいと考えられます。バリュー・チェーン全体の取り組みの実態を把握する必要があります。

(2)　"ウォッシュ"リスクへの対応

　"ウォッシュ"が発覚した場合のリスクは，その程度によって異なります。

悪質な虚偽，誇大な表示は民事上，刑事上の責任を問われることもあり得ます。法的責任が問われなかったとしても，道義的に問題があれば，企業の信用は失われ，投資家や消費者の投資，購買の対象から除外されてしまう可能性もあるなど，様々なリスクが考えられます。こうしたリスクを回避するためには，どうすればよいのでしょうか。

　まず，法令や開示基準に沿って，実態を忠実に表現した情報を開示することが重要です。ISSB や SSBJ の基準でも，投資家などの投資判断に有用な情報に係る「質的特性」として，「忠実な表現」が挙げられています。具体的には，完全性（必要な全ての情報を含んでいる），中立性（情報に偏りがない），正確性（情報が正確である）を有していることが求められます。わが国では有価証券報告書でサステナビリティ情報開示が求められており，今後も開示の拡充が見込まれますが，“ウォッシュ”が有価証券報告書での虚偽記載に当たり，金融商品取引法による刑事罰や課徴金の対象となることも考えられます。実態を表す必要十分な情報開示に努めることがポイントとなります。

　また，信頼性のある情報の開示も“ウォッシュ”のリスクを回避することにつながります。例えば定量的な情報を開示すること，当該情報の算定の方法論やソースを示すこと，情報に対して第三者からの保証を得ること等が挙げられます。特に第三者保証については第3節（219ページ）で後述しますが，国際的な基準の検討も進んでおり，基準に沿った保証が得られるようになれば，情報の信頼性をより高められるでしょう。加えて，ガバナンスやリスク管理のプロセスを透明化することで，内部統制が十分に機能していることを示すことも信頼性の向上に資するものと考えられます。

　自社がサステナビリティに取り組む意義を理解した上で，企業価値向上とどのように結び付くかを検討し，その上で目標の設定をすることが重要です。その目標達成の過程でどのような取り組みを行っているのかを忠実にわかりやすく発信していくことが期待されます。

2 ┃ サステナビリティに取り組む意義を考える

　国際的にサステナビリティ情報開示を求める動きが広がっている今，企業は

改めて何のためにサステナビリティに取り組むのかを考える必要があります。この再考は開示が自己目的化することを防ぐためにも有効と考えられます。

　コーポレートガバナンス・コード（詳しくは52ページを参照）や日本版スチュワードシップ・コード（詳しくは27ページを参照）に立ち戻るのであれば，サステナビリティに配慮することは企業の持続的成長や中長期的な価値向上のためと言えます。サステナビリティに取り組むことでどのように企業価値が向上するのでしょうか。例えば地球温暖化の進行といった気候変動に関しては，温室効果ガス（GHG）の排出量を削減しなければ炭素税などのコストが増加したり，投資家や消費者からの評価が下がったり，取引先のサプライチェーンから除外されたりする可能性があります。これは気候変動に限ったことではなく，生物多様性，人権などの様々なサステナビリティテーマについても同様です。環境問題，社会問題から自社がどのような影響を受けるのかを考え，それに対応することで，企業の持続的成長を実現していくことが重要です。

　また，長期的に考えれば，企業自身の持続性は環境や社会の持続性にリンクしています。足元では異常気象が増えていることを実感するようになっており，人々が行動を変えていかなければ，環境・社会自体の存続も危ぶまれます。つまり，環境や社会のリスク自体が企業のリスクにもなり得るということが言えます。投資家や消費者からの評価を高めるためといった特定のステークホルダーを想定するのではなく，より俯瞰的な視点でサステナビリティへの取り組みを行っていくことも重要です。

　企業によってサステナビリティに取り組む目的，重要なサステナビリティテーマ，サステナビリティへの貢献の方法も異なるでしょう。開示の拡充に向けて改めてこれらを整理することによって，サステナビリティに関する経営者の意図を明確に伝えることが可能になると考えられます。

第2節　開示の目的と方法

1 ▌誰に向けて何を開示するか

　第1章で説明した通り，サステナビリティ情報の開示においては，環境や社会の課題が企業に与える財務的な影響の重要性を考慮するシングルマテリアリティ（投資家を利用者として想定）と，企業が環境や社会に与える影響の重要性も考慮するダブルマテリアリティ（より広いステークホルダーを利用者として想定）の二つの考え方があります。そのため，例えば有価証券報告書のように財務諸表と併せて投資家に向けた情報開示を行う上では企業の財務にかかわるサステナビリティ情報を開示し，消費者や従業員，地域住民などに向けたサステナビリティレポートなどでは環境や社会に与える影響にもフォーカスした情報を開示することが考えられます。

　しかし，第1節の通り，環境や社会の持続可能性と企業の持続可能性はリンクするものであり，企業の環境や社会に与える影響とそれによる環境や自然の持続可能性についても投資家にとって関心の対象となり得ます。また，企業が環境や社会に与える影響が，翻って企業の財務に影響を及ぼすこともあります。例えば，企業が廃棄物や排水を通して生物多様性に悪影響を及ぼしていれば，消費者や取引先からの評判が落ち，結果として企業価値が毀損されることとなります。

　このように，実際にはシングルマテリアリティ，ダブルマテリアリティは明確に区分されるものではないと考えられます。それぞれの考え方を理解し，どの媒体で何を開示するか考える際のベースとすることは重要ですが，両者のバランスをとった情報開示を行っていく必要があるでしょう。

2 ▌開示場所は有価証券報告書に収斂する？

　第2章で確認した通り，有価証券報告書でサステナビリティ情報の開示が求められるようになっており，第4章で説明したSSBJの基準が有価証券報告書

　の開示に適用されれば，その開示はさらに拡充されることとなります。このように有価証券報告書でのサステナビリティ情報が充実していけば，サステナビリティ情報の開示場所は有価証券報告書に収斂するのでしょうか。

　まず考慮すべきこととして，有価証券報告書は投資家の投資判断に資する情報開示を目的としています。したがって，ダブルマテリアリティの考え方に基づき，消費者や従業員，地域住民などを含む広範なステークホルダーを対象に開示することは，有価証券報告書の目的には含まれていないと言えます。ダブルマテリアリティの考え方に基づく情報開示については，今後も企業のサステナビリティレポートやウェブサイトなどで行われていくことが想定されます。なお，例えば EU では CSRD や ESRS に基づいてダブルマテリアリティの考え方に沿った情報を経営報告書で開示することが求められています（詳しくは188ページを参照）。国・地域によって状況が異なることには注意が必要です。

　わが国の有価証券報告書が投資家に向けたものであることを考慮すれば，投資家に対するサステナビリティ情報の開示については全て有価証券報告書で行われると考えられます。しかし，有価証券報告書は法令に基づいた情報開示であり，開示情報に虚偽記載があった場合等には法的な責任が伴います。特にサステナビリティ情報については定性的な情報が多く，かつデータ収集が難しいものも多く含まれます。投資家が真に必要とする情報については有価証券報告書で開示しつつ，補足的な情報は統合報告書やサステナビリティレポート，ウェブサイトへのリンクを参照することが考えられます。ただし，企業が過度に萎縮し，投資家に必要な情報が有価証券報告書で開示されない状況は望ましくありません。どのような場合にサステナビリティ情報の開示において虚偽記載等の責任が問われ得るのか，当局がガイダンスなどを示すことが望ましいと考えます。

　サステナビリティ情報の有価証券報告書での開示は，各企業が同じ様式，同じ項目で開示することから，投資家にとって比較可能な情報を得ることができるという点で有用です。一方，ここまで述べてきた通り，サステナビリティ情報の全てを有価証券報告書で開示する状況になることは想定しづらく，企業としては，利用者を想定しつつ，様々な媒体を活用し，わかりやすい情報開示に努めていくことが期待されます。

第3節　第三者保証の検討

1 ▎第三者保証によって情報の信頼性を確保する

　サステナビリティ情報の開示に関しては，"ウォッシュ"問題があり，データ収集やその算定について企業によって方法等が異なり得ることから，開示情報の信頼性が大きな課題の一つと言えます。こうしたことを背景に，サステナビリティ情報に対して独立した第三者からの保証を得ることによって，信頼性の高い情報を利用者に提供する企業が増えつつあります。また，EU の CSRD（詳しくは188ページを参照）や米国の気候変動に関する規制（詳しくは204ページを参照）においても，情報に対する第三者保証を求めることが考えられています。

　第三者保証には様々な違いがあります。例として，保証を得る範囲として，米国の規制のように温室効果ガス（GHG）排出量といった一部の指標データについて保証を得るのか，EU の CSRD のように幅広いサステナビリティ情報について保証を得るのかといったことが挙げられます。また，第三者保証を行う者が監査法人や会計監査人，その系列会社か，もしくはそれ以外の企業か，という違いもあります。

　もう一つの大きな違いとして，「限定的保証」か「合理的保証」かという点があります。限定的保証は開示内容に矛盾があることなどが認められないという消極的な形での保証で，合理的保証は開示内容に矛盾がないことなどを認めるという積極的な形での保証です。保証の信頼性の観点からは，合理的保証が限定的保証より高い水準に位置付けられます。財務情報で言えば，限定的保証は期中レビュー，合理的保証は年度監査に近いものと言えます。なお，米国，EU のいずれにおいても，まずは限定的保証，将来的に合理的保証を企業に対して求めることが考えられています。

　今後はサステナビリティ情報に対する第三者保証が規制上求められる可能性もあり，保証に関する情報収集や検討を先んじて進めていくことが重要となります。

2 ┃ サステナビリティ情報に対する監査・保証の国際的な基準

(1)　IAASB（国際監査・保証基準審議会）

　高品質な監査や保証に関する国際的な基準を設定している機関として，IAASB（国際監査・保証基準審議会）があります。IAASB は財務情報だけではなく，サステナビリティ情報に関する基準も設定しています。

　「ISAE3410 温室効果ガス報告に対する保証業務」は温室効果ガス（GHG）に関する情報開示についての保証業務を対象とした基準です。保証の対象となる GHG については，Scope 1，Scope 2，Scope 3 などが含まれます。

　また，非財務情報開示にかかる保証業務を対象とした基準として，「ISAE3000 過去財務情報の監査又はレビュー以外の保証業務」があります。ISAE3000については，2021年にこの適用に関するガイダンス（拡張された外部報告（EER）に対する保証業務への国際保証業務基準3000（改訂）の適用に関する規範性のないガイダンス）が公表されています。当ガイダンスは，サステナビリティレポートや統合報告書，GHG に関する報告など，様々な形式の報告を包含したものとなっています。

　これらの基準に加えて，IAASB は国際的なサステナビリティ情報開示の拡充とそれに伴う第三者保証に関する国際的な基準に対するニーズを踏まえて，新たなサステナビリティ情報の監査・保証に関する基準の開発を進めています。そして2023年8月には，「ISSA5000　サステナビリティ保証業務の一般的要求事項」の案を公表しており，2024年9月までに最終化することを予定しています（**図表6−1**）。

　ISSA5000（案）はサステナビリティ情報に対する保証業務の全てに適用されます。ただし，GHG 排出量に関する報告について保証業務提供者が別途結論を提供する場合には，ISAE 3410が適用されます。また，ISSA5000（案）はサステナビリティ保証業務に関する包括的な基準であり，これを適用する場合には保証業務提供者はその業務実施の際に ISAE 3000を適用する必要はないとされています。

　ISSA5000（案）におけるサステナビリティに関する開示情報は，あるトピッ

図表6−1 ISSA5000（案）の構成

イントロダクション	保証業務の実施	経営陣，ガバナンス責任者およびその他の者とのコミュニケーション	計画	後発事象
範囲	保証業務契約の承諾と継続	ドキュメンテーション	リスク手続	経営陣，ガバナンス責任者からの書面による表明
発効日	企業レベルの品質管理	保証業務の前提条件	重大な虚偽記載リスクへの対応	その他の情報
目的	業務レベルの品質管理	保証業務の契約条件	特定された虚偽記載の集計・検討	保証結論の形成
定義	不正，法令違反	証拠	適用される基準の記載の評価	保証報告書の作成

（出所）IAASB "Proposed International Standard on Sustainability Assurance 5000, General Requirements for Sustainability Assurance Engagements and Proposed Conforming and Consequential Amendments to Other IAASB Standards" より大和総研作成

クの特定の側面に関する情報とされています。トピックの例としては，気候，エネルギー，生物多様性，労働慣行などが挙げられており，その側面としてはガバナンス，戦略とビジネスモデル，リスクと機会，目標などが挙げられています。つまり，ISSA5000（案）の対象となる開示情報としては，生物多様性に関するガバナンスの情報，労働慣行に関する戦略とビジネスモデルの情報など，広いサステナビリティ情報が対象となると考えられます。

　また，1で第三者保証には様々な違いがあることについて説明しましたが，ISSA5000（案）はそれらの多岐にわたる保証に適用することができるとされています。まず，保証業務の範囲としては，開示されるサステナビリティ情報の全てであることもあれば，その一部となることもあります。法域によって開示が求められるサステナビリティ情報も異なり，これを考慮した形となっています。加えて，サステナビリティ情報の開示方法にかかわらず，開示情報の保証に適用されます。つまり，年次報告書に限らず，統合報告書などへの保証にも適用できると考えられます。

　さらにISSA5000（案）の特徴として，職業的会計士に限らず，全てのサステナビリティ保証業務提供者が適用可能とされています。ただし，(2)で後述す

る IESBA（国際会計士倫理基準審議会）の基準と同等以上の倫理要件を遵守し，IAASB の一連の品質管理基準と同等以上の品質管理システムを適用する企業のメンバーである必要があるという条件があります。実際に職業的会計士以外の者がどの程度 ISSA5000（案）に準拠可能か否かは，IESBA の基準がどのように最終化されるかによると言えるでしょう。

　限定的保証と合理的保証について先述しましたが，ISSA5000（案）はこの両方に適用することができます。ISSA5000（案）では保証業務において要求される事項が記載されていますが，限定的保証業務と合理的保証業務のいずれかのみに適用される要求事項も存在します。そのほかにも，シングルマテリアリティだけではなく，ダブルマテリアリティを考慮していることもポイントと言えます。

　このように ISSA5000（案）は保証の範囲や水準，保証を行う者，開示場所などに拠らず，広くサステナビリティ情報の開示に対する保証の基準として適用することができるものとなっています。2024年9月までに予定されている最終化の後には国際的に参照されることが予想されますが，わが国の企業への影響に関しては，3 で解説します。

(2)　IESBA（国際会計士倫理基準審議会）

　IESBA（国際会計士倫理基準審議会）とは，会計士に対する国際的な倫理基準を設定している機関です。IESBA は IAASB と連携してサステナビリティ情報に関するプロジェクトを進めており，2024年1月に二つの公開草案を公表しました。

　一つが，サステナビリティ保証のための国際倫理基準（国際独立性基準を含む）とサステナビリティ報告に関する倫理基準に関する公開草案（"Proposed International Ethics Standards for Sustainability Assurance (including International Independence Standards) (IESSA) and Other Revisions to the Code Relating to Sustainability Assurance and Reporting"）です。

　サステナビリティ保証に関する倫理と独立性に係る基準が新設されており，これは会計士だけではなく，それ以外の者にも適用することができます。特に独立性（保証業務提供者が他者からの影響を受けずに業務を行うこと）につい

ては，保証対象となる事業体との関係に限らず，バリュー・チェーンの事業体
との関係における独立性についても規定されています。財務報告の場合と異な
り，サステナビリティに関しては GHG 排出量の Scope 3 をはじめ，バリュー・
チェーンの事業体における情報が保証の対象となる事業体でサステナビリティ
情報として利用される場合もあることを踏まえたものとなっています。

　もう一つが，外部専門家に関する公開草案（"Using the Work of an
External Expert"）です。サステナビリティ情報の保証においては，保証を行
う者が外部の専門家を利用する場合もあります。こうした外部専門家の利用に
関する規定が新たに定められています。

　IESBA の公開草案は，会計士以外に適用可能である，バリュー・チェーン
を含むなど，サステナビリティ情報に関する特徴を踏まえた基準案になってい
ることがうかがえます。2024年中の最終化が見込まれており，IAASB の公開
草案と併せて，影響を考慮する必要があるでしょう。

3 ┃第三者保証の取得状況と今後の展望

⑴　わが国におけるサステナビリティ情報に対する第三者保証の現状

　サステナビリティ情報の開示拡充とともに，今後，サステナビリティ情報の
開示に対する第三者保証の重要性が高まっていくと考えられます。足元での第
三者保証の実施状況について，TCFD コンソーシアムにおける2023年度のア
ンケートによると，外部保証は実施していないと回答する企業が多数でしたが，
一部の企業では第三者保証を実施している様子がうかがえます（**図表 6 － 2**）。
なお，限定的保証がほとんどであり，合理的保証の実施はごく一部となってい
ます。

　2024年 4 月時点で，わが国では有価証券報告書でのサステナビリティ情報に
対する保証は法令上求められていません。ただし，非財務情報を含む，企業の
年次報告書に含まれるその他の記載内容（財務諸表及びその監査報告書以外の
情報）の監査に関して，監査基準報告書720「その他の記載内容に関連する監
査人の責任」が日本公認会計士協会より公表されています。これを参照すると，
監査人には有価証券報告書の通読義務があり，記載内容を通読した上で財務諸

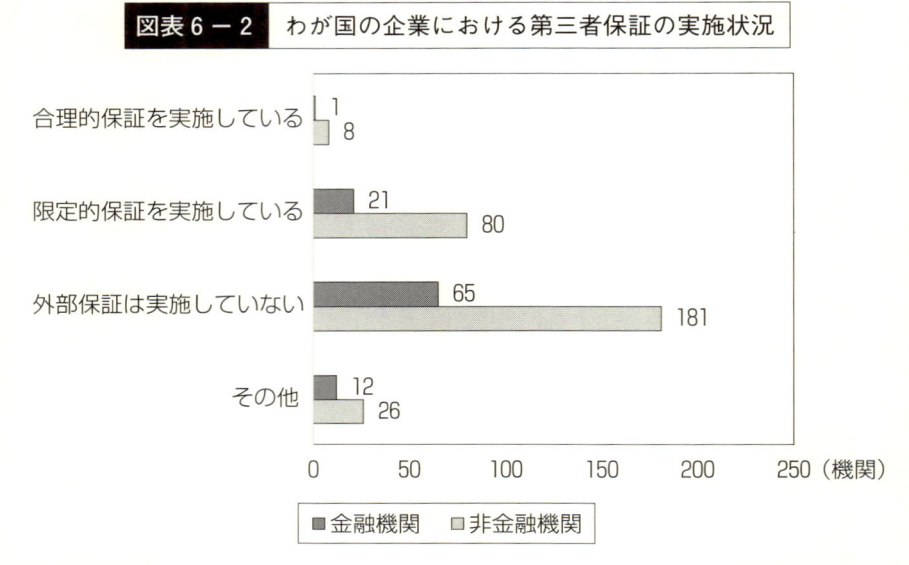

図表6－2 わが国の企業における第三者保証の実施状況

合理的保証を実施している — 金融機関1、非金融機関8
限定的保証を実施している — 金融機関21、非金融機関80
外部保証は実施していない — 金融機関65、非金融機関181
その他 — 金融機関12、非金融機関26

■金融機関　□非金融機関

（注）既にTCFD提言に対応する開示を実施している企業に対して質問をしたもの。回答社数は金融機関が99、非金融機関が295。
（出所）TCFDコンソーシアム「2023年度TCFDコンソーシアム　TCFD開示・活用に関するアンケート調査（会員アンケート集計結果）〔公開版〕」（2023年）より大和総研作成

表や監査の過程で得た知識との重要な相違があるかを検討することとされています。

(2)　わが国でもサステナビリティ情報に対する第三者保証が求められる？

　EUや米国ではサステナビリティ情報に対する保証が求められるようになりつつあります。IAASBによる国際的な基準の策定も進んでいますが、わが国でも第三者保証は求められるようになるのでしょうか。

　2022年に行われた金融庁金融審議会ディスクロージャーワーキング・グループ（DWG）では、サステナビリティ情報の開示や保証について議論が行われ、そのとりまとめとして金融審議会「ディスクロージャーワーキング・グループ」報告（DWG報告）が2022年12月に公表されました。DWG報告では、「有価証券報告書において、我が国の開示基準に基づくサステナビリティ情報が記載される場合には、法定開示において高い信頼性を確保することに対する投資家の

ニーズや，国際的に保証を求める流れであることを踏まえ，将来的に，当該情報に対して保証を求めていくことが考えられる」（p.15）とされています。検討自体は将来的に行っていくものとされましたが，検討を行う上での論点がいくつか示されています。

　まず，保証の範囲が検討の対象となります。米国のようにGHG排出量など一部についてのみなのか，EUのようにサステナビリティ情報の開示全体を対象とするのかが論点となります。また，法令上の位置付けについては，財務諸表への監査があることに鑑み，有価証券報告書のサステナビリティ情報に対して保証を求める場合には，金融商品取引法において規定することが必要になると考えられています。

　また，保証の担い手も重要な論点になります。DWGでは，国内，海外の両方において監査法人（グループ会社等含む）がサステナビリティ情報に対する保証を行っているケースが多いことが指摘されていました。ただし，監査法人以外の企業が保証業務を行っている場合も少なからずあります。

　保証業務の担い手について，DWG報告では，財務諸表の監査業務を行っている公認会計士・監査法人が考えられるとする一方，サステナビリティというテーマが広範であり，多様な専門性を必要とする領域であることを踏まえると，広く確保することも重要だとも述べています。担い手の要件については，独立性，高い専門性，品質管理体制の整備，当局による監督対象となっていることなどが考えられています。なお，保証の担い手に関してはIESBAの基準が影響してくるものと考えられます。

　また，保証基準についても，国際的な保証基準と整合的な形で設定されることが，比較可能性の確保に資すると考えられ，IAASBの基準に応じた形になることが予想されます。第三者保証の水準について，DWG報告では限定的保証や合理的保証について触れられていませんが，欧米の動向を踏まえると，わが国でもまずは限定的保証，その後に合理的保証を求めるようになることが予想されます。

　以上をまとめると，検討段階のため未定の部分は多いですが，重要なポイントはわが国でも企業のサステナビリティ情報に対する第三者保証が法的に求められる可能性があり，その保証業務においてはIAASBの基準をベースとした

ものが適用されるだろうということです。企業としては，情報の信頼性を確保するために保証を獲得することを考えていく必要があります。

さらに，保証業務を行う者は監査法人に限らず，一定の基準をクリアした者が保証業務を行うことが認められる可能性も想定されています。こちらについては IESBA の基準が参考にされるものと考えられます。現状，企業によって保証業務の提供者は異なります。わが国，もしくは国際的な課題として，保証業務を行うためのサステナビリティに関するスキルを持つ者の育成が必要となるでしょう。

なお，サステナビリティ情報の保証に関しては，2024年3月に始動した金融庁の金融審議会「サステナビリティ情報の開示と保証のあり方に関するワーキング・グループ」で検討が行われていきます。今後の動向が注目されます。

第4節　取り組み・開示・対話・反映のサイクル

1 ┃ 開示の意義を確認するためのエンゲージメント

本書でこれまで説明した通り，サステナビリティ情報の開示拡充の背景には ESG 投資の拡大に伴い，投資家からのサステナビリティ情報に対するニーズが高まっていることがあります。これを受けて，各国・地域の規制でもさらなる情報開示が要請されています。しかし，これに表面的に対応するだけでは，企業・投資家の双方にとって望ましくありません。

企業が情報開示を行う前提として，サステナビリティに関する体制や取り組みが必要です。企業の目的は，求められる開示をただこなすのではなく，サステナビリティに関する取り組みを通じて，中長期的な企業価値の向上や環境・社会の持続性の確保を図ることにあるでしょう。企業は自社の経営戦略とサステナビリティ戦略を結び付け，サステナビリティに取り組む意義を再確認する必要があります。

実際にサステナビリティに関する取り組みを進めていく上では，第3章で確認したように，サステナビリティに関する体制やプロセスの整備，ビジネスモ

デルの確認やリスクの特定・評価，対応の検討や指標・目標の設定などを順に進めていくことが考えられます。そうした取り組みなどを投資家に向けて丁寧に開示することが重要です。

　また，サステナビリティ情報を開示すれば完了，というわけではありません。投資家は企業のサステナビリティ情報をもとに投資判断を行うほか，サステナビリティ情報を考慮し，投資先企業とエンゲージメント（対話）を行うことによって投資先企業の企業価値向上・持続的成長を促し，リターンの拡大を図ります。企業は投資家とのエンゲージメントを通じて，投資家にとって有用な情報，ニーズを理解するとともに，今後どのようなサステナビリティに関する取り組みが期待されているのかを知ることができます。

　エンゲージメントによるフィードバックを踏まえて，企業としてはサステナビリティに関する取り組みをさらに洗練させ，企業価値の向上や環境問題・社会問題の解決を図っていくことが求められます。加えて，投資家のニーズを踏まえて開示する情報を改善していくことも期待されます。

　このようなサイクルを回していくことによって，企業はサステナビリティに関するリスクを避け，機会を獲得し，企業価値を向上させることができ，投資家は投資先企業の持続的な成長に伴うリターンを獲得することができます。この両輪がかみ合うことで，ひいては社会のサステナビリティが実現されることになるでしょう。

2 ▎ 今後のサステナビリティ情報開示における課題

　1で述べたサステナビリティの実現に向けて，サステナビリティ情報の開示は必要不可欠です。しかし，サステナビリティ情報の充実においてはいまだ様々な課題があります。

　まず，開示すべき情報の整理が挙げられます。第2章の通り，既にTCFD提言に沿った気候変動に関する情報開示をしている企業は多く，CGコードや開示府令に基づき，有価証券報告書などでサステナビリティ情報の開示が進んでいます。これに加えて，第4章の通り，ISSBが国際的な基準を策定し，わが国でもSSBJが基準案を公表し，さらなる開示要請が想定されています。企

業は求められる情報を十分に整理する必要があります。

　また，企業の負担も課題の一つです。上記のような開示拡充に対応するためには，労力や時間を含むコストが必要になります。第3章ではTOPIX500採用銘柄における有価証券報告書（2023年3月期以降）でのサステナビリティ情報の開示状況をまとめましたが，サステナビリティリスクなどの開示は進んでいる一方で，その影響の大きさや経営戦略を踏まえた対応策などについては開示が不十分であるといった結果が見られました。今後の開示要請の拡充を考慮すると，これまで以上の対応が必要になります。

　一方，第5章で説明しましたが，米国では反ESGの動きが見られます。米国の一部の州では反ESG法が成立しています。2024年11月の大統領選挙の結果によっては，米国でのサステナビリティ情報の開示に関しても大きな揺り戻しが起きる可能性が考えられます。現状，わが国においてこのような動向は見られませんが，今後の影響に注意すべきでしょう。

　国内外，官民，企業と投資家といった様々なレベルでの連携も，サステナビリティ情報開示における必要な取り組みです。各国・地域がサステナビリティを実現するために方向性を共有し，官民が協力をして規制の導入などを検討し，企業と投資家でエンゲージメントを実施して開示を改善していくことが重要です。

　また，人材の育成も必須となります。企業がサステナビリティ情報を開示するためには，戦略の検討，データ収集・算定，法令の遵守，ガバナンス機関による監督など，様々な場面においてスキルを持つ人材が必要になります。これは企業に限ったものではなく，投資家についても，サステナビリティ情報を利用した投資判断には十分な知識や経験が求められます。また，サステナビリティ情報を保証する監査法人などにおいても，保証業務を行うためのサステナビリティスキルが必要です。さらに，規制を設定する当局などにおいてもサステナビリティ人材は今後重要になると考えられます。

　このように，課題への対応は必ずしも企業単体で行うものではありませんが，企業においてはサステナビリティに関する取り組みや開示情報の充実など，できることから行っていくとともに，そうした取り組み等も通じて企業内でのスキルを醸成していくことがポイントとなります。さらに，投資家などとのエン

ゲージメントをはじめとした連携を強化していき，持続的な対応ができる体制を構築していくことが理想的でしょう。

索引・用語集

|---|---|
| **CDP** | … 141 |

2000年に英国の慈善団体の支援によって設立された，企業や都市（自治体）などが自身の環境への影響を管理するためのグローバルな情報開示システムを運営する機関。特定の企業に対して気候変動や水，森林に関する質問書を毎年送付し，質問への回答内容を開示するとともに，回答内容に基づいたスコアを付与し，結果を公表している。

CDSB（気候変動開示基準委員会）	… 142

「Climate Disclosure Standards Board」。2007年に CDP を事務局として設立された，年次報告書などにおける環境情報の開示を促進することを目的とした機関。2022年に ISSB に統合された。

CDSB フレームワーク	… 142

CDSB が2014年に公表した，気候変動，森林，生物多様性，水などを含む広い環境情報を財務情報に統合して投資家に伝えるための基準。

CSRD（企業サステナビリティ報告指令）	… 188

「Corporate Sustainability Reporting Directive」。EU における，企業に対してサステナビリティ情報の開示を求める指令。NFRD を改訂したものであり，対象企業の範囲拡大，開示内容の詳細化，第三者保証の要求が追加されている。2023年に発効し，早ければ2024年開始会計年度から適用される。

ESG 投資	… 21

ESG（「Environmental（環境）」，「Social（社会）」，「Governance（ガバナンス）」）を考慮する投資。

ESG インテグレーション	… 24

ESG 投資の手法の一つ。ESG 要素を投資分析や意思決定プロセスに組み込むこと。

ESG 格付／ ESG スコア	… 35

企業の ESG に関する取り組みなどを第三者評価機関が評価して，記号や点数で表したもの。投資家が ESG 投資を行う際のツールの一つとして利用される。

ESG 指数	… 36

指数とは，株式や債券など，特定の母集団の値動きを表すものであるが，ESG 指数は母集団を構成する際に ESG 格付もしくは ESG スコアを用いるなど，ESG の観点を評価軸に入れたもの。

IFRS 財団　　　　　　　　　　　　　　　　　　　　　　　… 143

投資家などに役立つよう，高品質な IFRS 基準（国際的な財務報告基準，サステナビリティ開示基準）の開発などを目的とする機関。

IFRS S1（サステナビリティ関連財務情報の開示に関する全般的要求事項）… 145

ISSB が2023年に公表したサステナビリティ情報開示基準。サステナビリティ全般に関する開示事項のほか，開示を行う際の要件（開示の場所やタイミングなど）を定めている。

IFRS S2（気候関連開示）　　　　　　　　　　　　　　　… 145

ISSB が2023年に公表したサステナビリティ情報開示基準。ISSB におけるテーマ別の基準であり，主に気候関連の開示事項を定めている。

IIRC（国際統合報告評議会）　　　　　　　　　　　　　… 141

「International Integrated Reporting Council」。2010年に GRI 等によって設立され，2013年に国際統合報告フレームワークを公表した。2021年に SASB と合併し，VRF（価値報告財団）となり，この VRF も2022年に ISSB に統合された。

ISSA5000　サステナビリティ保証業務の一般的要求事項（案）　… 220

IAASB が2023年に公表したサステナビリティ情報の保証・監査に関する国際的な基準。職業的会計士に限らず，全てのサステナビリティ保証業務提供者が適用可能とされているほか，限定的保証と合理的保証の両方に適用可能。2024年9月までに最終化される予定。

ISSB（国際サステナビリティ基準審議会）　　　　　　　… 143

「International Sustainability Standards Board」。IFRS 財団が2021年に設立。国際的なベースラインとなるサステナビリティ情報開示基準を開発する。2023年に最初の基準として，IFRS S1 と IFRS S2 を公表した。

LEAP アプローチ　　　　　　　　　　　　　　　　　　… 178

TNFD が開発した，企業が TNFD 提言に沿った開示を行う上で自然に関する問題を評価・管理するためのアプローチ。Locate, Evaluate, Assess, Prepare の4つのフェーズに沿って行われるものであり，それぞれのフェーズの頭文字をとって LEAP アプローチと呼称される。

NFRD（非財務情報開示指令）　　　　　　　　　　　　　… 188

「Non-Financial Reporting Directive」。EU における，企業に対して非財務情報の開示を求める指令。2014年に公表，2018年から施行。NFRD を改訂した CSRD が2023年に発効した。

PRI（責任投資原則）　　　　　　　　　　　　　　　　… 21

「Principles for Responsible Investment」。2006年に UNEP FI（国連環境計画・金融イニシアティブ）と UNGC（国連グローバル・コンパクト）が策定した，投資家が ESG の観点を投資判断に組み込むための原則。

RCP（Representative Concentration Pathways）シナリオ ··· 116

「IPCC（気候変動に関する政府間パネル）」が2013年から2014年にかけて公表した AR5（第5次評価報告書）で示された地球温暖化に関するシナリオ。将来の温室効果ガス（GHG）の濃度とそこに至るまでの経路に応じてRCP2.6, RCP4.5, RCP6.0, RCP8.5の4つのシナリオがある。

SASB（サステナビリティ会計基準審議会） ··· 141

「Sustainability Accounting Standards Board」。2011年に米国で設立され，2018年には全77業種に対応した「SASBスタンダード」を公表した。2021年にIIRCと合併し，VRF（価値報告財団）となり，このVRFも2022年にISSBに統合された。

SASBスタンダード ··· 141, 155

企業にとって財務的に重要な，環境・社会などの持続可能性に関する情報を，業種ごとの項目に沿って投資家に向けて開示することを求めている基準。SASBが2018年に全77業種に対応したものを公表した。現在はISSBに引き継がれており，2023年にISSBが国際的な適用可能性を向上させるために修正を行った。

Scope 1 ··· 131

温室効果ガス（GHG）の排出量を測定する際にGHGの排出源を明確にするためにGHGプロトコルによって設けられた概念である「Scope（範囲）」の一つ。企業が自ら所有・管理する排出源から直接排出したGHGのこと。

Scope 2 ··· 131

温室効果ガス（GHG）の排出量を測定する際にGHGの排出源を明確にするためにGHGプロトコルによって設けられた概念である「Scope（範囲）」の一つ。企業が購入し，使用した電力を発電するために排出されたGHGのこと。

Scope 3 ··· 131

温室効果ガス（GHG）の排出量を測定する際にGHGの排出源を明確にするためにGHGプロトコルによって設けられた概念である「Scope（範囲）」の一つ。企業の事業活動によって生じるGHGであるものの，企業自身が所有・管理していない排出源から発生したGHGのこと。サプライチェーンの中の上流，下流において排出された過程によって，15のカテゴリーに分類される。

SDGs（持続可能な開発目標） ··· 20

「Sustainable Development Goals」。持続可能なよりよい社会のための国際目標であり，貧困やジェンダー，水，エネルギーといった環境・社会問題に関する17の目標，169のターゲットが掲げられている。2015年に国連サミットで採択され，2030年までの達成が目指されている。

SEC（米国証券取引委員会） ··· 204

「Securities and Exchange Commission」。投資家保護，公正で秩序ある効率的な市場の維持，資本形成の促進を目的とし，米国の証券取引の監視などを行う連邦政府機関。

SEC 気候関連開示規制 　　　　　　　　　　　　　　　… 204

「The Enhancement and Standardization of Climate-Related Disclosures for Investors」。SEC が SEC 登録会社に求める気候変動に関する情報開示規制。TCFD 提言などと同様に，「ガバナンス」，「戦略」，「リスク管理」，「指標と目標」の開示が求められるが，Scope 3 の GHG 排出量は開示が求められず，Scope 1，Scope 2 の GHG 排出量の開示は企業規模の大きい一部の企業に限られる。早ければ2025年会計年度から適用されるが，米国内で反発の声も多く，訴訟対象となり現在は執行停止の状態になっている（2024年 4 月時点）。

SFDR（資産運用会社等のサステナビリティ開示規制） 　　　　… 202

「Sustainable Finance Disclosure Regulation」。EU における，対象金融事業者に対してサステナビリティに関する情報の開示を求める規制。2021年から段階的に適用が開始されている。

SSBJ（サステナビリティ基準委員会） 　　　　　　　　　… 149

ISSB の設立を踏まえ，わが国におけるサステナビリティ開示基準の策定などのために2022年に FASF（財務会計基準機構）の傘下に設立された機関。2024年 3 月に「サステナビリティ開示基準の適用（案）」，「一般開示基準（案）」，「気候関連開示基準（案）」の三つのサステナビリティ情報開示に関する基準案を公表した。

SSP（Shared Socio-economic Pathways）シナリオ 　　　　… 116

「IPCC（気候変動に関する政府間パネル）」が2021年から2023年にかけて公表した AR 6（第 6 次評価報告書）で示されたシナリオ。人口や GDP，技術発展などの社会経済に関する方向性と，RCP シナリオと同様の温室効果ガスの濃度などに基づくシナリオとなっている。

TCFD（気候関連財務情報開示タスクフォース） 　　　… 60, 66, 142

「Task Force on Climate-related Financial Disclosures」。サステナビリティ情報開示基準を設定する機関の一つであり，2015年に設立された。2017年には基準である TCFD 提言を公表した。2023年に解散し，企業による気候変動に関する情報の開示に対するモニタリングを ISSB に引き継いでいる。

TCFD 提言 　　　　　　　　　　　　　　　　　… 60, 142

TCFD が2017年に公表した，企業が気候変動に関する情報を開示するための基準。気候関連のリスクや機会に関するガバナンスや，企業業績への影響，リスク管理の体制，指標・目標などの情報を，投資家などに向けて開示することを求めている。

TNFD（自然関連財務情報開示タスクフォース） 　　　… 142, 172

「Taskforce on Nature-related Financial Disclosures」。企業が自然に関する問題について開示・行動するためのフレームワークを開発することを目的に，UNEP FI（国連環境計画・金融イニシアティブ）や WWF（世界自然保護基金）などによって，2021年に設立された。2023年には情報開示の基準である TNFD 提言を公表した。

TNFD 提言 ··· 142, 172

TNFD が2023年に公表した，企業が自然に関する情報を開示するための基準。自然に対する企業の「依存」と「影響」，それに伴う「リスク」と「機会」に関する情報の開示が求められる。

VRF（価値報告財団） ··· 144

「Value Reporting Foundation」。IIRC と SASB が2021年に合併して設立された機関。2022年に ISSB に統合された。

WEO ··· 117

「World Energy Outlook」。国際エネルギー機関（IEA：International Energy Agency）が発行する年次報告書で，世界のエネルギーの需給やエネルギー関連技術の予測などが記載されている。WEO の中ではエネルギーに関する見通しや技術の発展，政策・規制の変化を織り込んだシナリオが示されている。

あ行

移行リスク ··· 61, 174

気候変動や自然に関するリスクの一つ。社会的な変化に企業が適応できないリスクのこと。例えば，厳しいカーボンプライシングが導入されるリスクなどの政策リスクや，自然へのプラスの影響をもたらす新技術への移行が遅れるリスクなどのテクノロジーリスクなどがある。

（SSBJ）一般開示基準（案） ··· 150

SSBJ が2024年3月に公表した，日本版のサステナビリティ情報開示に関する基準案。開示すべき事項を定めたテーマ別基準であり，サステナビリティ全般に関する開示を対象としている。2025年3月末までに最終化され，まずはプライム市場上場会社やその一部を対象に適用されることが見込まれている。

インパクト投資 ··· 24

一定の金銭的利益の確保を図りつつ，環境・社会に対して良い影響をもたらす意図を持った投資。

エンゲージメント ··· 24, 26

投資家が投資先の企業と建設的な目的を持った対話を行うこと。投資先企業の ESG に関する取り組みなどを促すという意味で ESG 投資の手法の一つとしてエンゲージメントが行われる場合もある。

か行

開示府令（企業内容等の開示に関する内閣府令） ··· 66

金融商品取引法でその作成・提出が求められている有価証券報告書の，具体的な記載内容などを規定している。

（SSBJ）気候関連開示基準（案）　　…150

SSBJ が2024年3月に公表した，日本版のサステナビリティ情報開示に関する基準案。開示すべき事項を定めたテーマ別基準であり，気候に関する開示を対象としている。2025年3月末までに最終化され，まずはプライム市場上場会社やその一部を対象に適用されることが見込まれている。

協働エンゲージメント　　…31

機関投資家が単独ではなく，複数で協働して投資先企業と対話を行うこと。ESG に関連する協働エンゲージメントを行うためのイニシアティブも見られる。

金融審議会　　…170

金融庁における審議会であり，金融に関する制度等の重要事項について審議を行う。必要に応じて様々なワーキング・グループが設置される。企業情報の開示について検討を行う「ディスクロージャーワーキング・グループ」や，サステナビリティ情報の開示や保証について検討を行う「サステナビリティ情報の開示と保証のあり方に関するワーキング・グループ」がこれに該当する。

グリーンウォッシュ　　…214

具体的な取り組みや効果といった実態が伴わないのに，あたかも環境負荷の低減に取り組んでいるかのように外部への発信（開示や広告など）を行うこと。ほかに，SDGs ウォッシュや ESG ウォッシュといった用語がある。

限定的保証　　…219

合理的保証と比較して水準が低い保証であり，開示内容に矛盾などが認められないという消極的な形での保証。財務情報に対する期中レビューに近いもの。

合理的保証　　…219

限定的保証と比較して水準が高い保証であり，開示内容に矛盾がないことなどを認めるという積極的な形での保証。財務情報に対する年度監査に近いもの。

コーポレートガバナンス・コード　　…52

企業が実効的なコーポレートガバナンス（企業統治）を実現するための原則。わが国では，2015年に東京証券取引所が策定し，上場会社に適用されている。2018年，2021年にそれぞれ改訂されている。普遍的な理念・目標を示した規範である「基本原則」（5項目），基本原則を実現するための事項である「原則」（31項目），ベスト・プラクティスである「補充原則」（47項目），で構成される。

国際規範スクリーニング　　…25

ESG 投資の手法の一つ。国連や OECD などが定める国際規範などに基づく，最低基準によるスクリーニング。

国際統合報告フレームワーク ··· 141

IIRC（国際統合報告評議会，現在はISSBに統合済）が2013年に公表したサステナビリティ情報開示基準。企業が長期的に価値創造をどのように行っていくのかを投資家などに対して説明するための「統合報告書」に関する原則や内容を示している。

さ行

（SSBJ）サステナビリティ開示基準の適用（案） ··· 150

SSBJが2024年3月に公表した，日本版のサステナビリティ情報開示に関する基準案。サステナビリティ情報を開示する上での基本となる事項（例えば情報の記載場所や報告のタイミングなど）を定めるユニバーサル基準に該当する。2025年3月末までに最終化され，まずはプライム市場上場会社やその一部を対象に適用されることが見込まれている。

サステナビリティ報告書（CSR報告書） ··· 140

GRIスタンダードで開示が求められている，企業が自社のサステナビリティ情報を整理して開示する報告書。法令等の義務を伴わない自主開示の一つ。

サプライチェーン ··· 89

製品やサービスに関する，原材料の調達，製造，在庫管理，配送，販売，消費といった一連のフロー全体のこと。様々な地域における取引先企業や消費者など，広い関係者を含む。

シナリオ分析 ··· 115

起こり得る将来のシナリオを複数想定し，それぞれのシナリオにおける自社のリスク・機会，その影響を分析すること。複数のシナリオに備えた対応策を検討し，事業戦略や財務計画に反映することで，企業は将来のリスクに対してレジリエンス（耐久性）を高めることができるとされる。

シングルマテリアリティ ··· 41

サステナビリティ情報を開示する際に，環境問題・社会問題が企業の事業活動や業績に対して与える影響に鑑みて情報の重要性を判断すること。

スキル・マトリックス ··· 97

各取締役の知識・経験・能力等を一覧化した表。これを開示することで取締役会が備えておくべきスキルが確保されているのかを可視化できる。

（日本版）スチュワードシップ・コード（SSコード） ··· 27

機関投資家が企業との建設的な対話を行い，適切に受託者責任を果たすための原則。2014年に策定され，2017年，2020年にそれぞれ改訂されている。サステナビリティについては，機関投資家は運用戦略に応じたサステナビリティの考慮に基づくエンゲージメントを通じて企業価値向上・持続的成長を促し，リターンの拡大を図ることとされている。

た行

第三者保証　　　　　　… 136, 219

企業が開示する情報について，その情報の信頼性を確保するために得る，第三者機関からの保証。

ダイナミックマテリアリティ　　　　　　… 42

マテリアリティ（重要性）は流動的であり，時代の変化などによって変動するという考え方。

ダブルマテリアリティ　　　　　　… 41

サステナビリティ情報を開示する際に，環境・社会問題が企業の事業活動や業績に対して与える影響に加え，企業の事業活動が環境・社会に与える影響についての重要性に基づいて開示すべき情報を判断すること。

テーマ投資　　　　　　… 25

ESG 投資の手法の一つ。環境的・社会的にサステナブルな解決策に特に貢献するテーマへの投資。

（SSBJ）テーマ別基準　　　　　　… 151

SSBJ の日本版のサステナビリティ開示基準のうち，開示すべき事項を定めるもの。2024年 4 月時点で，サステナビリティ全般に関する開示事項を定めた「一般開示基準（案）」と，気候に関する開示事項を定めた「気候関連開示基準（案）」がこれに該当する。

統合報告書　　　　　　… 141

国際統合報告フレームワークで提唱されている，財務情報と非財務情報を統合的に開示する報告書。企業が財務資本の提供者に対して，価値創造のプロセスを示すためのもの。法令等の義務を伴わない自主開示の一つ。

な行

ネガティブスクリーニング　　　　　　… 24

ESG 投資の手法の一つ。環境・社会問題に関連する特定のセクターや企業を投資対象から除外すること。

は行

パーパス　　　　　　… 104

企業の存在意義や事業の目的などを指す。企業が自社の存在意義を明確化し，経営方針に反映した上で，社会に貢献する経営を行っていくことを「パーパス経営」という。

バリュー・チェーン　　　　　　… 108

原材料の調達，製造，在庫管理，配送，販売，消費といった，企業の事業活動による価値創造の一連の流れ。

ビジネスモデル … 103

企業が事業戦略を通じて利益を得る仕組み。統合報告においては，価値創造を行うためのプロセスの中核を指す。具体的には，様々な資本を「インプット」し，「事業活動」を通じて，「アウトプット」を生み出し，「アウトカム」をもたらすシステムのこと。

物理的リスク … 61, 174

気候変動や自然に関するリスクの一つ。企業が直接的な被害を受けるリスクのこと。突発的な異常気象に伴うリスク（急性リスク），気候パターンの変化といった長期的なリスク（慢性リスク）がある。

ポジティブスクリーニング … 24

ESG 投資の手法の一つ。投資対象の中から同業他社と比較してプラスの ESG パフォーマンスを発揮した，評価が高いセクターや企業を選定し，投資すること。

ま行

マテリアリティ … 41, 111

日本語で「重要性」を意味する。開示の文脈においては，どの情報が開示すべき重要な情報なのかを考える際に用いられる。また，企業にとって重要な課題のことをマテリアリティと呼ぶこともある。

や行

（SSBJ）ユニバーサル基準 … 151

SSBJ の日本版のサステナビリティ開示基準のうち，サステナビリティ情報を開示する上での基本となる事項（例えば情報の記載場所や報告のタイミングなど）を定めるもの。2024年 4 月時点で，「サステナビリティ開示基準の適用（案）」がこれに該当する。

ら行

レジリエンス … 122

日本語で「耐久性」を意味する。サステナビリティに関する文脈では，将来のサステナビリティに関するリスクに伴う企業への影響に対する，企業の耐久性という意味で用いられる。

〈著者紹介〉

藤野大輝　（ふじのだいき）

株式会社大和総研
金融調査部
制度調査課　兼　ESG 調査課

2017年東京大学経済学部卒業。同年 4 月，大和総研入社。
2018年より金融調査部制度調査課で開示・会計制度，個人情報法制などについて調査。
2019年 4 月より ESG 調査課を兼任。SDGs・ESG に関する情報開示制度などについて調査。
公益社団法人日本証券アナリスト協会認定アナリスト。

（**主な著書等**）

『ESG 情報開示の実践ガイドブック』中央経済社　2022年 3 月17日
『資本市場に向けた人的資本開示』金融財政事情研究会　2024年 3 月11日　共著
「TNFD 提言の開示事項と対応の検討」金融財政ビジネス　2024年 2 月 1 日号　pp.14-18
「ISSB や TNFD の動向と日本企業への影響」ディスクロージャー＆IR　2024年 2 月号
pp.56-64　など

サステナビリティ情報開示の実践ガイドブック

2024年10月25日　第 1 版第 1 刷発行

著　者　藤　野　大　輝
発行者　山　本　　　継
発行所　㈱中 央 経 済 社
発売元　㈱中央経済グループ
　　　　パ ブ リ ッ シ ン グ

〒101-0051　東京都千代田区神田神保町1-35
電話 03 (3293) 3371 （編集代表）
　　　03 (3293) 3381 （営業代表）
https://www.chuokeizai.co.jp
印刷／文 唱 堂 印 刷 ㈱
製本／㈲井 上 製 本 所

©2024
Printed in Japan